616
919
1843

LORETTE
Le nouveau Nazareth.

LORETTE

Le nouveau Nazareth

qui remplit l'univers catholique de la gloire de son nom. (PIE IX.)

OUVRAGE ILLUSTRÉ DE TRENTE GRAVURES
et précédé d'une lettre d'approbation
de S. G. l'Évêque de LORETTE,
publié à l'occasion du
SIXIÈME CENTENAIRE 1894-1895.
== Par Guillaume GARRATT, ==
Maître ès-Arts, de l'Université de Cambridge.

Société de St-Augustin. — Lille.

DESCLÉE, DE BROUWER et Cie. — 1893.

TOUS DROITS RÉSERVÉS.

CHRISTO REGNANTE

Lettre de Mgr THOMAS GALLUCCI, évêque de Lorette et de Recanati, à l'auteur.

TRÈS HONORÉ MONSIEUR,

EN lisant votre histoire de la Sainte Maison de la bonne Vierge de Lorette, j'y ai reconnu aussitôt l'abondance des matières, la richesse des sentences, l'art de grouper les preuves ; aussi n'ai-je su qu'y admirer davantage, ou de l'élévation des sentiments, ou de la force probante, ou de l'intelgence de la vérité.

En effet, votre livre embrasse et pèse dans la balance d'une saine critique les raisons de crédibilité, si nombreuses, soit touchant l'origine de la Sainte Maison et sa condition pendant qu'elle était encore à Nazareth, soit touchant sa miraculeuse Translation en Illyrie d'abord et ensuite sur le territoire de la Marche d'Ancône, où elle est honorée maintenant à Lorette par un concours incroyable de fidèles.

De plus, par une érudition au-dessus de l'ordinaire et par une description très exacte des temps et des lieux, votre histoire rétablit la vérité des faits et la venge des mensonges et des assertions impudentes des incrédules.

Elle parle aussi des innombrables pèlerinages de tant de nations et des grâces qu'elles ont reçues plus d'une fois dans les circonstances les plus critiques.

Saisissant l'occasion, vous parlez de la Congrégation Universelle de la Vierge de Lorette, instituée dans le but de répandre l'honneur et la vénération dus à cette grande merveille appuyée sur des preuves convaincantes pour les chrétiens qui n'ont pas perdu ce qu'on appelle si bien « la piété de la foi. »

Et afin qu'aucun genre de mérite ne manque à votre histoire, le style en est à la fois naturel, élégant, et de nature à charmer le lecteur.

Je vous félicite donc de tout cœur et je prie le Seigneur de vous combler de ses faveurs de choix.

✝ THOMAS,
Évêque de Lorette et de Recanati.

Lorette, 25 septembre 1889.

Gulielmo Mariæ Josepho Xaverio Garratt (1).

DOMINE COLENDISSIME,

LEGENTI historiam Almæ Virginis Lauretanæ Domus a te perscriptam, facile mihi patuit confertam esse rebus, decoram sententiis et validis documentis scitissime distinctam, ut nesciam utrum in ea pulchri sensus, an doctrinæ vis, an veri intelligentia magis probanda videatur. Amplectitur enim, et ordine digerit, et sanæ critices lance perpendit documenta, quæ amplissima exstant, tum de ejus origine et conditione dum Nazareth adhuc manebat, tum de mira in Dalmaticas oras, et deinde in agrum Picenum Translatione, ubi nunc Laureti incredibili populorum frequentia colitur. Insuper eruditione haud mediocri, et accuratissima temporum et locorum descriptione, factorum veritatem ab incredulorum mendaciis et procacitate vindicat, nec silentio præterit innumeras gentium peregrinationes et gratias quarum in summis rerum angustiis ipsæ non semel compotes fiunt; et, data occasione, illas admonet de Sodalitate Universali sub Virginis Lauretanæ nomine eo consilio rite erecta, ut non dubitent honore et veneratione prosequi prodigium his documentis innixum, quæ omnem credibilitatem sibi a chris-

---

1. Mgr Galucci donne à l'auteur les prénoms qu'il a pris lors de son admission dans l'Église catholique à Lourdes.

tianis repetunt, quos non deficiat, ut optime dicunt, pietas fidei. Ad hoc, ne qua huic historiæ deesset laus, accedit quædam inaffectata et perpolita dicendi ratio, quæ lectorem summopere delectat.

Quum hæc ita sint, perlibenti animo tibi gratulor, et omnia fausta felicia a Domino adprecor.

☩ THOMAS,

Episcopus Laurecanus et Recinetensis.

LAURETI,

7 Kal. Octobris, an. MDCCCLXXXIX.

DÉDICACE.

"PLEINE DE GRACE," bénie est la *Chambre Sacrée* de votre Immaculée Conception dans laquelle DIEU unit à votre corps une âme toute pure ! *O Vierge que la Grâce a préservée de toute tache* (1), béni le *Lieu* où, en prévision des mérites de votre divin Fils, DIEU vous *dota d'une nature pleine de beauté et inaccessible à toute souillure* (2). « Vous êtes toute belle et la tache originelle n'est point en vous. Alleluia ! »

O vous qui, pareille à l'aurore naissante, vous êtes levée pour annoncer le jour, — bénie est votre *Maison Natale*, la Chambre auguste dans laquelle sainte Anne devint votre mère. *Votre Naissance, ô Vierge Mère de Dieu, a rempli de joie le monde entier, Alleluia !*

O Mère du Messie, ô vous dont le consentement nous a procuré la vie, — béni le Lieu où vous dites : « Voici la servante du Seigneur. » *O Avocate d'Ève, qui avez*

1. St Epiphane.
2. S. Ephrem.

délié le nœud de sa désobéissance (1), trois fois béni, ce meilleur Éden où, *pour vous-même et pour toute l'humanité, vous êtes devenue la cause de notre salut* (2). *Vous avez cru aux paroles de l'Archange Gabriel, et Celui que l'univers ne peut contenir s'est fait Homme et a séjourné dans vos entrailles sacrées. Alleluia ! Alleluia !*

O vous qui êtes plus glorieuse que les Séraphins et plus digne de louanges que les Chérubins (3), comment pouvons-nous vénérer dignement la Sainte Maison dans laquelle vous avez été conçue et où vous êtes née toute immaculée ? — cette Demeure bénie dans laquelle *le Saint-Esprit descendit sur vous et où le Tout-Puissant vous couvrit de son ombre, pour vous rendre Mère du Sauveur, sans aucun détriment de votre pureté ?* (4)

O Immaculée Mère de DIEU, toujours Vierge, daignez accepter et bénir tout ce qui contribue à faire connaître le Pèlerinage de Lorette et la Congrégation Universelle de

1. S. Irénée.
2. S. Irénée.
3. Liturgie de S. Jacques.
4. Liturgie de S. Pierre.

votre Maison Sacrée ; guidez et bénissez la main qui écrit ce livre et les zélateurs qui propagent ce culte. Que tous les chrétiens, dont JÉSUS mourant sur la Croix vous établit la Mère, que l'Église entière, à laquelle le Vicaire du CHRIST a donné pour Patron votre bienheureux Époux, saint Joseph, oui, que tous les membres de cette grande famille se réjouissent d'appartenir à la *Congrégation Universelle de la Sainte Maison !* Puissent tous les *Associés* avoir leurs noms écrits dans votre Cœur maternel ! oui, puissent-ils demeurer dans la Maison du Seigneur jusqu'à la fin de leurs jours (1), pour être ensuite placés dans cette *Maison qui ne sera point faite de main d'homme, mais qui durera éternellement au Ciel !* (2)

Ave, Maria, Gratia plena, Dominus tecum !
Dignare me laudare Te, Virgo sacrata !
Virgo Lauretana, ora pro nobis !

1. Ps. XXII, 6.
2. II Cor. V, 1.

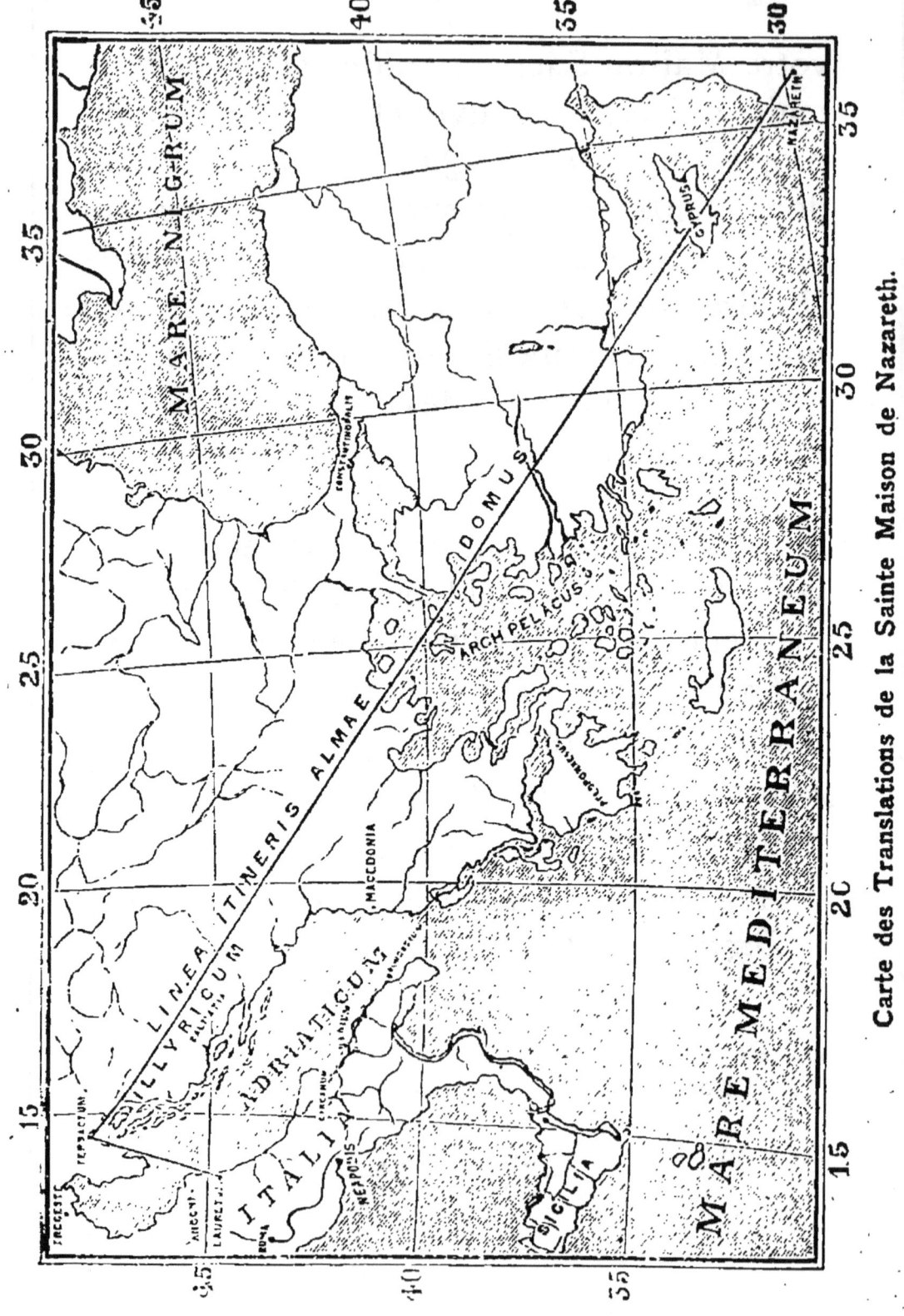

Carte des Translations de la Sainte Maison de Nazareth.

La Maison du Seigneur est fondée sur le sommet des montagnes et toutes les nations viendront à elle en disant ; Gloire à vous, Seigneur ! *(Isaïe, II, 2.)*

PREMIÈRE PARTIE.

Visite à Lorette et à Nazareth ; description de la Sainte Maison ; son origine confirmée par ses dimensions, par les matériaux dont elle est construite et par les restes de fresques dont elle était ornée. Témoignages des Souverains Pontifes et des Saints. Hommages rendus par le monde catholique tout entier.

Nº I. — Basilique contenant la Sainte Maison.

Chapitre Premier.
La colline sacrée, la Basilique et l'extérieur de la Sainte Maison.

La ville de Lorette est située sur un imposant sommet. Du côté du levant, l'Adriatique déroule sa nappe d'azur parsemée de nombreuses voiles venant d'Ancône, de Venise, de Trieste, de Fiume, et baissant le pavillon au passage pour honorer de loin l'ancienne Demeure de la glorieuse Vierge.

Du côté du couchant, les Apennins élèvent leurs têtes superbes, couvertes d'un voile immaculé ; ils sont groupés là comme pour saluer par l'emblème d'une parfaite pureté la Maison dans laquelle s'accomplit l'*Immaculée-Conception*, la Chambre sacrée où le DIEU de toute sainteté se fit Homme et passa sa vie terrestre avec sa Mère plus pure qu'une neige virginale.

Le voyageur revenant de la Terre-Sainte, où il a admiré, des hauteurs de la montagne qui porte Nazareth attaché à ses flancs, le paysage si souvent contemplé par JÉSUS, Marie et Joseph, est agréablement surpris en voyant de Lorette un panorama presque identique. Près de la mer, le promontoire de Monte-Conero, avec une abbaye de St-Romuald sur le sommet, rappelle le Mont-Carmel ; Umana paraît occuper la place de Caïfa ; Porto-Recanati celle de Saint-Jean-d'Acre ; et, du côté de la terre, les Apennins se dressent aussi blancs que le neigeux Hermon.

Cette ressemblance accroît les sentiments de piété qu'inspire le lieu sacré choisi par la Sainte Famille pour être le nouveau site de sa chère Demeure.

De même que Nazareth fut entouré de murailles par les Croisés, ce *nouveau Nazareth* l'a été par les Souverains Pontifes. Les saints ne nous représentent-ils pas Marie, notre *Ville forte située dans les hauteurs, gardant ceux qui viennent s'y réfugier;* n'est-elle pas *la forteresse bâtie par Dieu, le boulevard de l'Eglise et de la foi chrétienne ?*

L'église cathédrale qui domine la cité de Marie, est surmontée d'une statue dorée de la Vierge et fortifiée du côté de l'est comme par les bastions d'un grand château fort. Une vaste place, bordée par les arcades du *Palais apostolique*, donne accès à cette Basilique somptueuse, érigée par les soins des Vicaires de Jésus-Christ pour immortaliser le souvenir, cher à tous les catholiques, de la glorieuse Translation de la Sainte Maison de Nazareth. Sur la façade est gravé en lettres d'or : « Maison de la Mère de Dieu, dans laquelle le Verbe s'est fait chair. »

Les trois portes en bronze de la Basilique possèdent de superbes bas-reliefs représentant, entre autres sujets, la chute d'Ève, qui fut réparée dans cette Sainte Maison par le consentement de la seconde Ève ; la création d'Adam, formée de la terre bénie d'Éden, comme le second Adam le fut dans cette Demeure sacrée, de la substance de la Vierge Immaculée ; l'exaltation de Joseph, placé à

No II. — Nef de la Basilique montrant l'extrémité ouest de la Sainte Maison et son unique fenêtre.

la tête du gouvernement d'Égypte ; le transfert de *l'Arche du Seigneur* renfermant la manne céleste et précédée du roi David bondissant de joie en modulant sur sa harpe les accords harmonieux de sa reconnaissance, figure expressive de la joie des saints anges accompagnant de leurs chants la translation de cette *nouvelle Arche d'alliance*, dans laquelle habita *le Pain vivant descendu du Ciel*. (S. Jean, chapitre VI.)

Douze chapelles dans les nefs latérales ornées de mosaïques, conduisent, comme par une avenue triomphale, à la Demeure Sacrée; huit autres l'entourent et une coupole majestueuse lui fait une couronne de gloire. Dans l'intérieur de ce dôme, se voient les Patriarches, les Prophètes, les Apôtres, les Martyrs, les Confesseurs, les Vierges, et au-dessus d'eux leur Reine, à laquelle les neuf chœurs des Anges forment un cortège d'honneur, portant à la main ses titres empruntés aux *Litanies de Lorette*.

C'est sous ce dôme que repose cette humble Demeure rendue si glorieuse et si sainte par la venue dans ses murs du DÉSIRÉ DE TOUTES LES NATIONS ! Voici cette Maison bénie qu'ont vénérée tant de millions de pèlerins, devant laquelle rois, princes, nobles, envoyés de toutes les nations se sont prosternés le front dans la poussière ! Sur le marbre de la façade orientale on lit ces mots : « Hôte chré-
» tien, venu dans ce lieu pour accomplir un vœu
» sacré, vous avez devant les yeux la Sainte Maison
» de Lorette, vénérable sur toute la terre par la divi-
» nité de ses mystères et la gloire de ses miracles.

» C'est là que la Très Sainte Marie, Mère de Dieu,
» a vu le jour ; là que le Verbe éternel de Dieu s'est
» fait Chair. Les anges ont transporté d'abord cette
» Maison de Palestine en Illyrie, à la ville de Ter-
» satto, l'an du Christ 1291, sous le Pontificat de
» Nicolas IV ; trois ans après, au commencement
» du Pontificat de Boniface VIII, elle a été portée
» encore par les messagers de Dieu près de la ville
» de Recanati en Picenum (Marche d'Ancône),
» dans un bois de cette colline, où, après avoir changé
» trois fois de place dans l'espace d'une année, elle
» a fixé ici définitivement son séjour, par la puis-
» sance de Dieu, il y a trois cents ans. Depuis ce
» temps, la nouveauté d'un tel prodige ayant frappé
» d'admiration les peuples voisins, puis le bruit des
» miracles qui se sont opérés dans ce sanctuaire
» s'étant partout répandu, toutes les nations ont
» vénéré cette Sainte Maison, dont les murs ne
» s'appuient sur aucun fondement et n'en sont pas
» moins demeurés depuis tant de siècles parfaite-
» ment entiers et solides.

» Vous, pèlerin, vénérez pieusement ici la Reine
» des Anges, Mère de la Grâce, pour que, par ses
» mérites et ses supplications auprès de son très
» aimable Fils, Auteur de la vie, vous obteniez le
» pardon de vos fautes, la santé de votre corps et
» les joies éternelles. »

Les pèlerins ont fait si souvent à genoux le tour de la Demeure Sacrée qu'un sillon a fini par se creuser, traçant, pour ainsi dire, le chemin de la foi et de l'amour.

No III. — La Sainte Maison recouverte de marbre sous le dôme de la Basilique.

La *Santa Casa* est ornée d'un très beau marbre blanc de Carrare ; il enchâsse les murailles sacrées qu'il enveloppe sans les toucher, comme pour montrer qu'il n'en est pas digne et que la Maison de Marie, portée par les mains des Anges, n'a pas besoin de soutien érigé de main d'homme.

Au-dessus de la *Fenêtre de l'Ange* on contemple l'*Annonciation ;* tout autour de la Demeure Sacrée sont placés d'autres traits de la vie de Marie, et, groupés deux par deux, les Prophètes et les Sibylles, qui annoncèrent les gloires de la Vierge-Mère.

La Sainte Maison n'est, il est vrai, qu'un très petit Sanctuaire, mais s'il est petit par l'espace qu'il occupe, il est grand par les souvenirs qui s'y rattachent, par les mystères qui s'y sont opérés, par l'amour et la vénération que tous les fidèles lui prodiguent à l'envi, comme « *au plus auguste et au plus sacré.* » (Pie IX.)

A plus forte raison devons-nous le placer bien au-dessus des édifices profanes les plus dignes d'admiration.

Sans doute les pyramides d'Égypte sont imposantes par leurs proportions colossales et leur grande antiquité ; sans doute les temples d'Athènes et de Rome attirent et méritent notre admiration pour la splendeur et l'élégance de leur architecture qui porte l'empreinte magique du génie... mais qu'est-ce que tout cela comparé à la Maison de la Sainte Famille ? Ici nous avons plus que tous les chefs-d'œuvre réunis ; nous possédons la Demeure même de Jésus, le divin Architecte de notre salut, l'Auteur de tout génie, de toute grandeur et de toute perfection, JÉSUS le type et le modèle le plus accompli de l'humanité qu'Il est venu racheter et avec laquelle Il n'a pas dédaigné d'habiter.

Chapitre Deuxième.
Les impressions produites en entrant dans la Sainte Maison.

EN approchant de la Sainte Maison on lit sur les portes : « *Que ceux qui sont impurs trem-* » *blent d'entrer dans ce Sanctuaire. Le monde entier* » *n'a rien de plus saint. Cet édifice est plus sacré que* » *la Basilique même de saint Pierre, le Prince des* » *Apôtres. C'est ici que le Verbe fut fait Chair et* » *que naquit la Vierge-Mère. De l'Ouest où le soleil* » *se couche, à l'Est où il sort des eaux, aucun lieu* » *n'est plus saint que celui-ci.* »

Cinquante-deux lampes y brûlent jour et nuit, donnant un aspect de grandeur à l'humble habitation. Le divin Sacrifice y est offert, par privilège, depuis l'aurore jusqu'à la fin des vêpres (1). Sur l'autel, l'inscription suivante, en lettres d'or, frappe les yeux du pèlerin, qu'elle émeut profondément : ICI LE VERBE A ÉTÉ FAIT CHAIR ET IL A HABITÉ PARMI NOUS.

Rien ne cache les pierres sacrées de l'intérieur, de sorte qu'on a le bonheur ineffable de voir de ses yeux et de toucher de ses mains les murs trois fois bénis qui ont abrité JÉSUS, l'hiver contre le froid et l'été contre la chaleur ! On se rappelle les paroles du CHRIST : « *Si mes disciples se taisent, les pierres*

---

1. La Messe de la Vierge y est célébrée même dans les grandes solennités, dont on omet jusqu'à la mémoire.

crieront. » (S. Luc, XIX, 40.) Si les hommes, pour l'amour desquels je suis descendu du Ciel dans cette demeure, ne chantent pas ici l'*Hosanna*, les pierres feront retentir mes louanges !

Quand nous avons franchi le seuil de cette Maison qui a tremblé à l'accomplissement du mystère de l'Incarnation, lorsque nous mettons le pied où DIEU a résidé et où les Légions célestes, remplies d'admiration et de respect, ont adoré la Majesté divine incarnée, nous sommes saisis d'un religieux frémissement. Ici, le cœur le plus froid s'attendrit ; l'homme le plus impie tombe à genoux, poussé par une force irrésistible. « Vois ! il prie, » murmure la voix des Anges. Oui, il prie ! Cette âme si longtemps ensevelie sous la glace de l'irréligion est embrasée d'une sainte ferveur ; elle soupire ; elle déplore ses fautes ; elle aspire à DIEU et à la sainteté !

En entrant dans cette chambre sainte où le Sacré-Cœur de JÉSUS s'est consumé d'amour pour nous pendant si longtemps, l'union de nos cœurs avec le sien est rendue en quelque sorte palpable et acquiert soudain une intensité jusqu'alors inconnue.

Tout ici nous presse de lui accorder une confiance sans bornes. C'est la scène des supplications adressées par le Sauveur à son Père céleste pendant ses années de séjour sur la terre pour le salut de notre race déchue. Ici, son Cœur sacré nourrissait sans cesse avec amour la pensée de notre rédemption ; ici, pendant que sa tendre Mère tissait la robe sans couture de sa Passion, en l'arrosant de larmes silencieuses, Il se représentait la croix sur laquelle il

No IV. — Intérieur de la Sainte Maison tel qu'on le voit actuellement à Lorette.

devait mourir. Aucune langue humaine ne saurait exprimer ce qu'éprouva le Cœur de JÉSUS en ce lieu mystérieux. Oh ! combien de soupirs et de larmes sortirent de ce Cœur sacré pendant qu'il offrait à son Père les labeurs de sa vie et les angoisses de sa mort ! Tantôt cette chambre était pour Lui le Jardin de Gethsémani ; tantôt c'était le Prétoire et tantôt le Calvaire. Il prévoyait tout ! Il buvait d'avance goutte à goutte le calice de ses douleurs ! Il a enduré toutes ces souffrances intérieures afin d'attirer nos cœurs à Lui ! Sa vie, dans cette petite chambre, fut une vie aimante. Il y demeurait non pour lui-même, mais uniquement pour nous, et maintenant Il y revient dans son adorable Sacrement, nous demandant, en retour de l'amour qu'il nous a témoigné, celui de notre cœur !

A la pensée de JÉSUS vivant dans sa Sainte Maison, nos âmes sont fortement excitées à la dévotion envers son Humanité sacrée. Qui ne sait les prodiges de foi et d'amour qui ont éclaté aux pieds de la Vierge de Lorette ? Que d'hommes venus là dans un but de curiosité profane, à demi-chrétiens en entrant dans le sanctuaire, hommes d'une foi chancelante et d'un amour éteint, en sont sortis pleins de conviction et d'ardeur, tout enflammés de l'Esprit divin, prêts à consacrer leurs forces et à donner leur vie même pour la défense du CHRIST !

Des hommes ne s'étant pas confessés depuis quarante ans, en pénétrant dans la Maison Sainte de Celle qui est « le canal de toutes les grâces, » n'ont pu résister à la force puissante les portant à demander le ministre de DIEU que si longtemps ils avaient fui. De même que *Marie d'Égypte* se trouva repoussée par des mains invisibles de la porte de l'église du Saint-Sépulcre à Jérusalem, de même des pécheurs et des hérétiques, en voulant entrer dans la Sainte Maison, ont été obligés de reculer devant une force irrésistible, jusqu'à ce qu'ils eussent fait vœu de se faire catholiques ou de confesser leurs fautes. Le *bienheureux Baptiste de Mantoue* a considéré la Sainte Maison de Lorette comme plus sacrée que le Saint-Sépulcre, et Torsellini dit : « Personne n'entre dans ce Lieu Sacré sans sentir la présence de DIEU et de sa Mère. »

Chapitre Troisième

L'absence de fondations, les dimensions, les pierres, le mortier, le bois de la Santa Casa confirment son origine.

LA Sainte Maison est elle-même le témoin silencieux de son origine. Elle atteste jusqu'à l'évidence ce qu'elle est et d'où elle vient.

La première confirmation de cette origine se trouve dans ses fondations, dont elle a été évidemment séparée et qu'on a pu aisément reconnaître dans le sol béni de Nazareth sur lequel elle fut bâtie.

Quand on creusa autour de la Sainte Maison de Lorette, au mois de novembre 1531, il fut évident pour tous que ses murs se soutenaient sur la terre nue et sans fondations. Jérôme Angelita, chancelier de la ville de Recanati et témoin oculaire, nous a laissé le récit de ces excavations entreprises pour entourer de marbre la Santa Casa.

A une date plus récente, en 1672, quand un nouveau pavement fut posé, plusieurs personnes pouvaient faire passer librement, soit leurs mains, soit des bâtons, sous certaines parties des murs, le terrain sur lequel ceux-ci reposaient se trouvant inégal.

Les dalles furent renouvelées encore une fois en 1751, sous le pontificat de Benoît XIV, et l'on procéda alors à l'intérieur à un nouvel examen, après avoir fait des excavations au pied des murs. L'archevêque de Fermo, les évêques de Jesi, d'Ascoli, de Macerata et de Lorette, trois architectes étrangers, trois maîtres-maçons, outre l'architecte des travaux, étaient présents, ainsi que beaucoup d'autres personnes.

Un des architectes fut autorisé à faire creuser à six pieds de profondeur jusqu'à ce qu'on fût arrivé au *tuf*, c'est-à-dire à la terre ferme, où l'on a coutume d'aller pour assurer la solidité des fondements. Il fut manifeste alors que la Sainte Maison se soutenait par elle-même, depuis plusieurs siècles, sur un terrain inégal et mouvant, contrairement à toutes les règles de l'architecture.

Un rapport officiel fut alors enregistré dans les archives de Lorette ; il est ainsi conçu : *Nous, soussignés, architectes, surveillants, conformément à notre profession, savoir et conscience, certifions que les murs sacrés de la Sainte Maison, par nous bien connus, depuis le plancher de la première marche de l'autel jusqu'à la partie tout entière du côté de l'autel extérieur de l'Annonciation, n'ont aucune sorte de fondations : au-dessous des murs sacrés, on trouve de la terre remuée et en certains endroits de la poussière*, etc...

La Sainte Maison de Nazareth est placée à Lorette sur ce qui fut originairement une route publique. Jérôme Angelita, qui, comme nous l'avons vu, était présent lors des excavations faites en 1531, écrit dans sa *Relation des Translations :* — « Chose extra-
» ordinaire à dire et plus merveilleuse encore à
» voir, il fut reconnu par autant de témoins qui

» voulurent l'examiner, et ils étaient nombreux, que
» le cubiculum, (c'est-à-dire la chambre de la
» Vierge,) se soutenait sans fondations ; la pous-
» sière qui se trouvait sur la route au moment
» même où le cubiculum y descendit, est restée là
» jusqu'à ce jour. »

Au-dessous des saintes murailles se voyaient sur la surface de la terre de petits cailloux, des pierres écrasées comme il s'en rencontre sur les routes ; un buisson épineux, planté sur le bord du chemin, se trouvait pris sous la Sainte Maison, qui était descendue sur lui ; quelques enveloppes de glands, une coquille de limaçon et une noix desséchée y furent ramassées, et on en tira une terre poudreuse, semblable à celle des voies publiques.

Une autre confirmation de son identité avec la Maison de Nazareth provient des pierres avec lesquelles elle est construite. La pierre de Nazareth est une pierre calcaire. Il y en a de deux espèces : la pierre calcaire *dure* appelée *Jabès*, et la pierre calcaire *tendre* nommée *Nahari*.

Deux pierres furent apportées de Nazareth vers le milieu du XVIe siècle par Jean de Sienne, l'un des trois délégués qui mesurèrent, pour la troisième fois, les fondements restés à Nazareth. Ces chevaliers dignes de foi confirmèrent avec serment l'exacte conformité des mesures entre Nazareth et Lorette, et démontrèrent la ressemblance parfaite entre les pierres à bâtir de Nazareth et celles dont est construite la *Santa Casa*.

Un ancien archevêque d'Eden, nommé *Georges*

Benjamin, ayant souvent visité Nazareth, entre les années 1690 et 1714, visita aussi Lorette et s'offrit à signer une déclaration concernant la nature de ces pierres.

Un confesseur de la Basilique de *Sainte-Marie-Majeure* à Rome, *Joachim Ferrarèse*, après un examen scrupuleux fait en 1732, déclara sous la foi du serment que les pierres de la *Chapelle de l'Ange à Nazareth* (construite sur l'emplacement primitif de la Chambre de l'Annonciation) sont en tous points semblables à celles dont est construite la *Sainte Maison de Lorette*. Un peintre illustre, *Dominique-Antoine Muradori*, de l'Académie de Saint-Luc, à Rome, déclare aussi, dans un document daté du 24 septembre de l'année 1733, qu'il a examiné avec une attention scrupuleuse la nature des matériaux employés dans la *Sainte Maison de Lorette*; il dit être certain que ce sont des pierres naturelles d'une qualité telle qu'il n'en a jamais vu de semblables dans aucun des pays où il est passé.

Nous n'insistons pas sur ces témoignages : la qualité des pierres n'est pas une question qui s'appuie sur l'évidence qu'on en eut dans les temps passés ; la minéralogie et la chimie modernes suffisent pour nous renseigner là-dessus.

En 1857, on envoya au professeur Ratti de la Sapienza à Rome, sans qu'il pût se douter de leur provenance, deux pierres de Nazareth et deux de la Santa Casa, en quatre paquets différents, le priant d'en faire l'analyse chimique.

Voici quelle fut la réponse du professeur : *Ayant*

pris une portion de chacun des quatre spécimens, et les ayant soumis à une analyse chimique, il se trouve qu'ils sont tous de la même nature, étant formés de carbonate de chaux, de carbonate de magnésie et d'argile ferrugineuse (1).

Rien ne saurait mieux confirmer l'identité de la Sainte Maison que le résultat de ces analyses : la composition chimique des pierres prises aux murs de la Santa Casa se trouve être absolument la même que celle des pierres apportées de *Nazareth*, dont l'une était de l'espèce appelée *Jabès* et l'autre de l'espèce appelée *Nahari* (2).

1. Avant de les soumettre à cette analyse, le professeur examina les caractères physiques de chacun des quatre spécimens et il trouva une ressemblance entre les quatre, tous étant des pierres calcaires.

Appelons-les ABCD — A et B provenant des murs de la *Sainte Maison*; C et D venant de Nazareth. Le professeur Ratti trouva une ressemblance particulière de caractère physique entre A et C, étant tous deux plutôt durs et de couleur chatoyante (en italien : *palombino*), avec cette seule différence que A était légèrement plus compacte que C et de nuance plus foncée.

Il trouva aussi une ressemblance spéciale, pour le caractère physique, entre B et D, étant tous deux des pierres tendres de couleur blanchâtre et B différant seulement de D par une teinte légèrement rougeâtre, tandis que D tendait à une couleur jaune ; de même, les grains de B étaient plus petits et plus tendres que ceux de D. Il dit à ce propos : *Ces différences de dureté et de couleur sont minimes et me semblent accidentelles.*

Passant ensuite de l'examen physique au résultat de l'analyse chimique il dit : *S'il arrive qu'il y ait dans quelqu'un de ces fragments une différence de composition, comme par exemple dans celui qui est le plus serré et de couleur gorge de pigeon, (que nous appelons A,) c'est qu'il s'y trouve un peu plus d'argile et de fer. Mais cette diversité n'altère pas la nature de la pierre et résulte de l'agrégation fortuite de plusieurs quantités plus ou moins grandes des mêmes matériaux.* (Voyez : *Sopra la Santa Casa di Loreto* di Monsignor Domenico Bartolini, Roma. De Propaganda Fide, 1861.)

2. La première peut devenir avec le temps, ainsi que le fait remarquer le cardinal Bartolini, d'un rouge foncé, de façon qu'à première vue, on la

Nous devons en outre tenir pour certain que ces pierres, extraites de la colline de Nazareth, ont été ajustées en ce lieu même ; le mortier qui les unit ajoute son témoignage à celui des pierres. Lorsque le cardinal *Bartolini* ordonna de faire des investigations sur la nature des matériaux, un peu du ciment primitif de la Sainte Maison fut enlevé et analysé. En outre, divers morceaux de mortier furent extraits de la *Grotte de Nazareth*, de l'*Atelier de St Joseph*, de la *Synagogue de Nazareth*, du *Puits de Jacob* et de la *Maison de sainte Élisabeth*, et on les compara avec le mortier de la Sainte Maison de Lorette. Ces échantillons furent soumis à une analyse chimique, et on trouva qu'ils étaient formés de sulfate de chaux travaillé avec de petits morceaux de charbon de bois. D'autre part il fût prouvé que le mortier de la Santa Casa était composé des mêmes constituants chimiques. Le cardinal Bartolini demande en terminant : — « A-t-on jamais, en Italie, employé un mortier composé de plâtre et de cendres ou de charbon pulvérisé ? »

Au témoignage des *pierres* et du *mortier*, nous pouvons ajouter celui du *bois*. Nazareth est situé sur les collines méridionales du Liban, avant qu'elles ne s'abaissent dans la plaine fertile d'Esdrelon ;

prend pour une sorte de faïence. Son Éminence, en lisant son discours devant l'*Académie d'Archéologie* à Rome, fit voir un spécimen qu'il avait pris dans la *Montagne de la Précipitation* à Nazareth ; et la couleur de cette pierre était celle qui est propre aux briques cuites. Les murs sacrés sont composés en général de la pierre *Jabis* ; l'autre espèce, qui est tendre et blanche, se trouve en petite quantité dans l'intérieur de l'armoire pratiquée dans le mur de l'est.

tous les objets en bois de *cèdre* de la *Sainte Maison*, soit le linteau qui est au-dessus de la porte par laquelle le Dieu Incarné passa pendant environ trente ans, soit l'armoire sacrée de la Vierge de Nazareth, soit les pièces de la charpente primitive qui sont conservées sous l'autel, soit les restes (toujours visibles dans les murs) de l'ancienne cloison, soit le bois du crucifix arrivé avec la Sainte Maison, soit le bois qui a l'honneur spécial de représenter les traits de la Vierge de Nazareth tenant dans ses bras Celui qui soutient l'univers : tous ces objets de cèdre rendent le même témoignage et disent de concert : Dans les vastes forêts du Liban nous élevions nos têtes superbes comme les princes de tous les autres arbres ; toutefois nous sommes reconnaissants à la hache bienfaitrice qui fit notre avenir plus grandiose que notre passé, en nous procurant l'honneur de former une portion de la demeure terrestre du Roi des rois, et de la Reine Immaculée.

A l'époque de la Translation de la Demeure Sacrée, les figures de sainte Catherine, de saint Georges, de saint Antoine et de saint Louis de France, tracées sur les murs, affirmaient clairement que c'était bien la Sainte Maison de Nazareth.

En effet sainte Catherine, avec la roue, emblème de son martyre, fut peinte au-dessus de la porte, à gauche de la Vierge Immaculée, pour signifier que les chevaliers de Sainte-Catherine avaient **protégé** les pèlerins de Nazareth au temps des Sarrasins.

A côté d'une fresque de la Mère toujours Vierge,

on en voyait une autre non moins significative représentant saint Louis. Il était revêtu de la robe royale, rouge et blanche, et d'un manteau de pourpre. Sa main gauche tenait le sceptre et de sa main droite pendaient des chaînes traînantes, pour indiquer la captivité dans laquelle il avait gémi avant son pèlerinage à Nazareth.

Ces fresques étaient bien apparentes en 1634, quand Silvius Serragli de Pietra Santa en mit des gravures dans son œuvre intitulée *La Sainte Maison embellie*, et plus tard, en 1791, quand Vincent Murri écrivit son histoire dédiée à Antoine Clément, roi de Saxe. Le temps les a presque effacées et le plâtre s'en est en grande partie détaché, mais leur mission est remplie : elles ont rendu leur témoignage pendant un assez grand nombre de siècles pour qu'on puisse s'en passer désormais.

Chapitre Quatrième.

VISITE A NAZARETH (1).
Fondations de la Sainte Maison laissées sur place. La Demeure Sacrée telle qu'elle a dû être pendant la vie de Marie. Description de la Maison d'après le récit d'un pèlerin de Nazareth.

A NAZARETH les maisons sont construites sur le flanc d'une colline parsemée de grottes auxquelles sont adossées un grand nombre d'habitations. Il en était ainsi de la Demeure de la Sainte Famille et, après que la Sainte Maison eut quitté Nazareth, une Chapelle dite *Chapelle de l'Ange* fut bâtie sur son ancien emplacement. Celle-ci étant plus courte et plus étroite que l'Habitation Sacrée, les fondations laissées sur place restent en dehors tout autour de cette Chapelle.

La possession des Saintes Grottes fut cédée en 1620 par le prince de Sidon (2) à Thomas de Novare. Ce dernier, trouvant que la Chapelle de l'Ange menaçait de s'écrouler, en construisit une autre. Voici ce qu'il rapporte du Père Supérieur du Monastère de Nazareth : *Désirant restaurer cette partie..., il démolit les vieux murs de la Chapelle jusqu'aux fondations, qu'il examina alors avec le plus grand soin ; il trouva que les fondations de la Sainte Maison de Lorette étaient parfaitement dis-*

---

1. L'auteur de ce livre a visité l'emplacement de la Sainte Maison à Nazareth.
2. L'Emir Fakhr ed-Dine.

N° V. — Sanctuaire actuel de Nazareth : *Chapelle de l'Ange*, les Grottes Sacrées.

tincles des autres (1), *et avaient deux palmes d'épaisseur... S'arrêtant à ces dernières, il en mesura les dimensions et il fut reconnu, à la grande joie des assistants, que l'emplacement de Nazareth était en tous points conforme au plan de la Sainte Maison de Lorette et que les mesures des fondements répondaient parfaitement à celles des murs de Lorette, l'emplacement à l'emplacement, le site au site, l'espace à l'espace* (2). »

Nous n'avons donc qu'à représenter la Santa Casa de Lorette adossée aux Grottes Sacrées de son ancien emplacement pour en faire comprendre l'identité.

Outre la baie qui ouvrait sur la Grotte, la Maison avait deux portes donnant sur la rue. La place occupée par celle du côté de l'*ouest* (3) se voit au coin sud-ouest de la grande Grotte entre la partie basse du rocher et les fondations restées après la Translation. L'autre se trouvait au haut de l'escalier, ou au côté *est* de la petite Grotte, laquelle possède une ancienne porte murée, ou bien à l'extrémité *est* du passage qui la longe, à l'endroit où cette entrée est actuellement (4).

---

1. La Chapelle de l'Ange de cette époque, comme la Chapelle actuelle, était plus petite que la Sainte Maison transportée à Lorette et possédait une porte dans le mur du sud. On y avait construit une fenêtre à l'ouest en imitation de la Sainte Maison ; aussi Thomas de Novare l'appela-t-il du même nom.

2. Voir *Quaresmius, Terræ Sanctæ elucidatio*, t. II, lib. VII, p. 839.

3. L'extérieur de cette porte telle qu'elle aurait été au temps de la Sainte Famille, est représenté dans la gravure VII.

4. En sortant par l'ouverture actuelle, on laisse du côté gauche la petite

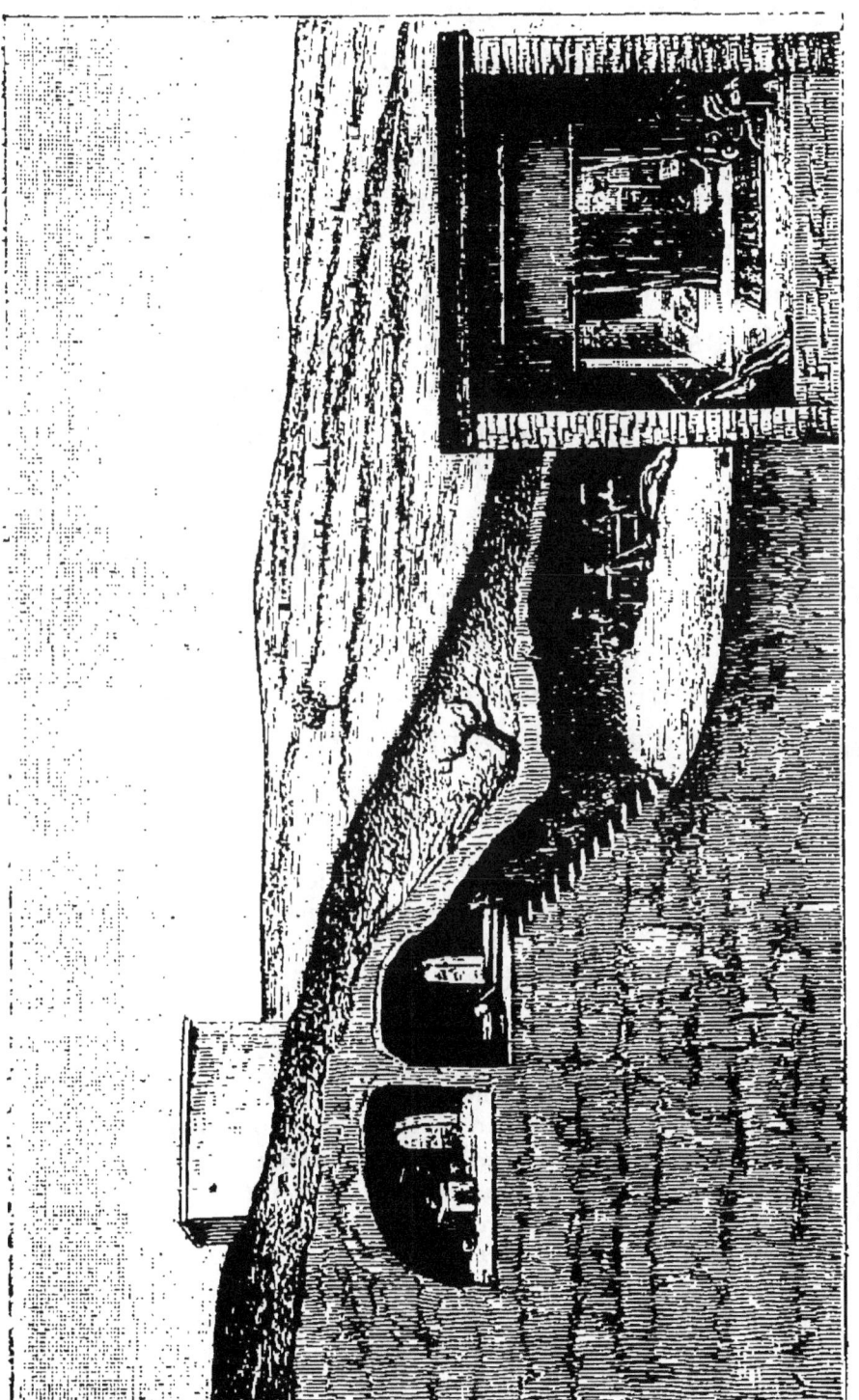

N° VI. — Intérieur de la Sainte Maison de Nazareth avant l'Ascension.

Les Grottes étaient si étroitement unies avec le bâtiment, qu'elles formaient des pièces du domicile de la Sainte Famille. La Santa Casa de Lorette n'est donc pas la Maison tout entière ; et, la Grotte formant également une portion de la Demeure Sainte dans laquelle l'Archange annonça l'heureuse nouvelle, nous pouvons dire de chacun de ces endroits, quoiqu'à un titre différent : ICI LE VERBE A ÉTÉ FAIT CHAIR, et rien n'est plus juste que de vénérer le même mystère dans les deux sanctuaires à la fois.

Pour engager les fidèles à faire le pèlerinage de la Sainte Maison alors à Nazareth, Jean Phocas, prêtre grec, écrivit des détails fort intéressants sur la Demeure Sacrée, qu'il avait visitée lui-même une centaine d'années avant la Translation (1).

Grotte, et on arrive au chœur de l'église moderne en traversant la sacristie.

Un pèlerin de Nazareth du XII° siècle pénétra dans la Grotte par la porte de l'*est*, et un autre pèlerin du même siècle nous dit qu'il y avait aussi une porte *occidentale*. (Se reporter au chapitre I, partie V.)

1. A. D. 1193, de la chronologie latine.

Domus Joseph postmodum in pulcherrimum templum immutata est, in cujus læva parte prope altare, spelunca non in terræ visceribus patens, sed superficie tenus hians (c'est une crête de rocher étroit) *os candido marmore exornatur super pictoris industria : Angelus... Per os in speluncam ingressus paucos admodum gradus descendis, tum antiquam illam Josephi ædem oculis lustras, in quá regressæ a fonte Virgini Archangelus, ut jam dixit fausta nuntiavit. Est præterea eo in loco, in quo Annuntiatio facta est, ex nigro lapide crux candido marmore incisa, et super eam altare : et a dextra altaris pusilla ædicula, in qua semper Virgo Deipara se continebat ; in læva parte vero Annuntiationis illa conspicitur ædicula, luminis expers quam Dominus noster Christus, regressus ex Ægypto usque ad Præcursorem decollatum, incoluisse fertur.* Acta Sanctorum Maii, *tom. II. Bollandist.*

No VII. — Extérieur de la Sainte Maison.

Accompagnons-le en esprit, et visitons avec lui l'église de l'Annonciation.

Du côté gauche du maître-autel nous remarquons une porte ornée d'une fresque représentant la Salutation Angélique et placée dans l'ouverture d'une grotte ; nous y entrons et, après avoir descendu quelques marches d'un passage percé dans le roc, nous nous trouvons à l'intérieur même de la grotte formant une partie de « l'ancienne Demeure de saint » Joseph où l'Archange annonça l'heureuse nou- » velle à la Vierge. »

En face, nous voyons la porte qui servait à la Sainte Famille pour aller de la Grotte dans la Maison.

Le Lieu sacré occupé par la Vierge de Nazareth au moment que l'Archange Gabriel la proclama « bénie entre toutes les femmes », est indiqué par un autel.

« A gauche du Lieu de l'Annonciation se trouve » une chambre obscure, que, d'après la Tradition, » Notre-Seigneur JÉSUS-CHRIST, à son retour » d'Egypte, habita jusqu'à la décollation du Pré- » curseur. A droite de l'autel se trouve une autre » petite chambre où la Mère de DIEU toujours » Vierge avait coutume de se tenir. »

Phocas exprime l'admiration du pèlerin de voir dans un état de parfaite conservation la partie la plus sacrée de la Maison, ces mêmes murs qui répétèrent l'écho du premier *Ave*, la chambre qui fut constamment occupée par la Vierge Mère de DIEU et la cellule du Sauveur du monde.

N° VIII. — La Sainte Maison formant la crypte de l'ancienne Basilique érigée à Nazareth.

Comparons cette description d'un pèlerin du XIIe siècle avec ce qu'on y trouve aujourd'hui.

On peut reconnaître encore la forme de l'église de l'Annonciation érigée par sainte Hélène. Le cloître et la terrasse du couvent actuel sont construits sur les fondations des anciens murs ; dans le jardin se voit une partie de l'abside, et les bases de quelques-unes des colonnes restent dans leur position primitive.

L'église actuelle, placée du nord au sud, est bâtie sur l'emplacement du transept et du chœur de l'ancienne cathédrale, et la Chapelle de l'Ange, comme nous l'avons vu, sur celui de la Sainte Maison.

En traversant la Grotte, nous trouvons le passage contenant les marches mentionnées par Phocas et nous montons dans la petite Grotte, qui possède une ancienne porte murée, dont le dessin se remarque encore, ainsi que quelques débris de fermetures en fer. C'est là l'entrée par laquelle Phocas pénétra dans la Grotte (1).

Les Mahométans eux-mêmes vénèrent les dépendances de la Sainte Maison laissées à Nazareth, comme ayant été associées, si nous pouvons parler ainsi, à plusieurs guérisons opérées par l'intercession de la Vierge Immaculée, qui « seule entre » tous les mortels (selon leur propre croyance) n'a » pas été touchée par le doigt du diable. »

Assurément la Grotte est d'une sainteté inestimable, mais la Maison de la *Reine des Anges*,

1. Voir aussi *Liste des Illustrations* accompagnée de notes critiques.

N° IX. — Eglise actuelle de Nazareth : quinze marches conduisent de la nef à la *Chapelle de l'Ange* et aux Grottes Sacrées.

transportée par les esprits célestes, ayant à leur tête l'Archange Gabriel, nous apparait comme revêtue d'une sainteté encore plus grande.

Pour résumer ce que cette visite à Lorette et à Nazareth nous a appris concernant la Santa Casa, disons qu'elle se trouve au milieu d'une ancienne route publique, pour attester que ce n'est pas là qu'elle fut bâtie ; elle se soutient sans fondations, pour certifier qu'elle est venue d'ailleurs ; enfin elle porte en elle-même la preuve de ce qu'elle est et d'où elle vient : sa longueur et sa largeur témoignent que sa place primitive était à Nazareth, près des Grottes Sacrées ; son bois proclame qu'il vient des montagnes du Liban ; sa croix est une croix grecque ; son armoire est creusée dans les murs comme celles des habitations de Nazareth ; son mortier n'est pas d'Italie mais de la Palestine, et ses pierres crient : Nous ne sommes pas de la Marche d'Ancône, nous venons de Nazareth. C'est tout un concert harmonieux des diverses parties de la sainte construction, invitant l'homme à admirer la toute-puissance de Celui qui la soutient et à méditer en esprit de prière *son histoire*, comme étant celle du grand monument de l'Incarnation.

No X. — *Chapelle de l'Ange, bâtie sur l'ancien emplacement de la Sainte Maison.*

Chapitre Cinquième.

Témoignages des Saints et des Bienheureux.

LA Mère du pur amour a rempli sa demeure de « l'odeur du baume le plus précieux ; et (1), de même que les vases retiennent l'arome des parfums qu'ils ont contenus, ainsi est imprégnée de parfums célestes cette Maison qui a contenu la source de tout ce qui est suave au Ciel et sur la terre.

La présence de JÉSUS, Marie et Joseph se fait toujours sentir dans la chère Demeure : il semble, comme le disait le *Bienheureux Grignon de Montfort*, qu'on les *voit* et qu'on les *entend* converser ensemble ; la « Lumière du monde » paraît toujours illuminer la Chambre et le sourire de Marie la réjouir encore. Nous sommes forcés de nous écrier : « Montre-moi ton visage et laisse ta voix frapper mes oreilles, car ta voix est douce et ta face gracieuse (2). »

Saint François de Sales dans un élan d'amour divin s'écria : « O belle Épouse du Roi Éternel, ce sont donc ici vos soliveaux de cèdre et vos planches de cyprès ! C'est derrière ces parois, ô divin Amour, que vous avez esté un jour arresté, regardant par les fenestres et par les treillis. Vous paissiez ici entre les

---

1. Eccles. XXIV, 20.
2. Cantique II, 14.

lys, jusqu'à ce que le jour déclinât et que les ombres fussent abaissées. C'est en ce Lieu, ô Seigneur, que vous avez été faict mon frère ; et qui m'accordera la grâce de vous voir suspendu aux mamelles de ma Mère et de vous donner de dévots baisers ? » Un effet surnaturel se produisit sur la figure du saint pendant qu'il priait ainsi et baisait les murailles sacrées.

Le visage de *saint Alphonse de Liguori* rayonnait comme celui d'un Séraphin en baisant les ustensiles de table qui servaient à la Sainte Famille.

Le *Vénérable Jean-Juvénal Ancina*, disciple de saint Philippe de Néri, était plein d'une telle dévotion envers Marie dans ce Lieu béni qu'il lui disait : « Mon cœur ne se sent vivre que quand il est en
» votre présence, mais s'il ne m'est pas permis de me
» tenir toujours près de vous, puissé-je du moins
» expirer ici sous vos yeux ! »

Saint François Xavier reçut aux pieds de la Vierge de Lorette l'inspiration de porter l'Evangile aux Indes et au Japon ; et ce même saint guérit les Orientaux de toutes sortes de maux en leur faisant toucher les Litanies de Lorette, qu'il avait dans ce but écrites pour eux de sa propre main.

Saint Joseph Calasanz baisa mille et mille fois les saintes murailles et dès sa visite récitait tous les jours les *Litanies de Lorette*.

Saint François de Borgia fut guéri d'une fièvre dévorante dans ce Sanctuaire.

Saint Jacques de la Marche célébra la Sainte Messe sur l'Autel apostolique dans l'intention d'obtenir une santé suffisante pour se livrer au ministère de la prédication : à l'issue du Sacrifice, la Très-Sainte Vierge lui apparut, et l'assura que son intention était exaucée.

La Maison de la Sainte Famille fut si chère à *saint Benoît-Joseph Labre,* qu'il s'y rendit onze fois. Il fit ces longs voyages de Rome à pied avec des souliers percés, et n'ayant point assez de vêtements pour protéger son corps contre les intempéries des saisons et le froid à travers les Apennins couverts de neige. Dans son dernier pèlerinage DIEU lui révéla sa fin prochaine.

La narration de l'arrivée miraculeuse de la Sainte Maison, attribuée au *Bienheureux Pierre,* évêque de Macerata, se termine par cette fervente invocation : « O Sainte Chapelle, petite il est vrai, et pauvre aux
» yeux de la chair, mais plus riche et plus précieuse
» aux yeux de l'esprit que les palais des rois et le
» Temple même de Salomon ! ô Chambre vénérable
» dans laquelle fut placé le plus grand trésor que
» le monde ait jamais possédé ! ô pierres plus pré-
» cieuses que les pierreries de l'Orient ! combien de
» fois vous fûtes l'écho des paroles que le Fils adres-
» sait à sa Mère et de celles que la Mère échangeait
» tendrement avec son Fils ! O Sanctuaire divin
» duquel tant de prières du Fils montèrent vers son
» Père céleste ; où tant de larmes de compassion
» coulèrent des yeux du Fils et des yeux de la Mère
» pour le salut des pécheurs ! »

Saint Charles Borromée aimait tant la Maison de

Marie qu'il avait coutume d'y rester enfermé pour y prier toute la nuit.

Les fidèles apprécieront le témoignage des saints dont un si grand nombre ont fait le pèlerinage de la Santa Casa (1).

Il ne sera pas hors de propos d'ajouter à ce témoignage les grâces particulières dont *Monsieur Olier* fut favorisé, ainsi qu'il le décrit lui-même :

« En entrant dans l'église, je fus touché si vivement et tellement attendri par les caresses de la Très-Sainte Vierge, qu'il fallut me rendre à mon Sauveur !

» Je sentis des mouvements si vifs, que, tout baigné de larmes, je demandais avec insistance à la Très-Sainte Vierge qu'elle m'obtînt la mort, si elle prévoyait que je retomberais dans mes péchés passés, mais, grâce à DIEU, je n'y suis point retombé depuis. Mon DIEU, qu'ils sont utiles aux pécheurs les lieux dédiés à la piété de la Très-Sainte Vierge ! Ce fut le coup le plus puissant de ma conversion...... Outre que je reçus la guérison de mes yeux, et que depuis je n'ai pas eu sujet d'appréhender pour ma vue, je reçus alors un grand désir de la prière ; car je me souviens que je demandais avec zèle de pouvoir passer la nuit dans cette Sainte Maison...... C'est dans ce lieu que j'ai été enfanté à la grâce, et Marie m'a fait

---

1. Qu'il nous suffise de mentionner S. Ignace de Loyola, S. Louis de Gonzague, Ste Catherine de Sienne, S. Bernardin de Sienne, S. André d'Avellin, S. François de Paule, S. Cajetan, S. Jean de Capistran, S. Séraphin de Monte Granario, S. Diégo d'Ascala, S. Camille de Lellis, S. François Caracciolo, S. Fidèle de Sigmaringen, S. Jean Berchmans.

» renaître à Dieu dans le lieu même où elle avait
» engendré Jésus-Christ (1). »

Plus frappant encore que toutes ces merveilles de grâces sont les prodiges prophétiques. Le Séraphique *François d'Assise* annonça 70 ans à l'avance l'endroit choisi par le Ciel pour être l'emplacement de la Sainte Maison en disant, aux Frères du Sirolo, que cette colline, alors déserte et inconnue, serait un jour honorée de la présence d'un Sanctuaire non moins sacré qu'aucun autre de la Terre Sainte.

Saint Nicolas de Tolentino également, mais beaucoup plus tard que S. François, portait souvent ses regards extatiques dans ce prochain avenir, attendant tous les jours l'arrivée de ce don céleste (2) ; *sainte Brigitte* reçut la révélation suivante : « Quiconque
» visitera le Lieu où Marie naquit et fut élevée, sera
» non seulement purifié mais deviendra un vase
» d'honneur ! »

Le *Bienheureux Baptiste de Mantoue* compare l'auguste Demeure au Paradis terrestre, où Ève fut tirée du côté d'Adam ; au Sinaï, sur lequel la Loi fut promulguée ; au Temple de Salomon, rempli de la présence visible de Dieu ; à la Grotte de Bethléem, où naquit le Sauveur ; au Mont Thabor, où il manifesta sa gloire ; au Mont des Oliviers, d'où il s'éleva

---

1. En souvenir de la conversion de M. Olier, fondateur du Séminaire de Saint-Sulpice, on a élevé dans le parc de la maison de campagne du Séminaire, près de Paris, une chapelle très remarquable sur le modèle de la Santa Casa de Lorette.

2. Cette vision est rapportée par le Père Octave Falconi de l'Oratoire, d'une famille noble de *Fermo*, où Nicolas avait été envoyé pour y achever ses études théologiques. Il en trouva le récit dans les Archives de la ville.

vers le ciel; et encore au Tombeau sacré du Sauveur: il ne craint pas de la mettre beaucoup au-dessus, parce que DIEU, revêtu de notre chair, l'avait choisie pour y jeter les fondements du salut du monde !

Terminons par une célèbre vision de *saint Joseph de Cupertino*. Ce grand serviteur de Marie vit un jour les Anges du ciel pénétrer dans la Sainte Maison de Lorette, ayant les mains pleines des dons célestes : « O DIEU ! qu'aperçois-je ? s'écria-t-il. » Mais pourquoi les Anges ne descendraient-ils pas » sur cette Maison Sainte où le Seigneur du ciel » Lui-même n'a pas dédaigné de descendre et de se » faire Homme ? »

Et vraiment la Santa Casa « *n'est rien moins que la Maison de Dieu et la Porte du ciel !* (1) » Une échelle, comme celle qu'a vue le Patriarche Jacob, unit la terre au ciel ! Son pied est posé sur la Demeure terrestre et son sommet touche à la Demeure de gloire. C'est l'échelle des fils de la véritable Rébecca (2), l'échelle d'ascension de la faute à la grâce, et de ce monde au Paradis ! Au haut de cette échelle les chœurs des Anges chantent un cantique qui réjouit le ciel et fait trembler l'enfer : le cantique de la délivrance du genre humain et du triomphe sur le démon, le cantique de la Rédemption de la mort et du don de la vie éternelle.

Une musique céleste ravit en effet l'âme de ce

---

1. Gen. XXVII, 16, 17. L'échelle mystérieuse de Jacob est représentée dans un des nouveaux vitraux du chœur de la Basilique.

2. Marie est figurée par Rébecca. Elle donne à ses fils cadets les vêtements de son Fils aîné pour leur faire obtenir la bénédiction de leur Père

saint, et, devenu lui-même semblable à ces esprits, il prit son vol et descendit à vingt pas de là au pied d'un amandier. Revenu à lui-même, il pria le Frère Pierre d'Urbin de chanter avec lui l'Antienne de Noël.

Ce que dit saint Joseph de Cupertino à son compagnon, il le dit à nous tous : *Regardez et voyez les miséricordes de Dieu, qui, comme une pluie abondante, inondent le Sanctuaire. Oh! le lieu béni! Oh! la bienheureuse Demeure!*

Chapitre Sixième.

Témoignages des souverains pontifes. — Leur dévotion envers la Sainte Maison.

QUARANTE-SEPT papes ont rendu hommage à la Sainte Maison de Lorette ou par leurs visites, ou par leurs dons, ou par les faveurs les plus précieuses accordées aux pèlerins.

Parmi les premiers souverains pontifes qui ont honoré le Sanctuaire de privilèges et d'indulgences, nous pouvons mentionner Benoît XII et Urbain VI : le premier, en outre des indulgences accordées à la Sainte Maison, concéda, en 1341, aux infirmes et aux vieillards de Recanati, qui se lamentaient de ne pouvoir se traîner jusqu'à Lorette, les mêmes privilèges qu'aux pèlerins, à condition de visiter dans leur ville *l'église de l'Ange,* construite en souvenir de l'Annonciation faite dans la Sainte Maison et où l'on avait érigé un autel orné (1) d'une fresque représentant *Notre-Dame de Lorette;* le second, Urbain VI, en 1389, octroya, à l'occasion du miracle des flammes (2), une indulgence plénière pour la Fête de la Nativité de la Mère de DIEU dans cette Maison bénie.

1. Le chancelier de Recanati, Jérôme Angelita, trouva dans les archives de la cité ce Bref écrit en lettres d'or. Tout ceci suppose, comme une vérité reconnue, la Translation de la Sainte Maison, et cette preuve indirecte remonte à quarante-six ans seulement après son transfert sur le site actuel. Cette chapelle existe encore, mais elle appartient, depuis le dix-septième siècle, à la Confrérie de Sainte-Anne, dont elle a pris le nom.

2. Voir partie III, chapitre II.

Nicolas V fit le pèlerinage de Lorette à l'occasion d'une épidémie qui sévissait à Rome.

Pie II, en 1464, se rendit à la *Santa Casa* et y laissa de grands dons. *Riera* et *Torsellini* nous racontent cette visite de la manière suivante (1) : Ayant engagé les rois et les princes chrétiens d'entreprendre une nouvelle croisade contre les Turcs, Pie II voulut aller en personne à Ancône, où la flotte devait se réunir. Son état de santé rendant ce voyage impraticable, le pape eut recours à *Notre-Dame de Lorette* ; il lui offrit par vœu un calice d'or autour duquel il fit graver une inscription rappelant les signes et les prodiges sans nombre opérés tous les jours à Lorette, et il conjura la pieuse Mère de DIEU de lui enlever la fièvre qui le brûlait et la toux dont il était accablé. La Vierge accepta le don. A peine le vœu est-il prononcé que la fièvre commence à se calmer, la toux à s'apaiser ; il se met en route ; plus il approche de la Sainte Maison, plus ses forces reviennent. Arrivé à Lorette, il accomplit son vœu en présence d'un grand nombre de cardinaux, de barons romains et des chefs de l'armée venus d'Ancône pour rencontrer Sa Sainteté.

Le cardinal Pietro Barbo, atteint sérieusement à Ancône par la peste, qui ravageait alors (1464) cette ville, se fait transporter dans la Sainte Maison, avec l'espoir d'y obtenir sa guérison. Après s'y être endormi d'un sommeil mystérieux, il est favorisé d'une vision et se trouve, à son réveil, complètement

---

1. Ils ont trouvé dans les archives du sanctuaire les détails de ce pèlerinage qui ont échappé aux autres historiens de Pie II.

guéri. Elevé dans cette même année au souverain pontificat, comme il en avait été prévenu dans cette vision, et devenu Paul II, il publie immédiatement, au sujet de la Sainte Maison, une Bulle datée du 1er novembre 1464, qui fait connaître aux fidèles ce qu'il avait éprouvé lui-même dans l'église de Sainte Marie de Lorette, « OU SE TROUVENT, » DIT-IL, « LA MAISON ET L'IMAGE DE LA BIENHEUREUSE VIERGE MARIE. »

Une autre Bulle de Paul II, datée du 26 février 1470, contient les lignes suivantes : « Dans l'église
» de la Bienheureuse Vierge Marie de Lorette sont
» conservées, selon les témoignages les plus dignes
» de foi, LA MAISON ET L'IMAGE DE LA GLORIEUSE
» VIERGE, TOUTES DEUX APPORTÉES, PAR UN EFFET
» DE LA CLÉMENCE DIVINE, SUR LES MAINS DES
» ANGES ET AU MILIEU D'UNE ESCORTE CÉLESTE.
» Des miracles inouïs et très fréquents sont opérés
» par les mérites et l'intercession de cette glorieuse
» Patronne, en faveur de tous ceux qui ont recours
» à elle et l'implorent avec humilité. On voit venir
» des parties les plus éloignées de l'univers des multitudes de pèlerins qui ont éprouvé les merveilleux
» effets de l'assistance de leur souveraine Protectrice. »

Sixte IV (1471) confère à la *Santa Casa* le titre d'*Alma Domus*, c'est-à-dire Maison digne de tout honneur, comme étant celle où Marie a nourri son divin Fils.

Jules II visite le Sanctuaire, et, par une Bulle datée du 21 octobre 1507, en augmente les privilè-

ges. Voici un extrait des considérants de cette Bulle :
« Attendu que, non seulement l'Image de la Bien-
» heureuse Vierge Marie Elle-même existe dans
» cette église, mais aussi, suivant une croyance
» pieuse conforme à la tradition, qu'il s'y trouve
» encore LA CHAMBRE OU LA BIENHEUREUSE
» VIERGE MARIE FUT CONÇUE, OU ELLE FUT ÉLE-
» VÉE, OU ELLE FUT SALUÉE PAR L'ANGE, OU
» ELLE CONÇUT PAR L'OPÉRATION DU SAINT-
» ESPRIT LE SAUVEUR DU MONDE, OU ELLE
» NOURRIT (1) ET ÉLEVA SON FILS, où Elle se re-
» tira dans l'oraison après l'Ascension ; attendu que
» cette église est la première que les saints Apô-
» tres aient consacrée à l'honneur de DIEU et de la
» Bienheureuse Vierge, » etc...;

D'autres pontifes romains (2) ont salué la *Santa Casa* de la même manière et dans des termes analogues. Ils ont assuré que de « grands, innombrables, continuels miracles » y avaient été opérés et qu'elle avait toujours été entourée de la vénération de tous les peuples chrétiens. Les successeurs de saint Pierre, pleins d'amour pour Marie, ont mis tous leurs soins à « accroître la splendeur de cette
» humble et auguste Demeure dans laquelle la
» Reine du Ciel a été *conçue* (3), où elle est née (4)
» et où elle a été élevée ; » ils se sont employés à

---

1. Lactavit.
2. Nommons en particulier Léon X, Paul III, Pie IV, Sixte-Quint, Clément IX, Innocent XII.
3. Jules II, Paul III, Pie IV, Pie IX.
4. Pie IV, Sixte-Quint, Clément VIII, Innocent XII.

la fondation de la Basilique (1) ; ils l'ont fait achever et orner (2) ; trois papes (3) ont entouré de marbre la *Maison Natale* (4) de la Vierge, un quatrième a élevé, à l'entrée de l'église, les trois portes de bronze (5).

Par ordre de Sixte-Quint, a été sculptée sur la façade, en lettres d'or, l'inscription suivante : « MAISON DE LA MÈRE DE DIEU DANS LAQUELLE LE VERBE S'EST FAIT CHAIR. » Grégoire XIII fit traduire en huit langues la relation du Téréman (6). Clément VIII visita le Sanctuaire et ordonna de graver sur le marbre de la Chapelle un autre récit des Translations.

Les souverains pontifes ont retenu l'administration de la Sainte Maison (7) ; ils ont donné aux confesseurs attachés à l'église de Lorette les pouvoirs de pénitenciers apostoliques (8) ; ils en ont confié la garde d'abord à des Carmes (9) ; ils ont institué ensuite des chanoines (10). Quatre-vingts ans après, des Pères Jésuites furent appelés par eux pour desservir la Pénitencerie, et l'illustre Compa-

---

1. Paul II vint au secours de l'évêque Nicolas delle Aste, qui avait entrepris de remplacer l'église du quatorzième siècle vers 1330 par une autre plus grande.
2. Sixte IV, Jules II, Léon X, Clément VII, Paul III, Sixte-Quint, Paul V, etc...
3. Léon X, Clément VII, Paul III, dont le second visita Lorette en 1533.
4. Le Bréviaire Romain lui donne ce titre.
5. Sixte-Quint.
6. Au sujet de cette relation, voyez chapitre II, partie VI.
7. Jules II.
8. Sixte IV.
9. Le même.
10. Léon X.

gnie fut chargée de ce soin pendant 215 ans (1). La Pénitencerie fut confiée ensuite aux Franciscains Conventuels (2), qui s'y trouvent encore aujourd'hui.

Les pontifes romains ont fondé à Lorette le séminaire d'Illyrie (3); y ont doté l'ancien hospice et en ont fait élever un nouveau (4). Ils ont érigé un Palais Apostolique (5) pour leur résidence et institué l'Ordre des chevaliers de Lorette (6); ils ont entouré la ville de remparts (7); par eux, enfin, deux fontaines furent érigées à Lorette et l'eau de Recanati y fut amenée par des conduits (8) magnifiques, qui rappellent les plus beaux travaux de l'époque romaine. Léon XII a considéré la ville de Lorette comme *digne de tout honneur, parce que* dans son temple est conservée la Chambre où le Verbe s'est fait Chair. » Clément VIII a défendu de chanter d'autres Litanies que celles de Lorette. De même que saint Jérôme a décoré Nazareth du nom de « Fleur de Galilée », saint Pie V a salué la Sainte Maison de Lorette comme étant *vraiment la Maison fleurie de Nazareth* (9); Innocent XII a chanté la gloire de la Santa Casa, regardée par lui comme « le

1. Jules III.
2. Clément XIV. — Plus tard Grégoire XVI rétablit les Pères de la Compagnie de Jésus dans leur ancien collège.
3. Grégoire XIII.
4. Eugène IV, Paul III.
5. De Jules II à Benoît XIV.
6. Sixte-Quint.
7. Calixte III et Léon X.
8. Paul V.
9. *Vere Domus florida quæ fuit in Nazareth*. Cette inscription fut mise sur des *Agnus Dei* portant l'empreinte de la Sainte Maison, et Pie V les distribua aux cardinaux et à d'autres personnes distinguées.

premier Tabernacle de DIEU résidant au milieu des hommes. »

De plus les papes ont établi la fête de la Translation de la Sainte Maison ; ils en ont approuvé une Messe spéciale (1) et inséré l'anniversaire dans le Martyrologe romain (2) ; ils ont introduit cette Messe dans le Missel et l'Office dans le Bréviaire (3) ; enfin, ils ont autorisé les Slaves Illyriens à dire de même l'Office et la Messe en mémoire de la Translation de la Sainte Demeure en Illyrie (4).

Nos lecteurs nous sauront gré d'insérer ici une partie de cet Office : La Maison Natale de cette Vierge elle-même, consacrée par les mystères de DIEU, arrachée par le ministère des Anges à la puissance des infidèles, fut transportée d'abord en Dalmatie, et puis sur le territoire de Lorette dans la province de Marche, sous le pontificat de Célestin V. C'est dans cette même Maison que le Verbe s'est fait Chair et a habité parmi nous, ainsi que le prouvent, et les diplômes des souverains pontifes, et l'éclatante vénération de l'univers entier, et la puissance surnaturelle qui ne cesse de s'y manifester par des miracles et par l'effusion de tous les bienfaits du Ciel.

Il existe une dissertation de Benoît XIV (5) sur la Sainte Maison. Ce grand pape nous rappelle que

---

1. Clément VIII. Urbain VIII accorda à toute la province d'Ancône le privilège de dire cette Messe.
2. Clément IX, Clément X.
3. Innocent XII.
4. Clément XI.
5. Voir Traité de la Canonisation des Saints et celui des Fêtes de la Bienheureuse Vierge.

le miracle de la Translation n'est pas assurément un article de foi ; mais, après en avoir fait l'objet d'un sérieux examen et pesé toutes les preuves, il exprime ainsi sa profonde conviction : « La Sainte
» Chambre dans laquelle le Verbe divin a pris chair,
» a été réellement transportée par le ministère des
» Anges. Tous les monuments en fournissent la
» preuve ; la tradition constante, les témoignages
» des pontifes romains, ainsi que les miracles qui
» ne cessent de s'y opérer le confirment. »

Urbain VIII, de la famille Barberini, fit le pèlerinage en 1625, *année jubilaire*, pendant laquelle, à l'exemple de ses prédécesseurs, il maintint les indulgences de la Santa Casa dans leur vigueur. Pie VI aussi conserva au Sanctuaire ses indulgences durant le cours de l'*Année Sainte*, et alla mettre sous la protection de la Vierge de Lorette son voyage d'Autriche.

Rien que dans ce XIXme siècle, la Vierge de Lorette a vu trois papes (1) prosternés à ses pieds : et tout catholique connaît les causes qui, dans le présent, empêchent les souverains pontifes de quitter Rome.

Pie IX, qui proclama le dogme de l'*Immaculée Conception*, avait une très grande dévotion envers la Sainte Chambre honorée déjà par trois de ses prédécesseurs comme étant le lieu même où Marie avait été *conçue* (2). C'est au pied de Notre-Dame de Lorette qu'il fit vœu d'embrasser l'état ecclésias-

1. Pie VII, Grégoire XVI et Pie IX.
2. Jules II, Paul III, Pie IV.

tique, s'il obtenait la faveur de sa guérison. Lorsqu'il fut élu pape, il envoya à la Sainte Maison sa croix pectorale d'évêque ainsi que son anneau.

Dès son enfance le comte Jean-Marie Mastaï Ferretti avait visité Lorette. « Mes parents, dit-il, » avaient l'habitude de faire chaque année un » voyage à la Santa Casa, et de nous conduire avec » eux, mes frères et moi ; dès l'annonce du départ » je n'en dormais plus. »

Dans une Lettre Apostolique datée du 22 août 1846, Pie IX, en parlant d'un témoignage public de sa dévotion envers la Très-Sainte Vierge, célèbre les gloires de Lorette dans les termes suivants : « Nous avons voulu placer ce témoignage dans le » Sanctuaire de Lorette comme dans le plus » auguste et le plus sacré. N'est-ce pas en effet » par un prodige unique que cette Sainte Maison » fut transportée de la Galilée en Italie à travers les » terres et les mers ? Par un suprême bienfait du » Dieu des miséricordes, elle s'est arrêtée dans » Notre domaine pontifical, où depuis tant de siècles » elle est l'objet de la plus grande vénération de tous » les peuples du monde, et brille par l'éclat de mira- » cles continus. C'est donc bien avec raison que tous » les fidèles qui viennent la visiter avec une vraie » foi ne semblent pas tant visiter la Maison de la » Vierge que la Vierge elle-même. Là, en effet, » comme le prouvent d'innombrables et sérieux » documents, la Bienheureuse Vierge Marie reçut » la Salutation de l'Ange, et par la vertu de l'Esprit- » Saint devint Mère de Dieu sans aucun préjudice

» pour sa Virginité. Là le Verbe de DIEU, DIEU lui-
» même et Fils de DIEU, qui était en DIEU dès le
» commencement, par qui tout a été fait et sans qui
» rien ne fut créé, JÉSUS-CHRIST, Notre-Seigneur,
» destructeur du péché et de la mort, descendit du
» ciel sur la terre attiré par l'excès d'amour qu'il
» portait à l'homme. Là, sans pourtant rien aban-
» donner de la gloire de son Père, Il voulut se
» revêtir de notre chair mortelle, afin de réconcilier
» tous les hommes avec DIEU. »

Pie IX visita la Santa Casa sept fois pendant son pontificat, et il conféra à ce Sanctuaire béni le pouvoir de s'affilier dans le monde entier des églises et des chapelles, et de les faire participer à ses propres privilèges. Dans une Bulle datée du 26 août 1852, il rappelle encore l'honneur dû à Lorette : —
« Entre tous les temples consacrés à la Mère de
» DIEU, l'Immaculée Vierge Marie, il en est un qui
» tient le premier rang et brille d'un incomparable
» éclat. La très pieuse et très auguste Maison de
» Lorette, consacrée par les mystères de DIEU,
» ennoblie par d'innombrables miracles, honorée
» par le concours et l'affluence des peuples, remplit
» toute l'étendue de l'univers catholique de la gloire
» de son nom, et est à bon et juste droit l'objet du
» culte de toutes les nations et de toutes les races
» humaines. C'est à Lorette en effet que l'on vénère
» cette Maison de Nazareth, chère à DIEU à tant
» de titres, bâtie d'abord en Galilée, puis arrachée
» à ses fondements et transportée par une force
» divine, bien loin au-delà des mers, en Dalmatie

» d'abord, et ensuite en Italie. Bienheureuse Maison,
» où la Vierge très sainte, prédestinée de toute
» éternité, et parfaitement exempte de la souillure
» originelle, a été conçue, est née, a été élevée ; où
» le messager du ciel l'a saluée pleine de grâce et
» bénie entre les femmes, où, remplie de Dieu et
» sous l'opération féconde du Saint-Esprit, sans
» rien perdre de son inviolable virginité, elle est
» devenue la Mère du Fils unique de Dieu, splen-
» deur de la gloire du Père, et figure de sa subs-
» tance, qui n'a pas dédaigné de naître de cette
» Vierge très pure, se rendant semblable aux
» hommes pour sauver et racheter le genre humain,
» précipité par la faute de nos premiers parents
» dans l'esclavage du démon.

» Aussi ne saurait-on s'étonner si, dès les pre-
» miers jours de la religion chrétienne, cette Bien-
» heureuse Maison ornée et transformée en église a
» été l'objet du respect, du culte et de la vénération
» de tous les fidèles ; si tous les siècles depuis lors
» n'ont cessé de la glorifier dans les sentiments de
» la dévotion la plus vive ; si les princes sont venus
» des contrées les plus éloignées lui apporter leurs
» hommages, et l'ont à l'envi comblée des présents
» les plus précieux ; si les souverains pontifes, Nos
» prédécesseurs, surtout depuis Boniface VIII,
» d'heureuse mémoire, se sont fait un honneur d'en-
» fermer l'auguste Berceau de la Vierge dans un
» temple riche et magnifique, décoré du titre de
» Basilique, avec tous les droits qui y sont atta-
» chés...... Nous donc, afin de faire fleurir d'un

» bout du monde à l'autre la sainteté de la Vierge
» sans tache et le culte de Notre-Dame de Lorette...
» Nous approuvons et confirmons toutes les Indul-
» gences... et Nous accordons au préfet de la Con-
» grégation de Lorette la faculté d'agréger... etc.
» etc. »

Le vénéré pontife Léon XIII visita la Sainte Maison lorsqu'il était cardinal. Devenu pape et prisonnier au Vatican, Sa Sainteté ne put faire de nouveau le pèlerinage, mais sous son patronage et avec sa bénédiction a été établie la CONGRÉGATION UNIVERSELLE DE LA SAINTE MAISON, dans laquelle nous engageons instamment nos lecteurs à s'inscrire comme membres.

Par un Rescrit daté du 3 juillet 1883, Sa Sainteté a enrichi la Confrérie de beaucoup d'indulgences, et par une lettre officielle de Son Eminence le cardinal Secrétaire, il vient d'envoyer sa bénédiction toute spéciale à tous ceux qui la propageront.

Chapitre Septième.

Hommages rendus par le monde catholique tout entier. Pèlerinages des grands et des petits, des riches et des pauvres, des savants et des ignorants, des puissants empereurs et des simples fidèles.

Comment dépeindre et surtout réunir en un seul tableau les pèlerinages des empereurs, des impératrices, des rois et des reines avec leurs cours et toute la suite de leurs serviteurs ; ceux des princes, des princesses, ducs et archiducs, des nobles de tous rangs ? Comment donner une idée des offrandes de toutes sortes, des dons les plus magnifiques, et par-dessus tout du profond respect, de la religieuse ferveur de tous ces grands de la terre ?

Et la foule, si précieuse aux yeux de Dieu, des « pauvres de ce monde, riches de la foi ! » — de tous ceux qui partagent les travaux, les peines et les souffrances de Jésus, de Marie et de Joseph ! Oh ! oui, cette Demeure est la leur ; ils font véritablement partie de la Sainte Famille ; leurs prières, leurs gémissements, leurs larmes sont ici d'une éloquence sublime ; ils forment un concert à la fois douloureux et divin que le ciel tout entier se plaît à écouter et sur lequel il semble se pencher, s'abaisser pour mieux l'entendre !

D'après Tursellini, on donnait généralement, pendant le Carême, la Sainte Communion à quarante mille personnes ; le Samedi-Saint, trente à quarante mille pèlerins se trouvaient réunis à Lorette (1); de nombreuses processions de fidèles, portant de riches bannières, chantant des hymnes et des cantiques, versaient des larmes de joie à la vue de la Sainte Maison et de l'Image auguste de la Bienheureuse Vierge ; tous, tombant à genoux, répétaient avec une ferveur extraordinaire les *Litanies de Lorette*. Qui pourrait assister à un tel spectacle sans être enflammé du même enthousiasme et de la même dévotion ?

Le souvenir de tous ces pèlerins, de leurs supplications ardentes, de leur enthousiasme, de leurs extases d'amour provoquées par la vue seule de la Demeure Sacrée, touche vivement le cœur en approchant de Lorette ! Nous nous sentons marcher sur la même route où tant de processions de fidèles se sont pressées depuis six siècles, où tant de saints ont passé, le cœur embrasé d'amour divin, où ont défilé tant de cortèges de souverains pontifes et de pèlerins couronnés, offrant, comme autrefois les Mages à Bethléem, les dons les plus précieux.

La liste est déjà presque interminable de ceux qui ont apporté à la Sainte Maison, à différentes époques, le tribut de leur tendresse et de leurs hommages ! Il faudrait des volumes pour tout relater ! Parmi les personnages illustres dont les noms ont été conservés ; contentons-nous de nommer l'empereur Charles IV, accompagné de l'impératrice et de ses enfants, en 1355 ; Jean Paléologue, empereur de Constanti-

---

1. Les Pères Capucins ont compté, au mois de septembre 1780, jusqu'à 63,000 communions, et en mai plus de 50,000. (V. Gaudenti.)

nople ; l'empereur Frédéric III ; Charlotte, reine de Chypre ; Catherine Cornaro, reine du même pays ; Catherine, reine de Bosnie ; Alphonse d'Aragon, roi de Naples ; Alexandre et Etienne Batthori, rois de Pologne ; les deux Jeanne d'Aragon, reines de Naples ; Bona Sforza, reine de Pologne ; l'empereur Charles-Quint (1) ; Marie d'Autriche, mère de Marguerite, reine d'Espagne ; Jeanne d'Autriche, fille de l'empereur Ferdinand 1er et femme de François de Médicis ; Marie-Anne, sœur de Philippe IV, roi d'Espagne, et mère de l'empereur Léopold ; Christine, reine de Suède ; la grande-duchesse de Toscane Marie-Madeleine ; Marie-Casimir, femme de Jean III, roi de Pologne ; Thérèse Cunégonde, mère de l'empereur Charles-Albert ; les archiducs d'Autriche Léopold, Ferdinand, Maximilien ; Charles IV, roi d'Espagne, en 1814 ; Marie-Louise, reine d'Etrurie, en 1815 ; Marie, princesse de Wittenberg, en 1817.

Nous ne mentionnons pas les anciens princes d'Italie ; ils furent les premiers à montrer leur zèle pour la Sainte Maison. Il en est de même des anciens ducs de Savoie, de Toscane, de Parme, de Modène et de Mantoue. Citons encore le duc Raniero Farnèse, qui marcha pieds nus de son hôtel à la *Santa Casa;*

Le duc Guillaume et son fils l'électeur Maximilien de Bavière ; Catherine, duchesse de Brandebourg ; l'électeur de Cologne, et une foule de nobles personnages d'Allemagne, de Hongrie, de Transyl-

1. Calcagni, *Mémoires de Recanati.*

vanie, de Bôhême, de Flandre, de Pologne et d'Angleterre ;

Les princes de Condé, les comtes de Soissons, les ducs de Joyeuse, sans parler de tant d'autres de la noblesse française, trop nombreux pour trouver une place dans cette liste forcément limitée à quelques-uns seulement des principaux pèlerins.

L'Espagne, elle aussi, a fourni son contingent de chevaliers de la Toison d'or, de cardinaux et d'évêques. On a vu enfin y venir d'illustres pèlerins de tous les royaumes et provinces de l'Europe. Plusieurs rois, n'ayant pu venir en personne, ont envoyé leurs députés apportant de riches offrandes ; et il n'est pas jusqu'à des daïmios du Japon qui n'aient tenu à rivaliser de générosité avec les princes de l'Occident.

Nombre de philosophes, d'historiens, d'hommes éminents en tous genres, ont également payé aussi leur tribut de respect et d'hommages à la Sainte Maison.

Le moraliste français Montaigne manifestait une très grande confiance en Notre-Dame de Lorette ; il cite avec beaucoup d'admiration dans son journal de voyage en Italie (1580), entre autres miracles accordés dans ce lieu béni, celui obtenu en faveur d'un jeune Parisien de noble famille, qui fut guéri d'un mal cruel à la jambe, considéré par tous les médecins comme incurable.

Plus tard, Descartes fit vœu d'accomplir le pèlerinage *à pied* de Venise jusqu'à Lorette, et il l'exécuta en 1624.

Tasse, l'auteur de la *Jérusalem délivrée*, poème épique qui le place à côté de Virgile et de Milton, s'acquitta à la Santa Casa d'un vœu qu'il avait fait dans sa prison, et composa un beau cantique en l'honneur de la Vierge de Lorette (1).

Vierge, c'est donc ici que la troupe angélique
Déposa Ta Demeure en traversant les mers,
Des murs de Nazareth jusqu'à l'Adriatique,
Voyage merveilleux accompli dans les airs.
  O Montagne trois fois sacrée,
  Par un tel dépôt honorée !
  Béni le jour qui l'apporta !
  Tremblant, je m'incline et je pleure
  Devant cette pauvre Demeure
  Où le grand miracle éclata,
  Où l'Ange apparut à Marie,
  Où le Sauveur cacha sa Vie
  Jusqu'au grand jour de Golgotha !

. . . .

Et de la Dalmatie aux bords lointains du Tage,
Des mers de l'Orient aux rivages du Nord,
Voici, de siècle en siècle, un long pèlerinage
De malades guéris, triomphant de la mort :
  Foule grossissante qui prie
  Devant ton autel, ô Marie !
  Chacun t'accable de présents :
  Les pauvres t'offrent leurs souffrances,
  Les affligés leurs espérances,
  Les poètes leurs plus beaux chants ;
  Les Souverains, comme les Mages,
  Viennent T'y rendre leurs hommages,
  Partout l'or, la myrrhe et l'encens !

1. Nous empruntons la traduction française de ces deux strophes à M. Edm. Lafont.

La grande renommée de Notre-Dame de Lorette date du Jubilé de 1300 qui attira à Rome et à Lorette des représentants de toutes les parties de l'Europe. Ils reconnurent la haute antiquité de cet édifice se soutenant sans fondations ; ils conversèrent avec les nobles, les magistrats, le peuple du pays. Ces hommes ne pouvaient se tromper, car ils avaient été témoins du déplacement de la Sainte Maison à trois reprises différentes dans l'espace d'une année. Les plus incrédules des pèlerins ne pouvaient refuser d'y croire en considérant la Santa Casa dressée au milieu d'une voie publique.

Parmi ces témoins, des hommes d'une intelligence élevée réfléchissaient à la toute-puissance de DIEU, qui n'a besoin que de dire *Fiat* pour que tous les êtres s'empressent de lui obéir ! Ils évoquaient toutes les merveilles des anges ; ils comprenaient qu'aucun mortel sur la terre ne peut calculer la force de ces immortels messagers du ciel ; ils faisaient acte de créature raisonnable en abaissant ainsi leur intelligence et en reconnaissant que la gloire du souverain Maître de l'univers est d'autant plus grande que ses œuvres dépassent en immensité les pensées de l'homme. Ils adoraient l'ineffable mystère du DIEU incarné qui nous rend tout à la fois frères de JÉSUS et enfants de Marie. Nulle merveille n'était capable de les étonner dès lors qu'elle s'opérait en faveur de ce grand monument de l'Incarnation, de ce lieu dans lequel l'archange Gabriel déclara que « rien n'est impossible à DIEU. » (St Luc, I, 37.)

Chapitre Huitième.

Le Pèlerinage de Lorette de nos jours. Scènes sublimes dont la Sainte Maison a été le théâtre ; souvenirs de la Sainte Famille qui remplissent de joie le cœur du pèlerin.

LE culte de l'Immaculée Mère de DIEU, dans sa Demeure Sacrée, a toujours été florissant : les murs sont entourés sans cesse de pieux pèlerins, surtout aux fêtes qui nous rappellent sa Naissance, son Annonciation, ainsi que l'arrivée de la Sainte Demeure en Italie. Des milliers de fidèles affluent tous les ans à Lorette. Les vingt-sept mille billets délivrés à la station n'en représentent pas le chiffre. La grande majorité y vient non pas en chemin de fer, mais à pied, tantôt traversant les Apennins, tantôt suivant les vallées romantiques, où les échos des forêts et des collines répètent leurs pieux refrains.

En approchant de la ville à la fête de la *Nativité de la Vierge*, on voit, en dehors des portes, des chariots couverts de toile et des véhicules de toute espèce, rangés aux deux côtés de la route presque à un kilomètre de distance.

Dès qu'on a dépassé la *Porta Romana*, on est saisi du spectacle qu'offre Lorette. Des multitudes encombrent la rue centrale ; des processions, bannières déployées, se dirigent vers la Basilique. Pendant tout le trajet les pèlerins chantent avec ferveur ; les visages rayonnent de joie ; une seule pensée les absorbe : la Sainte Maison ! L'enthousiasme gagne tous les cœurs. La ville résonne du refrain : *Evviva Maria e Chi la creò. (Vive Marie et Celui qui la créa !)*

Par les portes de bronze ils entrent dans l'église. Ils aperçoivent au fond de la nef l'objet sacré de leurs désirs. La vue de la Sainte Maison les émeut jusqu'aux larmes. Ils sentent la grâce pénétrer leurs âmes et les inonder d'une céleste joie.

Sublimes sont les moments passés dans cette Demeure bénie ! Car alors, aux yeux de notre foi, se déroulent des scènes divinement ineffables. C'est d'abord la Naissance de l'Immaculée Vierge, ses premières années et son Annonciation. Ensuite l'Enfance et la Vie cachée de JÉSUS, le spectacle incomparable de l'humilité du Fils de DIEU, voilant la splendeur de sa Majesté sous l'extérieur du Fils d'un charpentier. Pourrions-nous ne pas être émus à la vue de sa soumission envers son père nourricier, le voyant travailler sous ses ordres comme un fils aimant et dévoué ?

Puis, combien il est touchant de considérer notre adorable Rédempteur prenant sa part de repos au foyer domestique, à la fin d'une longue journée de travail...! de voir Marie préparer un modeste repas pour son Fils et son époux...! Ensemble ils se mettent à table comme les trois anges sous la tente d'Abraham. Oh ! les doux entretiens de la Sainte Famille ! oh ! l'union parfaite de ces cœurs ! Suivez les regards de JÉSUS, contemplez son divin sourire, entendez ses paroles ! Combien il leur témoigne d'amour filial ! avec quelle bienveillance il leur ouvre les trésors de son Cœur ! Les âmes de Marie et de Joseph sont inondées d'un bonheur inexprimable. Une telle joie ne peut être comparée qu'aux délices du paradis. Celui qui est la félicité des anges et des saints faisait de cette Demeure un second ciel...

Heureux les chrétiens qui savent faire revivre les scènes sublimes dont cette Maison a été le théâtre ! Bénis les cœurs qui aiment à suivre les traces de Jésus, Marie, Joseph, dans cette humble Habitation si divinementt illustrée par leurs exemples !

La Maison de Marie nous est donnée pour nourrir notre âme des souvenirs qu'elle rappelle. Toutes les actions de la Vierge Immaculée sont une lumière pour notre esprit, et c'est une grâce précieuse pour tous ceux qui visitent la Sainte Maison de pouvoir là, sur le lieu même, regarder Marie remplissant ses devoirs avec tant de perfection.

Pour honorer les travaux domestiques de Marie, on a vu des princesses demander la permission de *balayer à genoux* la Santa Casa de Lorette.

Quel sujet d'édification que de contempler Marie occupée des soins du ménage ! Une foi vive dans le Dieu qu'elle sert relève ses plus petites actions ; tout ce que fait l'auguste Vierge est animé d'un souffle divin par son ardent amour. Tandis qu'elle s'occupe aux humbles travaux de sa Maison et que ses doigts manient le fuseau, rappelant à son esprit les paroles de Jésus, Sagesse éternelle, elle les médite dans son cœur.

Marie, si simple dans les détails de sa vie ordinaire, est ravie à la plus haute contemplation : ses actes d'adoration surpassent ceux des Séraphins ; son cœur est « *l'Encensoir de l'Esprit-Saint !* »

Reconstituons par la pensée l'Oratoire de la Mère de DIEU : — La petite lampe répand une lueur mystérieuse. Marie est en prière, tournée vers Jérusalem. Son long voile descend jusqu'aux genoux ; ses mains et ses yeux sont élevés vers son Père céleste ; son visage s'illumine d'un rayon divin. On voit dans toute sa personne une image de son âme ; la grâce de son Immaculée Conception lui a donné une beauté qui n'est pas de cette terre ; on respire en sa présence l'atmosphère du paradis, dont elle va être la Reine. Sur les ailes de l'amour, son âme est transportée dans le séjour de la béatitude ; ses yeux semblent voir à découvert les merveilles de la Divinité ; elle se perd dans la contemplation de DIEU !

Marie en oraison dans la Maison Sainte, quelle scène capable de ranimer la ferveur des pèlerins de Lorette ! Unissons nos prières et nos méditations à celles de la Mère de DIEU pendant tout son séjour dans ce paradis terrestre.

Représentons-nous Marie entendant la Sainte Messe après l'Ascension de son divin Fils : — Le centre de la Maison, sorte d'Oratoire, permettait aux apôtres de célébrer l'auguste Sacrifice. L'Agneau de DIEU était immolé sur l'autel là où il avait vécu ! Sa Mère y était comme au pied de la croix. A ses côtés, la Madeleine, Salomé et d'autres saintes

Femmes qui s'étaient unies à ses douleurs sur le Calvaire. Le Disciple bien-aimé était près de la Mère du divin Crucifié. Souvent c'était saint Jean lui-même qui accomplissait les fonctions de la sainte Liturgie.

Oh! combien furent ferventes et saintes les Messes célébrées dans cette chapelle! Avec quel amour Marie saluait son JÉSUS quand il descendait du ciel sur l'autel de cette Maison où elle l'avait chéri si longtemps!

En souvenir de ces saintes Messes de la Demeure Sacrée, assistons de cœur aux oblations de Lorette. Marie nous verra au pied de l'autel, elle présentera à JÉSUS nos adorations et nos vœux.

Je glorifierai la place où mes pieds ont reposé. *(Isaïe, IX, 13.)*

DEUXIÈME PARTIE.

Honneur rendu à la Sainte Maison lorsqu'elle était à Nazareth ; récit de ses translations.

N° XI. — Ancien emplacement de la Sainte Maison à Nazareth. Extérieur du couvent actuel.

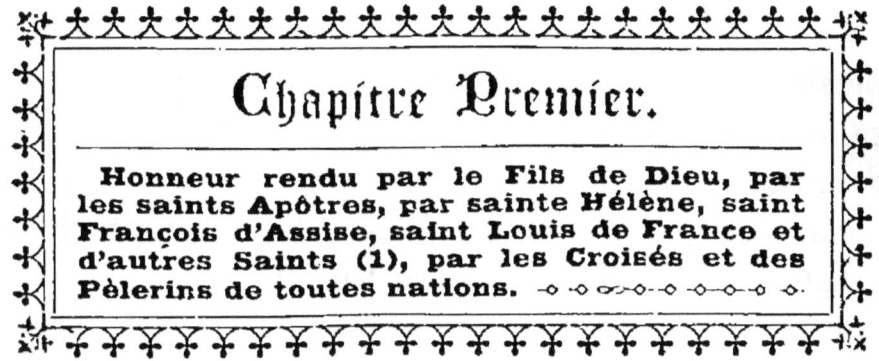

Chapitre Premier.

Honneur rendu par le Fils de Dieu, par les saints Apôtres, par sainte Hélène, saint François d'Assise, saint Louis de France et d'autres Saints (1), par les Croisés et des Pèlerins de toutes nations.

LA Sainte Maison appartenait à la Vierge de Nazareth par succession de son père, et devint l'héritage de JÉSUS.

Le divin Héritier la préservait Lui-même et la tenait en grande estime, comme provenant de sa Mère bien-aimée.

L'héritage du Fils de DIEU ne saurait jamais se perdre ! Ses soins à son égard se sont manifestés d'une façon très éclatante dès les premières années de son retour au ciel. Tandis qu'Adrien a profané le Saint-Sépulcre par l'érection d'un temple à Vénus, et que la Grotte de la Nativité a été en quelque sorte souillée par un bosquet planté en l'honneur d'Adonis (2), la Chambre où s'accomplit le mystère de l'Incarnation et où, pendant de longues années, le Fils de DIEU fait Homme s'entretint avec son Père dans une communion ineffable, loin d'être jamais avilie et déshonorée, conserva toujours l'Autel que saint Pierre y avait élevé.

Saint Jacques-le-Majeur était présent, ainsi que

---

1. Contentons-nous de nommer saint Nicolas de Myre, saint Firmilien, saint Jérôme, sainte Paule, saint Cyriaque, saint Pétrone, saint Antonin, saint Villibald, saint Jean Damascène, saint Macaire.

2. Les Pères de l'Eglise ont dénoncé ce sacrilège.

plusieurs autres Apôtres, à la consécration faite par saint Pierre de cet autel (1). La Demeure Sacrée devint, d'après le pape Jules II, « la première église consacrée par les saints Apôtres en l'honneur de DIEU et de la Bienheureuse Vierge. »

Lorsque Constantin-le-Grand proclama le christianisme religion de l'empire, sa mère, Hélène Augusta, vint à Nazareth et y *trouva la Maison de la Salutation Angélique* (2). La pieuse impératrice fut profondément touchée en voyant la chétive habitation dans laquelle, pour l'amour de nous, le Maître souverain de tout l'univers avait daigné séjourner. Elle comprit que la Sainte Maison était trop sacrée pour qu'on laissât s'y introduire la moindre altération, et, afin de la conserver parfaitement intacte, elle résolut de faire construire une grande Basilique, dont la Sainte Demeure, placée sous l'autel, formerait la crypte (3). Le sanctuaire

---

1. Voyez *Dexter in chronico*.

2. Voyez Nicéphore. La Sainte Maison avait été préservée à l'époque où Vespasien saccagea Nazareth, comme, dans la destruction de Jéricho, Dieu conserva la maison de Rahab.

3. Les restes de cette Basilique ressemblent tellement à la Basilique de Bethléem, construite au temps de Ste Hélène, qu'ils attestent, encore aujourd'hui, le fait que nous rapportons. Jusqu'à la conversion de Constantin, les Juifs de Nazareth avaient empêché les chrétiens de construire une église. (Voyez saint Epiphane.) Saint Paulin, en 431, dit : (*Helena Augusta*) *ædificatis Basilicis contexit omnes et excoluit locos in quibus salutaria nobis mysteria pietatis suæ Incarnationis*, etc. Saint Antonin, martyr, a vu en 520 l'*admirable Basilique : Admirandam Basilicam magnam in Nazareth*. Le cardinal Bartolini, en lisant son discours devant l'Académie d'Archéologie à Rome, dit : On voit encore des fragments de la corniche et de la frise ; le style de ces ornements l'emporte de beaucoup sur celui de nos Basiliques constantiniennes. C'est une preuve que la décadence des arts avait été moins rapide en Orient qu'à Rome.

qu'elle érigea fut un des plus magnifiques de l'Orient, et devint plus tard, au temps de *Tancrède*, l'église métropolitaine de toute la Galilée. L'impératrice la dédia à la Mère du Roi des rois, et sur la grande porte elle fit mettre l'inscription suivante : ICI EST L'AUTEL SUR LEQUEL FUT PLACÉ LE PREMIER FONDEMENT DU SALUT DES HOMMES.

Le zèle fervent déployé par l'impératrice Hélène fut un exemple salutaire, et les chrétiens affluèrent de toutes les parties du monde à cette Maison dans laquelle l'Archange Gabriel annonça le salut, à cette Chambre bénie où la Vierge de Nazareth donna à DIEU sa substance et son lait. Portés sur les ailes de l'amour divin, ces ardents pèlerins traversèrent la terre et la mer afin de pouvoir entrer dans cette Maison, que le Seigneur avait choisie entre toutes les autres pour en faire sa Demeure après y avoir pris notre nature humaine. Des hommes de tous les climats et de toutes les nations, comprenant que cette Maison n'était rien moins que « *la Maison de Dieu et la Porte du ciel* », se mirent en route avec empressement pour aller prier à l'ombre de ces murs rendus si saints par le long séjour du Fils de DIEU fait homme.

Dans la suite des siècles l'islamisme ayant déployé son étendard sous les Califes arabes, Sarrasins et Fatimites, l'Ordre des chevaliers de Sainte-Catherine fut institué pour protéger les pèlerins qui allaient visiter la Galilée. Plus tard les Turcs Seljoucides causèrent aux chrétiens en Palestine une longue série d'épreuves et de souffrances terribles. Toutefois, les dangers du voyage n'eurent d'autre effet que de rendre les pèlerins plus ardents à visiter les Lieux Saints. Quelques-uns, comme *saint François d'Assise*, à une date plus récente, y allèrent dans l'espoir d'y verser leur sang. Des hommes prêts au martyre accoururent à Nazareth, heureux s'il leur était donné de rendre à JÉSUS vie pour vie à la place même où le *Verbe de Dieu a pris Chair* afin de pouvoir mourir pour nous.

Ceux qui échappèrent au cimeterre des mahométans firent à leur retour un récit si navrant des persécutions endurées par les chrétiens d'Orient, qu'un long cri de douleur et d'indignation retentit en Europe.

De ce cri de douleur naquirent les croisades. Saint Urbain II et Pierre l'Ermite n'eurent qu'à parler : l'Europe entière fut soulevée comme un seul homme ; tous prirent la croix, tous s'élancèrent héroïquement, et au péril de leur vie, au secours de frères en détresse. Un grand nombre d'entre eux moururent en effet avant même d'atteindre la Palestine, et les autres eurent la douleur de ne pouvoir délivrer définitivement les chrétiens ni même d'ouvrir une voie sûre aux pèlerins.

Le royaume de Jérusalem fut fondé, il est vrai, par Godefroy de Bouillon, et Tancrède devint gouverneur de Galilée ; mais, 88 ans après, les croisés ayant été battus à Tibériade, les Saints Lieux retombèrent entre les mains des mahométans.

Lorsque le fils de Saladin attaqua Nazareth, une petite bande de chevaliers du Temple, accompagnés d'environ quatre cents hommes, défendirent pied à pied l'accès du Sanctuaire contre sept mille cavaliers Arabes. Après des exploits héroïques, dignes d'un éternel souvenir, le *Grand Maître du Temple, Jacquelin de Maillé*, comme un nouveau *saint Georges*, monté sur son coursier blanc, combattit presque seul jusqu'à ce que le cheval s'affaissât sous lui. Continuant à pied le combat malgré ses blessures, ce brave défenseur de la *Sainte Maison* tomba enfin sous le fer des musulmans, et son âme s'envola au ciel pour recevoir la couronne si bien méritée.

Tout semblait perdu ; mais Notre-Dame de Nazareth veillait Elle-même sur sa Maison......... Dans la nuit du 8 juillet 1191, elle apparut, entourée d'une lumière surnaturelle, à un poste de croisés qui assiégeaient Ptolémaïs, et leur fit cette promesse : « Dans quatre jours vous serez maîtres de la cité ! » Quatre jours après, la ville qu'ils assiégeaient en vain depuis plus de trois ans se rendit.

C'est ainsi que le chemin de Nazareth fut ouvert aux pèlerins et que le prêtre grec Jean Phocas eut, en 1193, la joie de visiter la *petite chambre où la Mère de Dieu toujours Vierge avait coutume de se tenir*, et qui faisait, dit-il, partie de *l'ancienne Demeure de saint Joseph dans laquelle l'Archange annonça la bonne nouvelle.*

Cinquante ans plus tard, Louis IX, roi de France, fit vœu de prendre la *croix* et d'aller lui-même en Palestine pour secourir les chrétiens. Les grands seigneurs du royaume suivirent son exemple et prirent la croix avec lui à Notre-Dame de Paris. Il quitta la capitale pour la Terre Sainte le 12 juin 1248, à la tête d'une puissante armée ; mais la peste et la famine décimèrent ses soldats, et, malgré des prodiges de valeur, le roi fut fait prisonnier et chargé de chaînes à Mansourah. Dès qu'il eut recouvré sa liberté (1252), le roi se rendit en pèlerin à la Sainte Maison de Nazareth, après avoir jeûné et s'être revêtu d'un cilice en signe de pénitence. A la vue du Lieu Sacré, le saint roi descendit de cheval et, les genoux en terre, s'inclina profondément. Puis il se rendit à la cathédrale, à pas lents, en continuant de prier avec ferveur. Il était venu pour la fête de l'*Annonciation*, afin de recevoir le Corps de JÉSUS-CHRIST le même jour et à l'endroit même où le *Verbe s'est fait Chair*.

Pierre Mathieu, conseiller royal et historien, nous raconte que saint Louis, les yeux baignés de larmes et le cœur inondé de consolations, *reçut la Sainte Eucharistie dans la véritable Chambre où la Vierge Marie, Notre-Dame, avait été saluée par l'Ange.*

Le confesseur du roi, Geoffroy de Beaulieu, dit qu'après avoir entendu la Messe dans le Saint Lieu de l'Incarnation, le roi se rendit à la Basilique, y fit célébrer avec grande solennité l'Office du jour, et que Odo Tusculanus, légat du Saint-Siège, chanta la Messe pontificale au maître autel, d'où il prononça une allocution pleine de chaleur.

Dix ans après le retour de saint Louis en France, sa dévotion pour la Sainte Maison se manifesta de nouveau. A l'appel du pape Urbain IV, il se déter-

N° XII. — Visite de saint Louis à la Sainte Maison.

mina à faire une nouvelle croisade et entra dans la Salle du Conseil au Louvre, le front ceint d'une *couronne d'épines !* Dès qu'il eut terminé ses préparatifs, il s'embarqua pour *Nazareth.*

Cette ardente piété lui mérita d'entrer, sans plus de délai, dans la Demeure céleste, dont la Maison de la Sainte Famille ici-bas n'est que la figure. Le saint roi, couché sur la cendre, se souleva sur son lit d'agonie en s'écriant : « O Seigneur, j'entrerai dans votre Maison et je vous adorerai dans votre saint Temple. (Ps. v, 8.) **En** disant ces mots, il expira (1).

L'année suivante le prince Édouard d'Angleterre soutenu par les chevaliers de Saint-Jean et par les chevaliers du Temple, marcha sur Nazareth et, s'en étant emparé à la pointe de l'épée, remit encore une fois la Sainte Maison aux mains des chrétiens (2).

Environ dix-sept ans plus tard, la cause des chrétiens en Palestine tomba dans un état désespéré. Tripoli et Saint-Jean d'Acre se maintinrent quelque temps encore ; mais quand la ville de Tripoli fut prise en 1289 et la ville d'Acre en mai 1291, les derniers débris du pouvoir chrétien dans la Terre Sainte disparurent : les mahométans égorgeaient des milliers de chrétiens, et tous les moines du Mont-Carmel furent massacrés pendant qu'ils chantaient le *Salve Regina.*

1. C'est à Tunis, et en route pour Nazareth même, que saint Louis rendit son âme à Dieu.

2. Édouard n'a pu restaurer la Basilique ni s'établir à Nazareth pour protéger les chrétiens.

No XIII. — Le Mont-Carmel, derrière lequel s'abrite Nazareth. Saint-Jean d'Acre.

A la vue de ces maux, les chevaliers du Temple, qui avaient si vaillamment combattu pour défendre la Sainte Maison de Nazareth, versèrent des larmes de colère, et l'un d'eux demanda avec amertume si Dieu pouvait permettre aux musulmans de convertir sa propre Demeure en mosquée.

Non, Dieu ne le souffrira pas ! la Sainte Maison disparaîtra, s'il le faut. Dieu saura bien la retirer de la profanation et de la destruction ! Tripoli tombera ; Acre, la dernière forteresse, tombera aussi ; le pouvoir des chrétiens en Palestine sera entièrement détruit ; Nazareth sera jonché des ossements des guerriers chrétiens ; il ne restera pas un soldat de la Croix pour défendre les murs sacrés où Dieu s'est fait Homme ; le fanatisme des sectateurs du faux-prophète profanera toutes les autres églises chrétiennes ; mais le Tout-Puissant saura mettre à son heure des bornes à la fureur aveugle des mécréants, et quand aucun bras humain ne protégera plus la Maison bénie, *Dieu ordonnera à ses Anges de veiller à sa garde;* ils l'arracheront à la profanation, ils la *porteront dans leurs bras,* et on la retrouvera dans une terre chrétienne ! Oui, le Créateur de l'univers, assez puissant pour changer, s'il le veut, l'orbite des astres et des planètes, plus aisément que nous ne changeons de place un grain de sable, transportera le témoin immortel de l'Incarnation dans un lieu sûr où des milliers d'âmes viendront le vénérer !

Chapitre Deuxième.

La Translation de la Sainte Maison en Illyrie.

AU crépuscule du 10 mai 1291, sur les rives orientales de l'Adriatique, quelques bûcherons se rendirent, pour abattre des arbres, à la colline de *Tersatto*, qui s'élève derrière la cité de Fiume, au fond du magnifique golfe de Quarnero. Les bûcherons, en arrivant dans un endroit où ils n'avaient jamais vu ni maison, ni cabane, furent grandement étonnés d'y trouver une petite construction en pierre. Ils pouvaient à peine en croire leurs yeux, et cependant, la preuve était là, évidente et palpable. A cette place où, la veille encore, il n'y avait que de l'herbe, un bâtiment avait surgi d'une manière absolument incompréhensible. La nature était souriante, les oiseaux chantaient leurs notes les plus joyeuses ; mais ces hommes, frappés d'une religieuse terreur, demeurèrent muets d'étonnement.

Faisant avec respect le signe de la croix, ils approchèrent en tremblant et regardèrent dans l'intérieur. Droit en face de la porte, il y avait un autel en pierre, une croix grecque portait les traits du Sauveur crucifié et l'inscription : *Jésus de Nazareth, Roi des Juifs*. L'Immaculée Vierge était représentée par une statue en bois avec l'Enfant-DIEU, dont la main droite était levée pour bénir et la gauche tenait un globe doré. Leur surprise augmenta lorsqu'ils

No XIV. — Vue de Fiume prise de la colline de Tersatte.

distinguèrent dans cette chapelle un âtre, une espèce d'armoire, des ustensiles de table indiquant qu'elle avait servi d'habitation à quelque famille.

Les murs étaient recouverts d'un enduit sur lequel on avait peint la Mère de DIEU et quelques-uns des saints honorés en Orient. Parmi les différentes fresques, on put remarquer aussi l'image d'un roi de l'Occident tenant à la main des chaînes de fer, comme pour montrer qu'il avait visité cette chapelle après avoir été délivré de sa captivité. Si les bûcherons avaient connu tant soit peu l'histoire de saint Louis, ils eussent de suite résolu le problème. La grâce leur vint en aide : une douceur céleste, inondant tout à coup leur âme, changea leur frayeur en sainte joie, et, après avoir prié dévotement, ils se hâtèrent de répandre la nouvelle parmi les habitants de Fiume et de Tersatto, qui arrivèrent bientôt pour contempler le mystérieux Sanctuaire. Ils ne furent pas moins surpris que les bûcherons : son air d'antiquité, la singularité de sa structure, les matériaux si différents de ceux de leur pays, pardessus tout sa position sur l'herbe sans aucune fondation, les remplirent d'étonnement et de respect.

Sur ces entrefaites, Don Alexandre de Giorgio, alors étendu sur un lit de souffrances à Tersatto, entendit parler de la Chapelle miraculeuse et s'affligea en pensant qu'il ne serait jamais en état d'y être transporté. Tout rempli du désir d'aller contempler l'œuvre de DIEU, il se mit en prières, et, à son grand étonnement, il eut à peine invoqué la

Très-Sainte Vierge qu'Elle lui apparut et lui dit :
« Mon fils, tu m'as appelée, et voici que je viens te
» donner un secours efficace et te révéler le secret
» que tu désires connaître. Sache donc que la
» Sainte Demeure récemment apportée sur ce ter-
» ritoire, est la même Maison dans laquelle je suis
» née et où j'ai été élevée dans ma première enfance.
» C'est là qu'à la Salutation de l'Archange Gabriel
» je conçus le divin Enfant par l'Opération du
» Saint-Esprit. C'est là que le Verbe s'est fait Chair !
» Les Apôtres consacrèrent cette Demeure, rendue
» grande par de si ineffables mystères, et ils y célé-
» brèrent l'Auguste Sacrifice. L'autel est le même
» que l'apôtre saint Pierre a consacré. La statue en
» cèdre est mon Image faite par saint Luc, qui
» vivait avec nous dans une douce intimité. Cette
» Maison si aimée du ciel et entourée d'honneurs
» pendant si longtemps en Galilée, a maintenant
» quitté la ville de Nazareth et elle est venue sur
» vos rivages. DIEU, *à qui rien n'est impossible,* est
» l'auteur de cette merveille. Afin que tu en sois toi-
» même le témoin et le prédicateur, reçois ta gué-
» rison. Ton retour subit à la santé au milieu d'une
» si longue maladie fera foi de ce prodige. »

La vision disparut, laissant la chambre embau-
mée d'une odeur céleste. Don Alexandre se rendit à
pied, sans aucune difficulté, jusqu'au Sanctuaire, où
il avait hâte de se trouver pour remercier sa Bienfaitrice et annoncer à tous l'incomparable dignité
de la Sainte Chapelle. Sa présence inattendue excita un émoi général : on le savait gravement ma-

lade, presque sans espérance de guérison, et il apparaissait soudain, ne portant plus aucune trace de maladie. Ce saint homme leur raconta avec des larmes de joie et de reconnaissance l'apparition de la Sainte Vierge et comment elle l'avait guéri, afin qu'il pût rendre témoignage à la vérité (1).

La Sainte Maison avait été placée par l'Archange Gabriel près de la petite vallée de *Dolaz*, à Raunizza, où se trouvait le jardin d'une veuve, nommée *Agathe*, à qui l'Archange apparut pour lui annoncer les mêmes merveilles.

Tout près de là était le château du comte Nicolas Frangipani (2), qui prit à ce sujet les renseignements les plus exacts, puis envoya à Nazareth quatre délé-

---

1. *Farlatus*, dans son *Illyrici Sacri*, donne le titre de *Antistes* à Alexandre : les auteurs l'appellent tantôt évêque, tantôt curé de Tersatto, parce que les historiens primitifs lui donnent ce titre équivoque d'*Antistes*. Il peut avoir été désigné pour assister l'évêque de Corbava comme évêque auxiliaire ; mais Glavanic et Pasconius du monastère de Tersatto, Marotti, évêque de Pisino, en Istrie, ne mentionnent que sa charge des âmes à l'église de *Saint-Georges* de Tersatto. La paroisse existait en 1280 (voyez *Schematismus cleri Diœcesium Segniensis et Modrusiensis*) et même une centaine d'années avant, car nous avons le nom du curé qui y résidait en 1180 : Jean Vazmina. Elle existe encore. Dans une liste des évêques au temps de Charles-le-Grand se trouve l'évêque de Tersactum (V. archives d'Udine).

2. Le comte était absent au moment de l'arrivée de la Sainte Maison, mais il revint bientôt. La guerre de succession au trône de Hongrie aurait été la cause de son absence. Ladislas IV, ayant été assassiné dans sa tente, en 1290, l'empereur Rodolphe de Habsbourg crut pouvoir disposer de la couronne en faveur de son fils aîné, Albert d'Autriche. André, dit *le Vénitien*, prétendant au trône de Hongrie, réclama les secours du doge de Venise. Les Frangipani avaient toujours combattu les prétentions des doges (au sujet de *Frangipani d'Illyrie*, voyez le livre du *baron Trasmundo dei Frangipani*) et, en 1291, le comte Nicolas Frangipani aurait pris parti contre *André le Vénitien*. Si l'empereur Rodolphe avait vécu, il eût peut-être accompli son désir de mettre son fils Albert d'Autriche sur le trône de Hongrie ; mais la mort arrêta ses projets, et André garda la

gués (1) pour y faire une enquête. Ils emportèrent le relevé des dimensions de la Sainte Construction, les particularités concernant son *matériel*, sa structure et son contenu, afin de faire toutes les investigations nécessaires.

Avant le retour des délégués, des captifs, échappés aux chaînes des musulmans, arrivèrent de Galilée au port de Fiume, et racontèrent l'étonnement qu'avait produit à Nazareth la disparition de la Sainte Maison. On les conduisit sur la colline de Tersatto, où ils la reconnurent immédiatement.

Un pèlerin âgé, ayant été à Nazareth trente ans auparavant, avait conservé de la Sainte Maison une impression profonde et un souvenir très vivant. Il la revoyait presque sans cesse, surtout lorsqu'il était en prières, et désirait ardemment, non seulement y retourner lui-même avant de mourir, mais encore y conduire son fils unique, afin d'attirer, par ce pèlerinage, sur la tête de ce cher enfant les bénédictions du ciel. Arrivé à Fiume, il apprit avec douleur la ruine du pouvoir chrétien en Palestine et l'impossibilité de s'y rendre. Ayant eu l'heureuse inspiration de se joindre à la foule qui se rendait à la mystérieuse chapelle au-dessus du port, il entra bientôt dans des transports de joie à l'aspect de la même *Chambre Sacrée* dans laquelle il avait prié à Nazareth. Tremblant d'émotion devant la grandeur de ce miracle, il s'abîma dans la poussière et adora.

---

couronne. Malgré cela, ce dernier était trop politique pour ne pas ménager les Frangipani d'Illyrie, si puissants dans le pays.

1. Qu'il nous suffise de nommer *Sigismond Orsich*, *Jean Grégoruzchi* et *Don Alessandre*.

Pendant ce temps, les quatre délégués envoyés par le comte Frangipani arrivaient en Terre Sainte, obtenaient des musulmans, à prix d'argent, un sauf-conduit et une escorte pour les accompagner, et parvenaient ainsi à Nazareth. On leur montra la cathédrale désolée, en partie détruite, puis, à la place de l'ancienne crypte, les fondations de la *Chambre bénie*. Les dimensions furent prises et elles s'accordaient parfaitement avec celles qu'ils apportaient ; il n'y avait nulle différence de nature entre les pierres restées dans les fondements et celles qui composaient la Sainte Chapelle arrivée à Tersatto.

Convaincus par tout ce qu'ils venaient de voir à Nazareth, les délégués retournèrent à Tersatto, où le comte fit rédiger un *document* que les quatre délégués signèrent sous *la foi du serment*, pour servir de preuve à la postérité.

Dès que le résultat de l'enquête fut devenu public, les populations des provinces de la Croatie, de la Dalmatie, de l'Esclavonie se hâtèrent d'aller visiter les *murs sacrés* dans lesquels la Vierge Immaculée était venue au monde, où le Verbe Eternel avait pris chair et avait vécu jusqu'au commencement de sa vie publique.

Le comte Frangipani fit entourer l'édifice sacré d'une forte construction en bois pour le protéger contre l'intempérie des saisons, et se détermina à faire construire une église pour honorer le précieux trésor. Mais la Vierge de Nazareth en avait décidé autrement.

Lorette.

Chapitre Troisième.

La Translation de la Sainte Maison en Italie.

À CETTE époque, vivait à Fermo, dans la Marche d'Ancône, sur la côte italienne de l'Adriatique, *saint Nicolas de Tolentino*. Doué de l'esprit prophétique, il regardait souvent du côté de la mer, vers le nord-est, dans la direction de Fiume ; au milieu de ses ardents soupirs, il disait qu'un grand trésor viendrait de la rive opposée, et ses vœux en effet furent bientôt accomplis.

C'était dans la nuit du 10 décembre 1294.

Des bergers qui veillaient à la garde de leurs troupeaux aperçurent, à travers l'obscurité, une lumière éblouissante venant rapidement au-dessus de la mer et dont l'éclat surnaturel les remplit de terreur. Est-ce le char embrasé du prophète Élie porté sur le tourbillon et traversant les eaux ? (IV Roi, II, 11.) Est-ce la colonne de feu qui éclaira les Israélites lorsqu'ils traversaient la mer Rouge ? (Exod. XIV, 19-20.) Est-ce une brillante troupe d'anges venant exécuter quelque grande œuvre de la part de DIEU ? Viennent-ils pour la paix comme saint Gabriel à Marie, ou pour la vengeance comme l'ange exterminateur qui détruisit l'armée des Assyriens ? Transportent-ils à travers les airs quelque serviteur de DIEU comme ils transportèrent autrefois le prophète Habacuc et le diacre Philippe ? (Daniel, XIV, 35. — Actes des Apôtres, VIII, 39). Ou leur mission est-elle de rendre au monde l'*Ancienne Arche d'Alliance* disparue à l'époque de la destruction du Temple ? Cette merveille qui traverse l'Adriatique comme autrefois l'Arche Sainte traversa le Jourdain, n'est-elle pas plutôt la *Nouvelle Arche d'Alliance ?*

Réveillez, pâtres vigilants, vos compagnons endormis ! Regardez : la lumière s'avance, venant directement du port de Fiume ; on dirait un vaisseau conduit par des anges ! Il a la croix pour mât, le manteau de Marie pour voile et le souffle de Dieu lui-même pour le faire glisser légèrement au-dessus des flots. Au gouvernail, se tient la Reine des anges escortée par l'archange Gabriel. Voyez ! déjà il atteint le rivage et une musique toute céleste se fait entendre ! Déjà il a parcouru une demi-lieue sur terre ! Il descend dans le bois de la dame Lauretta ! Les arbres sont devenus semblables au buisson de feu que vit Moïse ! ! Comme les gerbes des enfants de Jacob s'inclinaient respectueusement devant la gerbe de leur frère Joseph, ainsi les arbres de la forêt rendent un silencieux témoignage à la grandeur de l'objet trois fois saint qui vient d'arriver au milieu du bois. Ils courbent la tête pour le saluer, et c'est dans cette attitude de révérence qu'ils vont rester pendant près de trois cents ans, afin que d'innombrables multitudes soient à même de comprendre le respect qui est dû aux murs sacrés entre lesquels habita le Dieu Incarné.

Les bergers se remettent de leur étonnement et, comprenant que ce n'était pas une simple vision, mais une véritable translation de quelque sanctuaire particulièrement agréable à Dieu, ils se rendent au bois dès l'aurore pour examiner de près ce que le Seigneur leur a fait voir. Il se hâtent ensuite d'aller à la cité de Recanati, où ils racontent aux habitants tout ce dont ils ont été témoins. Quelques-uns seulement consentent d'abord à aller constater de leurs yeux le prodige, mais bientôt ils reviennent ; ils font à leurs concitoyens le récit de ce qu'ils ont vu : une Chapelle, disent-ils, d'apparence antique, est apparue soudain et repose sur la terre nue sans fondations. Leur accent sincère, l'étrangeté de ce qu'ils annoncent, émeuvent les plus incrédules ; on se porte en foule au bois de la dame Lauretta. Les contrées voisines imitent leur exemple et proclament à l'unanimité que c'est là l'œuvre de Dieu.

On n'entend plus parler que de la Chapelle mystérieuse ; les sentiers du bois sont remplis de gens de tout âge et de toute condition. Les malades et les infirmes eux-mêmes font les plus grands efforts pour s'y rendre ou s'y faire porter, et les guérisons miraculeuses augmentent la foi de tous. On ne peut plus s'arracher à ce petit Sanctuaire, qui devient trop étroit pour contenir tant de monde : on construit des huttes, on creuse un puits, on organise à la hâte les installations nécessaires. Quelques-uns passent la nuit en prières, sur la terre froide et nue, malgré les rigueurs de décembre ; mais ils semblent insensibles à la souffrance physique, tant leur ferveur est grande et leur cœur embrasé.

Cependant les bandits, profitant de la désorganisation du pays à cette époque, dressaient pendant la nuit des embûches aux pèlerins attardés dans les sentiers sombres et tortueux du bois. La Sainte Maison fut alors transportée (1) au sommet d'une colline à un kilomètre et demi de distance, ce qui augmente encore la certitude du miracle de la Translation. C'est ainsi que DIEU fit tourner à sa gloire et réduisit à néant la malice du démon. On pouvait se rendre sans danger au nouvel emplacement de la Sainte Maison, grâce à sa position sur une colline découverte et près de la route conduisant à Porto Recanati. On devine aisément l'effet que produisit cette nouvelle merveille. Des milliers de fidèles accoururent pour la contempler et pour y prier.

Le nouvel emplacement appartenait en commun à deux frères, les comtes Étienne et Simon Rinaldi de Antici. La joie d'avoir sur leur terre la Sainte Chapelle les empêcha, au premier moment, de songer aux difficultés inhérentes à leurs droits respectifs. Les riches offrandes des pèlerins ne tardèrent pas à faire naître l'amour du gain chez les deux frères, et la question du droit de propriété fut soulevée.

1. Elle était dans le bois de la dame *Lauretta* pendant huit mois. C'est pour cela que le Sanctuaire est nommé *Sainte Maison de Lorette* et que la Mère de DIEU est invoquée sous le titre de la *Vierge de Lorette*. Le pape Jules II raconte que la Maison de Nazareth fut apportée par des anges de Fiume dans un bois appartenant à une dame nommée *Lauretta*. On peut conclure de ce récit que le nom de *Lorette* vient véritablement du nom de la dame, dont la mémoire est ainsi devenue immortelle. Peut-être cette dame a-t-elle pris son nom de sa terre, où les *lauriers* croissaient en abondance.

La dispute entre les deux frères devint si violente que la terre sanctifiée par le dépôt le plus sacré fut exposée au danger d'être souillée par un fratricide. La Sainte Maison se retira (1) de la propriété des frères querelleurs et cupides, les laissant pleurer pendant tout le reste de leur vie la perte de ce don du ciel dont ils s'étaient montrés indignes.

La dernière Translation est encore plus frappante que les autres : la Sainte Maison fut déposée au milieu de la route conduisant à Porto Recanati (2). Les magistrats de la ville furent obligés de faire détourner cette route pour laisser passer librement le public. « L'*Alma Domus*, » nous dit le *Teremano*, « fut placée sur la route même et sa Translation fut » marquée par de grands prodiges et d'innombra- » bles grâces. » — Le *Mentovano Baptista* dit : « Les populations voisines furent frappées de stupeur à la vue de tant de miracles dont la renommée devenait chaque jour plus grande que celle même des diverses Translations. »

L'endroit où la Vierge Immaculée avait résolu de fixer d'une manière *permanente* son Habitation étant la propriété de la ville de Recanati, aucun particulier ne pouvait en revendiquer la possession ni en faire soit une source de gain, soit une cause de dispute.

Quoique DIEU prévît tout ce qui devait arriver à chaque déplacement de la Maison de Nazareth, il

---

1. Au mois de décembre 1295. Elle y était arrivée au mois d'août.
2. Angelita, chancelier perpétuel de Recanati, dit : « Au milieu de la route de la commune de Recanati. »

voulut, au moyen de ces quatre Translations successives, rendre les preuves du prodige de plus en plus éclatantes.

Envoi de délégués à Nazareth et à Tersatto.

« LE bruit commença à se répandre que cette miraculeuse habitation venait d'Esclavonie, et les habitants du pays y ajoutèrent foi, parce qu'elle n'avait point de fondations. » Ainsi le relate *Angelita*, chancelier de Recanati.

Les récits de quelques voyageurs venant de *Fiume* au port d'*Ancône*, donnèrent l'idée aux habitants de la Marche que l'Édifice mystérieux et sans fondations récemment arrivé dans ce pays pourrait bien être le même que celui de Tersatto et de Nazareth. D'autre part la description qu'en firent les habitants d'Ancône excita la sainte curiosité de ces voyageurs ; ils allèrent la visiter et la reconnurent aussitôt : même construction, même image, même crucifix, même autel, mêmes armoires, mêmes fresques.

Il plut à l'auguste Mère de DIEU de se manifester dans une vision à un homme pieux (1) qui priait beaucoup dans ce Sanctuaire. Elle lui dit que c'était en vérité la Maison même de Nazareth. C'était bien là que sa Conception, sa Naissance et son Annonciation avaient eu lieu, là que le Fils unique de DIEU s'était fait Homme pour le salut du monde, là elle avait nourri JÉSUS jusqu'au moment

---

1. Ce saint solitaire est appelé *l'Ermite de Mont-Orso*, à cause de la colline qui lui servait de retraite.

de la fuite en Égypte (1), elle l'y avait servi depuis le retour d'Egypte jusqu'à l'âge de trente ans, elle l'y avait souvent reçu pendant ses trois années de vie publique. Elle dit aussi que DIEU, l'ayant enrichie dans cette Maison de tant de dons surnaturels, avait résolu de répandre sur les fidèles qui viendraient y prier tous les trésors de ses grâces. Puis elle lui ordonna de faire connaître à tout le monde la dignité du don fait à l'Occident, afin que ce Sanctuaire, choisi de DIEU, fût entouré d'hommages toujours croissants.

La Vierge Immaculée disparut, et le saint homme publia ce message dans Recanati et dans les villes et les villages environnants.

Les magistrats de Recanati se déterminèrent, d'après le conseil du pape Boniface VIII, à envoyer des délégués en Palestine. Pour les choisir, on réunit la noblesse et les notables de la Marche d'Ancône. Cette assemblée chargea seize hommes remarquables par leur vertu et leur prudence d'aller contrôler sur place la vérité d'une si grande merveille. Les délégués traversèrent l'Adriatique et, en arrivant à Fiume, ils apprirent des habitants eux-mêmes que la Sainte Maison avait quitté Tersatto la nuit de son

---

1. Saint Luc, II, 39 : *Après qu'ils eurent tout accompli selon la loi du Seigneur, ils retournèrent en Galilée, à Nazareth, leur ville.* Saint Jean Chrysostome dit qu'ils étaient à la *Sainte Maison de Nazareth* quand ils reçurent l'ordre de fuir en Egypte. La Sainte Maison est ainsi associée aux *Douleurs de la fuite*, et il y a un *Autel de la fuite* dans la Grotte de Nazareth. Selon une tradition des habitants de Nazareth, Marie allaita le divin Enfant dans sa Chambre privée. Nous tenons cette tradition d'un moine russe, nommé Daniel, qui visita la Sainte Maison en 1114 et vit la couche de JÉSUS.

arrivée en Italie. Leur regret universel confirmait ce témoignage. On leur montra, dans les archives de Tersatto, le compte-rendu des quatre délégués d'Illyrie, affirmant l'identité de la Sainte Maison. Ils virent aussi la Chapelle bâtie à la place même qu'elle avait occupée, et ils lurent l'inscription suivante : *La Sainte Maison de la Bienheureuse Vierge vint de Nazareth à Tersatto le 10 mai de l'an 1291, et se retira le 10 décembre 1294.*

Les délégués mirent à la voile pour la Palestine. Il y avait environ cinq ans que les derniers croisés avaient quitté la Galilée, et les dispositions hostiles s'étaient apaisées. Les délégués furent autorisés à se rendre à Nazareth sous escorte. Après un scrupuleux examen, ils trouvèrent toutes choses exactement semblables à la description des quatre envoyés du comte Frangipani, et de plus une inscription relatant la date du départ de la Sainte Maison. Les dimensions concordaient parfaitement avec celles qu'ils avaient apportées, et les pierres des fondations étaient de la même espèce que celles de la Chapelle de Lorette.

Leur joie fut débordante à la vue de tant de preuves accumulées ! Ils allaient donc pouvoir certifier à leurs compatriotes qu'ils possédaient, non pas simplement un Sanctuaire miraculeux, mais la véritable Chambre de l'Incarnation, l'Habitation même de la Sainte Famille ! Leur impatience est si grande de raconter la bonne nouvelle que les jours du voyage leur paraissaient longs comme des mois !

Enfin les voilà en vue du rivage : déjà la Sainte Maison apparaît au loin sur la colline et ils la saluent avec enthousiasme ! A peine ont-ils touché le sol natal qu'ils s'empressent d'aller offrir à la Vierge de Nazareth l'hommage de leur amour et de leur reconnaissance. Puis ils font leur entrée à Recanati, où leur retour est déjà connu : on les entoure, on les presse de questions, mais l'expression de leurs visages et leurs larmes de joie parlent pour eux. Les magistrats les reçoivent à l'Hôtel-de-Ville, où ils entendent le compte-rendu exact de leur mission ; après avoir pris acte de leur témoignage, donné sous la foi du serment, ils résolurent de le transmettre à la postérité au moyen d'un document portant les noms des seize délégués, lequel fut déposé dans les archives de la cité.

On en conserva des copies dans les villes voisines et dans plusieurs familles de la noblesse. Une plaque fut aussi fixée dans le Sanctuaire pour attester le résultat de la délégation et en perpétuer le souvenir (1).

Les habitants des environs arrivèrent en processions nombreuses, bannières et musique en tête, voulant, pleins d'allégresse, saluer la Maison Sainte. Ils avaient bien raison de se réjouir : Marie ne les avait-elle pas traités comme ses enfants privilégiés en confiant à leur amour sa Maison bénie autour de laquelle s'élèverait bientôt un *Nouveau Nazareth*, qui ferait de leur Province une autre Galilée ?

1. Riccardi.

Les Slaves d'Illyrie, inconsolables de la perte qu'ils avaient faite, vinrent à leur tour épancher leur douleur aux pieds de la bonne Mère et la supplier de leur rendre sa précieuse Demeure. Lorsque les navires qui les avaient amenés furent prêts à mettre à la voile, un grand nombre ne purent se décider à quitter la Sainte Maison ; leur patrie désormais était le pays que Marie, leur Mère bien-aimée, avait choisi pour y fixer son séjour.

Plusieurs familles slaves s'établirent alors dans le pays, à l'ombre des murs sacrés et fondèrent, pour ainsi dire, la ville de Lorette.

Le jour de l'Annonciation, la dévotion des habitants de Recanati était si grande que la cité restait déserte, tout le monde accourant en foule à la Santa Casa. Chaque anniversaire de son arrivée dans le pays était un jour de fête célébré, le soir, par des illuminations, des feux de joie et d'autres réjouissances.

La dévotion à la Vierge de Lorette devint si populaire que tous les samedis, sur la Place publique, en face de l'hôtel-de-ville, on chantait avec enthousiasme les *Litanies de Lorette*.

Rien n'est impossible à Dieu. (S. Gabriel.)
Qui est comme Dieu ? (S. Michel.)

TROISIÈME PARTIE.

Sainteté de la Maison de Lorette. Soins de la Providence pour sa conservation ; grâces accordées.

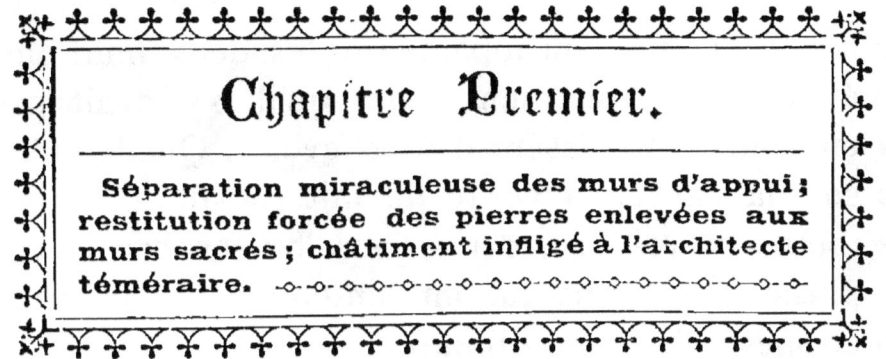

Chapitre Premier.

Séparation miraculeuse des murs d'appui; restitution forcée des pierres enlevées aux murs sacrés; châtiment infligé à l'architecte téméraire.

BIENTOT après l'arrivée de la Sainte Maison sur le haut de la colline où elle était exposée aux vents et aux tempêtes, les autorités civiles de Recanati s'empressèrent de l'entourer d'un mur, de portiques pour abriter les pèlerins et d'une maison pour les prêtres.

Ce premier abri du frêle édifice était fait en briques durcies au feu et orné de peintures représentant les miraculeuses Translations et les principaux mystères de la foi qui s'y accomplirent. Un autel y fut adossé extérieurement pour que tous pussent voir le prêtre pendant qu'il disait la sainte Messe.

Les murs sacrés ne voulurent jamais adhérer et s'unir aux murs d'appui.

Voici ce que rapporte à ce sujet un grave historien, le P. Riera : « Au moment où l'ouvrage venait
» d'être terminé, on trouva la nouvelle muraille telle-
» ment séparée de l'ancienne qu'un enfant pouvait
» passer facilement entre les deux, un flambeau à la
» main, et montrer à la foule, quand l'occasion se
» présentait, la vérité de cet écartement. Ce phéno-
» mène frappa vivement les esprits, car on savait

» avec certitude qu'auparavant les deux murailles
» étaient si étroitement unies qu'il n'y avait pas
» entre elles l'épaisseur d'un cheveu... Quelle qu'en
» soit la cause, la vérité du fait est au-dessus de
» toute controverse, car aujourd'hui encore vivent
» plusieurs témoins qui ont contemplé de leurs yeux
» ce spectacle extraordinaire.

» Au temps de Clément VII, Rainero Nerucci,
» architecte de la Sainte Maison, qui, depuis son
» travail, a vécu avec moi dans une douce intimité,
» voulut, par ordre du pontife, abattre ce mur de
» briques que le temps avait déjà presque détruit,
» pour élever à sa place la magnifique clôture en
» marbre que l'on voit aujourd'hui. Il remarqua alors,
» non sans un grand étonnement, que, contre les
» règles de l'architecture et les plans de l'art humain,
» tous les matériaux étrangers à la Sainte Maison
» s'étaient éloignés d'elle comme pour lui rendre un
» juste hommage. »

Riera raconte ensuite que ces murs extérieurs
s'étaient tellement entr'ouverts que, par de longues
et larges fissures, on pouvait facilement contempler
les murs sacrés de la Sainte Maison. Ce n'était
pas un simple tassement de la maçonnerie ; l'écartement s'opérait de tous les côtés à la fois en laissant
des intervalles très sensibles.

Angelita, présent en 1531 comme chancelier de
la cité de Recanati, dit la même chose à ce sujet
dans son histoire.

L'espace qui existe actuellement entre les murs
sacrés et ceux revêtus de marbre qui entourent la

Sainte Maison, peut être considéré comme un témoignage perpétuel de l'écartement des premiers murs (1). Personne ne saurait s'imaginer que le revêtement actuel a été construit de manière à ne toucher en aucun endroit l'ancien édifice, sans qu'il y ait eu, pour cela, de graves motifs. On peut constater que ces murs, d'une grande antiquité, penchent du côté de l'ouest (2). Il eût paru insensé de ne pas les appuyer contre les nouveaux murs. Ainsi, la manière dont a été bâti le nouvel encadrement s'explique uniquement par la persuasion où étaient les habitants du pays « que rien absolument ne » pouvait demeurer attaché aux murs de l'auguste » Maison de Lorette, la Très-Sainte Vierge le » voulant ainsi pour empêcher de croire qu'elle eût » besoin du secours des hommes pour soutenir sa » vénérable Demeure. »

D'ailleurs, l'état de conservation de l'Édifice Sacré, qui n'a ni murs d'appui ni fondements, est une confirmation évidente de sa véritable origine et de la protection de DIEU (Riera).

La conservation de ses *pierres* est encore un signe que DIEU veille sur elle. — La Sainte Maison s'est montrée inviolable, personne n'a pu prendre impunément ni une de ses pierres, ni un fragment de son mortier.

1. Tursellini l'appelle „ un mémorial du prodige. ‟ La distance qui sépare le revêtement de marbre des murs de la Santa Casa est en moyenne de 112 millimètres. On peut s'en assurer par endroits en introduisant une bougie entre quelques blocs mal joints.

2. Les murailles n'ont que 37 centimètres 9 millimètres d'épaisseur, et la partie qui s'adossait au rocher de la Grotte est construite avec négligence.

Jean Suarez, évêque de Coïmbre, en 1562, voulut placer une pierre de la Sainte Maison dans une chapelle de son diocèse contruite sur le modèle du Sanctuaire de Lorette. Le chapelain particulier du prélat, François Stella, qui porta cette pierre à Trente, où le concile se tenait alors, crut être poursuivi pendant son voyage par une puissance vengeresse ; il dit à l'évêque portugais ce qu'il lui en avait coûté pour la lui apporter. La leçon ayant été méconnue par l'évêque, il fut frappé d'une maladie que les médecins ne pouvaient ni comprendre ni soulager. Des prières furent faites pour obtenir sa guérison, et l'on reçut d'un couvent un message ainsi conçu : « Si l'évêque veut se rétablir, qu'il restitue à la Vierge de Lorette ce qu'il lui a pris. » L'évêque ne perdit pas de temps et renvoya à Lorette son chapelain Stella avec la pierre. Dès que celle-ci fut remise en place, la santé de l'évêque se rétablit.

Il écrivit à ce sujet un compte-rendu détaillé qui fut déposé aux archives du Vatican. On peut en voir une copie à Lorette. L'historien Riera entendit de Stella lui-même un récit de la guérison.

On pourrait citer une foule d'exemples semblables. Ainsi, pour un peu de ciment enlevé aux murs de la Sainte Maison, un habitant de Palerme eut, pendant vingt ans, des souffrances à endurer ; une tempête vengeresse poursuivit un vaisseau d'Illyrie ; une dame des Marches d'Ancône apporta la fièvre dans sa famille ; Hélène Aloysi dut racheter sa vie en restituant l'objet de son pieux larcin ; une dame d'Alexandrie et deux prêtres de Plaisance perdirent la santé et ne la recouvrèrent que par une prompte restitution.

Faute de pareilles punitions infligées à ceux qui osèrent porter les mains sur les murs de la Sainte Maison, il est probable qu'il n'en serait pas resté pierre sur pierre !

Il est à remarquer que de tels châtiments n'arrivèrent pas lorsqu'on prit des pierres et du ciment pour les analyser, sans doute parce que ces investigations tendaient à glorifier la Sainte Demeure et étaient en quelque sorte nécessaires pour aider ou exciter la foi d'un grand nombre d'hommes.

La sainteté de la Maison de Lorette se manifesta d'une façon bien éclatante lorsque l'architecte Nerucci en approcha son marteau. Le pape Clément VII lui avait ordonné de murer l'unique porte de la Sainte Maison et d'en ouvrir trois autres pour la remplacer, une seule ouverture n'étant pas suffisante à cause de l'encombrement des pèlerins dans un espace si étroit. D'un autre côté, il paraissait peu convenable de laisser pénétrer l'affluence des visiteurs par la porte où avait passé le DIEU Incarné et sa Mère sant tache.

Ce qui arriva lorsque les nouvelles ouvertures furent percées est raconté par Riera, qui connaissait intimement l'architecte, et aussi par Tursellini. D'après leurs récits, les ouvriers, pénétrés de respect pour la Sainte Maison, hésitaient à porter le marteau sur ses murs sacrés. Mais l'architecte lui-même, plein des instructions qu'il avait reçues et plus occupé de son métier que respectueux du Saint Lieu, s'avança et frappa avec impatience un premier coup. Aussitôt il pâlit ; sa main droite se contracta et il resta huit heures sans connaissance. Mais sa femme alla se jeter aux pieds de Marie dans la Santa Casa, et, tout en larmes, demanda le pardon et la guérison de son mari.

La *Vierge Clémente*, touchée de compassion, obtint de son divin Fils la guérison de cet homme, qui recouvra aussitôt la raison et l'usage de sa main.

On se hâta de faire part au pape de ce merveilleux évènement et de lui demander sa décision dans un cas si difficile. Clément VII répondit que le manque de respect avait sans doute causé le châtiment, mais qu'on pouvait sans crainte percer les murs du Sanctuaire auguste et en ouvrir les portes. Un clerc, attaché au chœur, Ventura Perini, se présente pour accomplir une œuvre qui paraissait dangereuse pour tous. Il s'y prépara pendant trois jours par la prière et le jeûne, puis il s'avança vers le Saint Lieu, fléchit les genoux, baisa les saintes murailles et dit : « O Maison Sacrée de la plus pure des vierges ! pardonnez ! pardonnez ! ce n'est pas moi qui vous frappe avec ce marteau, mais Clément, le Vicaire de JÉSUS-CHRIST, perce lui-même vos murs dans l'ardeur qui l'anime pour votre embellissement. Permettez cela, ô Marie ! et puisse être agréable à la Mère de DIEU ce qui plaît à son Vicaire. » A ces mots, il frappe un premier coup suivi de plusieurs autres, sans subir aucune punition ; les ouvriers, qui avaient jeûné aussi, reprirent courage, se mirent au travail, et bientôt les nouvelles portes furent ouvertes.

Nerucci se repentit amèrement de la manière téméraire avec laquelle il avait frappé la Sainte Maison : il se rappela peut-être le châtiment infligé à un Israëlite pour avoir touché sans respect l'*Arche d'Alliance*, même dans le but de la soutenir (1).

1. II Rois, vi.

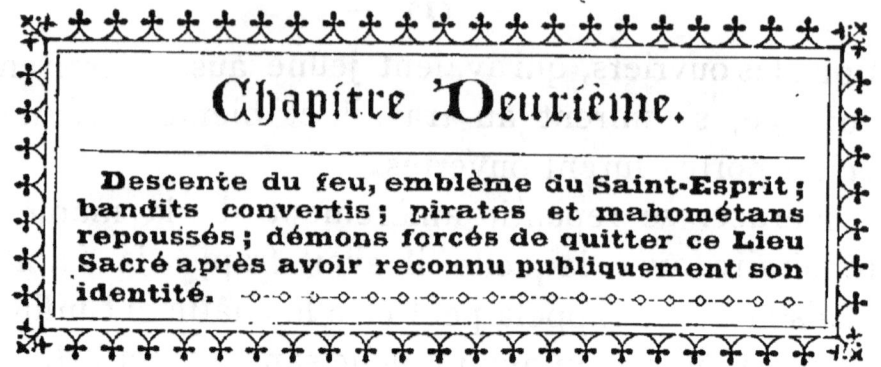

Chapitre Deuxième.

Descente du feu, emblème du Saint-Esprit; bandits convertis; pirates et mahométans repoussés; démons forcés de quitter ce Lieu Sacré après avoir reconnu publiquement son identité.

Sur le Tabernacle dans le désert de Sinaï et sur le Temple de Salomon, qui furent successivement dépositaires de *l'Arche du Testament*, venait se reposer une colonne de feu. De même on vit souvent une flamme descendre du ciel et se placer sur la Sainte Maison.

Un ermite, nommé *Paul della Selva*, avait fixé son asile solitaire sur une colline voisine. C'est lui qui le premier aperçut de sa cellule cette lumière, paraissant avoir quatre mètres de long sur deux de large. Elle descendait du ciel, et, comme l'étoile qui s'arrêta sur l'Étable de Bethléem, elle vint se fixer au-dessus de la Demeure de la Sainte Famille. Cet ermite observa la merveille avant l'aurore du 8 septembre. Il attendit une autre année pour voir si elle reviendrait le même jour. Au milieu des ténèbres de la nuit, il vit de nouveau le 8 septembre une brillante colonne de feu descendre et s'arrêter sur le Sanctuaire.

L'année d'après, un concours immense de visiteurs fut témoin du même spectacle. Cette merveille fréquemment répétée dans la suite amena un changement dans la liturgie de l'église de Lorette le 8 septembre, jour de la Nativité de Marie. Cette fête de la Nativité devint la principale solennité du Sanctuaire.

Riera était présent lui-même en 1555, quand on vit des flammes descendre et séjourner sur la Sainte Maison ; elles environnèrent une assemblée de fidèles qui assistaient au sermon. Riera, en sa qualité de témoin oculaire, en donna l'assurance dans son « *Histoire de Lorette.* » Il se prosterna, dit-il, sur le pavé de l'église et se sentit inondé d'une joie céleste ! Il lisait sur le visage de ceux qui l'entouraient, dans leurs regards, dans tous leurs gestes, l'expression des sentiments dont il était rempli lui-même.

Deux ans plus tard, une nouvelle lumière descendit du ciel et environna de même une réunion d'auditeurs. Ce fut comme une seconde Pentecôte ; la Chambre Sacrée devint comme le Cénacle de Jérusalem. C'était l'emblème visible des dons invisibles que le Saint-Esprit déverse dans le cœur de ceux qui le cherchent dans cette Maison bénie, où il descendit du haut des cieux et couvrit Marie de son ombre. La descente de ces flammes était comme un sceau que le ciel mettait sur la Santa Casa.

Une bande d'aventuriers sous la conduite du duc d'Urbino dévastaient la Marche d'Ancône. Leur chef voulait les empêcher d'envahir Lorette, mais il ne se sentait pas pour cela une autorité suffisante ; ces malheureux, poussés par leurs mauvais instincts, se proposaient de saccager la Sainte Maison et ne voulaient subir aucun frein. Tout à coup, un *nuage mystérieux* enveloppe la Basilique ! Saisis de terreur, les bandits tombent à genoux et demandent à la Sainte Vierge pardon de leurs desseins sacrilèges. Le duc suspend son épée à l'autel et s'engage à laisser en paix tout le territoire ; les soldats, de voleurs qu'ils étaient, deviennent des donateurs généreux ; ils abandonnent au Sanctuaire les choses les plus précieuses qu'ils avaient avec eux.

Un voleur, s'étant caché une nuit dans la Basilique de Lorette, avait enlevé une partie des riches dons qui s'y trouvaient ; voulant sortir de l'église, il lui sembla que la Place de la Madone était remplie de soldats et il n'osa s'échapper ; il fut arrêté le matin par les gardiens et condamné.

Pareille punition fut infligée à deux autres qui, déjà embarqués, furent rejetés à terre par la violence d'une tempête soudaine.

Quand nous considérons les richesses immenses accumulées à Lorette par les offrandes de toute la chrétienté, nous trouvons là encore un signe éclatant de la protection divine ; car nous voyons que les pirates, malgré l'appât d'un butin sans égal, n'ont jamais attaqué la petite ville afin de s'enrichir par son pillage. Surnaturelle dut être la crainte religieuse qui les tint à l'écart, et divin le rempart mystérieux qui entoura l'ancienne Demeure du DIEU fait Chair. A ce propos, nous pouvons citer quelques exemples.

Le fameux corsaire Barberousse se proposait d'envahir la Sainte Maison pour la piller ; tous ses vaisseaux firent naufrage sur le promontoire de Monte-

Conero, et leurs débris furent jetés en face de la Sainte Demeure.

Mahomet II fit une irruption en Italie. S'il avait été victorieux, les résultats de sa victoire auraient été épouvantables pour toute la chrétienté. Il eut le tort de débarquer près de Lorette et il trouva dans la Sainte Maison une forteresse inexpugnable contre ses entreprises. Le monument de l'Incarnation qu'il voulait renverser afin de s'emparer des riches offrandes des fidèles, fut préservé par une puissance invisible qui frappa de terreur le terrible musulman ; il n'osa, ni s'approcher de Lorette, ni s'avancer sur Rome. Ce grand rempart contre l'invasion des infidèles fut plus efficace qu'une armée rangée en bataille et rejeta dans ses vaisseaux l'envahisseur et ses troupes. Mahomet retourna découragé à Byzance, où il mourut de la façon la plus misérable. Pareil fut le sort de son neveu Sélim : il vint aussi avec une flotte nombreuse, mais à peine eut-il aperçu le Sanctuaire, que tout courage l'abandonna et il n'osa plus avancer. Il fit rembarquer ses troupes comme avait fait son oncle ; frappé mortellement, il alla mourir pitoyablement à Byzance (1).

Tout catholique sait que le titre de *Auxilium christianorum* fut ajouté aux *Litanies de Lorette* par le pape saint Pie V, après la grande victoire remportée sur les Turcs à Lépante. Don Juan avec ses principaux guerriers vint à Lorette pour accomplir un vœu et remercier leur Protectrice. Ils offrirent les bannières et les armes prises sur l'ennemi, et

---

1. *Vide Balthazar a Bartelis.*

les esclaves délivrés par eux y laissèrent leurs chaînes. Beaucoup d'écrivains attribuent cette célèbre victoire à la Vierge de Lorette et aux prières publiques ordonnées dans son Sanctuaire par saint Pie V.

Un miracle digne de mémoire rend manifeste que les démons ne peuvent rester dans la Sainte Maison. Pierre Argentorix, citoyen de Grenoble, était illustre par sa naissance et sa fortune. Sa femme Antonia, également d'une noble extraction, était possédée de sept démons affreux. Pierre, voulant délivrer sa femme, et ayant employé pour cela, dans son pays, tous les moyens possibles, se décida à la conduire en Italie. Il la fit exorciser solennellement, d'abord à Novare, à l'église de St-Jules, puis devant l'autel de saint Géminien à Modène, et enfin à Rome auprès de la Colonne Sacrée. Tout fut inutile ; DIEU réservait à la *Vierge de Lorette* l'honneur de déliver cette femme.

Argentorix, incertain, et ne sachant plus à qui recourir, désespérait de la réussite. Il songeait déjà à regagner la France, quand il rencontra un chevalier de Rhodes, connu de lui, et assez au courant de ce qui concernait la *Vierge de Lorette*. Suivant son conseil, et plein de confiance, il se rendit à Lorette avec son épouse. C'était dans le courant de l'année 1489.

Aussitôt arrivée, la femme, malgré son extrême résistance, et soulevée par dix hommes vigoureux, fut portée dans la Très-Sainte Maison, et placée devant l'Image de la Bienheureuse Marie.

Le chanoine Étienne Francigena, homme d'une

loyauté et d'une vertu éprouvées, était alors gardien de la Sainte Maison ; il se mit à exorciser, suivant les rites, les démons persécuteurs.

Ces derniers, après avoir, sur l'ordre d'Étienne, donné leurs noms, refusèrent obstinément de sortir. Mais la fermeté du prêtre, aidée du secours divin, triompha de l'opiniâtreté des démons.

Au nom de DIEU et de la Vierge-Mère, quatre sortirent l'un après l'autre et remplirent l'édifice de grandes clameurs. Les trois autres plus tenaces demeurèrent. Étienne les attaqua avec une plus grande vigueur, et, invoquant Marie à haute voix, les pressa d'obéir. A cet ordre, le cinquième, à bout de forces, sort au signal donné et, s'adressant à Étienne : « C'est Marie, qui nous chasse, cria-t-il, ce n'est pas toi. »

Le sixième sortit avec impétuosité et en poussant des plaintes bruyantes : — « Marie ! Marie ! » dit-il, tu es trop cruelle envers nous ! »

Il ne restait plus ainsi qu'un démon, plus acharné que tous les autres ; il se répandait en gémissements, disant à la Vierge-Mère : « Tu es trop puis-» sante, ô Marie ! en ce lieu, où tu nous fais quitter » malgré nous l'habitation que nous avions choisie. »

La manière respectueuse dont ce démon parla du lieu où se trouvait Marie inspira à Étienne le désir de l'intérroger. Persuadé qu'il fallait insister vivement pour arracher la vérité à ce menteur et pour savoir de lui quel était donc ce lieu, il l'adjure, au nom de DIEU et de la Vierge, de parler en toute sincérité.

L'espérance du prêtre n'est pas déçue : subjugué enfin par les exorcismes, ce démon déclare que c'est bien là la Chambre de la Vierge-Mère, où, au message de l'Ange, elle conçut son divin Fils. Il ajoute que, contraint par la force de DIEU, il dit en ce moment la vérité.

Alors Étienne brûle de savoir où l'Ange se tenait lorsqu'il salua la Vierge et où celle-ci se trouvait au moment de la Salutation. Cédant de nouveau à la puissance de DIEU, le démon indiqua la gauche de l'autel (1) comme l'endroit où se trouvait Marie, et la droite de l'autel, à l'ouest, près de l'angle opposé, comme le côté où s'était tenu saint Gabriel (2).

Enfin l'esprit malin sortit du corps de la possédée, la laissant étendue inanimée sur le pavé ; mais, peu de temps après, elle reprit ses sens, se releva, et s'unit à son mari pour rendre à la Vierge de Lorette de profondes actions de grâces. Puis elle s'acquitta des vœux qu'elle avait formés.

Il est impossible de se trouver en présence d'un miracle plus célèbre et appuyé sur de meilleurs témoignages.

La plupart des notables de Recanati y assistaient, parmi lesquels : Jean-François Angelita, père de celui qui écrivit l'histoire de la *Vierge de Lorette*,

1. L'Autel apostolique était alors au centre du mur du sud ; il n'avait pas encore été transporté du sud à l'est.

2. *Ostendit al in cubiculo locum in quo stabat Maria, cum salutaretur ab Angelo, a sinistris Arae cubiculi, in quo Angelus a dextris, prope angulum ic fe le cubiculi, versus Oracem ligneam e transverso.* Jérôme Angelita, chancelier de Recanati.

Nº XV. — L'Annonciation.

Antoine de Bonfinis d'Ascoli, l'historien du royaume de Hongrie, Jean-Baptiste de Mantoue, qui le reconnaît lui-même dans son histoire de Lorette. Il est à remarquer que Jérôme Angelita, chancelier de Recanati, écrivit trente-six ans seulement après l'événement et pendant la vie de plusieurs témoins oculaires ; il le tenait aussi de la bouche de son propre père.

Quoique ces révélations eussent été faites par le démon, on doit cependant les considérer comme authentiques, parce qu'on les a obtenues au nom et par la puissance de DIEU, qui commande aux esprits infernaux.

La Sainte Maison est ce *Jardin scellé* dans lequel le serpent ne pouvait pénétrer pour infecter de son venin la Conception de la Vierge sans tache : ni lui, ni aucun des malins esprits ne peuvent demeurer maintenant dans cette Chambre Sacrée où fut opéré le mystère de l'Immaculée-Conception.

Chapitre Troisième.

Grâces et faveurs accordées par Notre-Dame de Lorette.

LA « Dispensatrice des grâces célestes » a voulu montrer sa prédilection pour sa *Sainte Maison* par des miracles sans nombre et dont on pourrait remplir des volumes entiers. L'Immaculée Vierge de Lorette ne possède-t-elle pas depuis longtemps la confiance de tout le monde catholique ? Qu'a-t-elle besoin des éloges humains ? Vous, enfants prodigues ramenés sous le toit paternel ; vous, juifs, mahométans, hérétiques convertis ; vous, malades guéris, vous êtes, selon l'expression de saint Paul, ses « lettres de recommandation. » Vous, Thomas de Parme, Romain de Faënza et Bernardin de Sardaigne, qui tous les trois avez recouvré la vue ; vous, Jean Ubaldi de Padoue, à qui l'usage de la parole a été rendu ; vous, Erasme de Cracovie, parfaitement guéri d'une surdité complète pendant que vous célébriez le Saint Sacrifice sur l'autel du Sanctuaire ; vous, Corcuto, pacha turc (1), dont l'abcès douloureux fut cicatrisé par la

---

1. Ce pacha raconte ainsi lui-même sa guérison : " Un de mes esclaves " vient à moi et me dit : " Si vous me promettez la liberté, je prierai la " Mère de mon Dieu et elle vous rendra la santé. " J'appelle un notaire " et lui promets de l'affranchir, pourvu qu'il obtienne la guérison de l'abcès " énorme qui s'était formé dans ma poitrine. Aussitôt l'esclave se jette à " genoux, fait certains signes avec sa main droite et me demande de répéter " après lui les paroles suivantes : " *J'implore le secours de la Bienheureuse* " *Marie de Lorette.* " Trois jours après j'étais guéri. J'ai donc affranchi " cet esclave, et je lui ai remis ce témoignage écrit de ma main. "

prière que votre esclave fit monter au ciel ; vous, Lucius Venanzio, délivré d'un ulcère à la joue ; vous, noble dame Longa, dont la paralysie générale disparut au moment même où le prêtre célébrant chantait les paroles suivantes de l'Évangile : « Il dit au paralytique : Lève-toi! »; vous, Julien Césarini, baron romain, tourmenté par la dyssenterie et déjà réduit à la dernière extrémité, qui avez instantanément recouvré la santé en invoquant la Vierge de Lorette; vous, Creuza, épouse de Sébastien Jérôme, qui, sur le point de rendre le dernier soupir, avez été soudainement rappelée à la vie ; vous, Raffredi de Bergame, dont une apparition de la Vierge de Lorette ralluma la vie à peu près éteinte; vous, célèbre Sicilienne, seconde Madeleine, à qui la Vierge de Lorette daigna venir elle-même rendre la grâce et la vie, lorsque, dépouillée de votre gain honteux, vous gisiez baignée dans votre sang au milieu de la forêt de Ravenne (1) ; vous, Jean-Philippe, surnommé par le peuple *nouveau Lazare*, qui, frappé mortellement par des assassins, fûtes guéri après votre prière à la Vierge de Lorette ; vous, Migliorini, illustre jeune homme de Gênes, que vos parents pleuraient déjà comme mort et que l'intervention de Marie, plus efficace que l'art du chirurgien, rendit à la vie, comme l'atteste encore aujourd'hui le poignard brisé dans votre blessure et conservé dans

---

1. Cette Sicilienne se rendit à Lorette et y passa le reste de sa vie. Riera, témoin oculaire de sa cicatrice au cou, atteste ce fait dans son *Histoire de l'Auguste Maison de Lorette*.

la Basilique (1) ; vous, Auguste de Rocca Valdonia, dont les pieds furent délivrés de leurs chaînes et dont les portes de la prison furent ouvertes ; vous, François de Ferrare, qui, condamné injustement et pendu deux fois de suite, avez vu deux fois aussi la corde fatale, instrument de votre supplice, se rompre, grâce à la Protectrice des innocents ; vous, dame d'Esclavonie, qui n'avez pu être délivrée de la possession des démons que dans la Maison de la Vierge de Lorette, près de laquelle, en signe de reconnaissance, vous avez demeuré jusqu'à la fin de votre vie ; vous, pauvre Frère Franciscain, railleur imprudent qui êtes tombé en défaillance et n'avez repris vos sens que pour vous écrier : « C'est ici le Lieu de la Naissance de la Bienheureuse Vierge ! c'est ici le Sanctuaire dans lequel le Verbe fut conçu ! j'ai vu la Mère de DIEU avec son Fils me regardant avec indignation ! » ; vous, chevalier hongrois, qui, accablé par le nombre des Turcs, avez fait vœu à Notre-Dame de Lorette et avez été transporté miraculeusement à travers l'Adriatique (2) ; vous, Balthazar Alvarez, à qui Marie

---

1. " Il vint à Lorette, " dit Torsellini, " au moment même où j'écrivais " cette histoire. "

2. Jérôme de Radiolo, dans son *Histoire de la Sainte Maison*, dédiée à Laurent de Médicis, vers 1473, nous raconte la translation de ce chevalier tout armé à travers l'Adriatique : — Quelques années avant la prise de Constantinople, un chef hongrois, Jean, surnommé le Blanc, défendait une place forte assiégée par les Turcs. Trahi par un Grec, il se jette avec une poignée des siens au milieu des ennemis, qu'il arrête un instant par des prodiges de valeur. Mais la lutte étant trop inégale, il a dû reculer jusqu'au bord de la mer, et n'a plus à attendre que la captivité ou la mort. Dans cette extrémité, il se souvient de *Notre-Dame de Lorette*, et fait vœu, si elle le sauve, d'aller la remercier dans la Sainte Maison ; puis il pousse son

recommanda la dévotion à saint Joseph ; vous, Castellino Pinelli, arraché à une fièvre dévorante ; vous, Giovanni Copra, et tant d'autres sauvés du naufrage ; vous, Jacques II, marquis de Baden, qui, sur le point de mourir victime d'un coup de fusil, fûtes guéri au moment même où vous fîtes vœu d'aller à Lorette ; vous, Christine, femme de François Ier, duc de Lorraine, paralysée et épuisée par l'âge, qui, à la grande joie de toute votre suite, fîtes à pied le tour de la Santa Casa sans aucun appui ; vous, Anne d'Autriche, qui offrîtes en or le poids de l'enfant qui devait être un jour Louis XIV et dont vous deviez l'heureuse naissance à l'intercession de la Vierge de Lorette, après vingt-trois ans de stérilité ; vous, marquis de Burgau, fils de l'archiduc Ferdinand d'Autriche, dont la jambe cassée en plusieurs endroits fut guérie soudain à l'étonnement d'un ami incrédule, gagné sur l'heure à la foi ; vous, peuples de Venise, de Lyon, de Poggio, d'Udine, de Recanati et de Palerme, délivrés de la peste ; vous tous, innombrables privilégiés qui avez éprouvé en votre faveur la puissance de la Vierge de Lorette : vous êtes vous-mêmes sa lettre vivante, sa lettre de créance « lue et connue de tous les hommes. » (II Cor. III, 1, 2.)

cheval, et se précipite dans les flots. Quelques instants après, le cheval prend pied sur un rivage inconnu. Les habitants du pays lui apprennent qu'il est dans le voisinage même de cette Demeure Sacrée de la Sainte Vierge, dont la main, après l'avoir arraché à une mort inévitable, l'a transporté de l'autre côté de l'Adriatique. Il se rend à Lorette sur-le-champ, suivi d'une foule qui grossit à chaque pas, et il laisse au trésor de la Sainte Maison, en témoignage de sa reconnaissance, ses armes, son cheval et son portrait.

Qui pourrait dire combien de millions d'hommes doivent une éternelle reconnaissance à Notre-Dame de Lorette ? Innombrables sont les multitudes qui, dans les cieux, béniront à jamais la Vierge de la Sainte Maison, pour toutes les faveurs qu'Elle leur a procurées, pour tant de dangers imminents auxquels Elle a daigné les arracher, pour tant de chagrins accablants dont Elle les a soulagés, pour tant d'entreprises ardues qu'Elle a fait aboutir, pour tant de vocations longtemps cherchées qu'Elle a fait connaître et réussir, et enfin pour tant de maladies morales qu'Elle a daigné calmer et bannir pour toujours.

Le *Vénérable Canisius* s'écrie : « O hommes
» ingrats et aveugles ! que ne voyez-vous et ne
» reconnaissez-vous la sublimité de tant de grâces
» et de si merveilleuses opérations du Saint-Esprit !
» pourquoi votre cœur refuse-t-il de célébrer les
» dons innombrables que DIEU accorde dans ce
» lieu à la seule invocation de Marie ? Les miracles
» qui s'opèrent dans cet endroit béni sont si mani-
» festes qu'on ne peut les nier, si nombreux qu'on ne
» peut les compter, si éclatants que l'homme le plus
» éloquent ne pourrait les exalter assez dignement :
» ce sont des merveilles comparables aux prodiges
» qui s'opéraient sur la tombe des premiers mar-
» tyrs. »

Le *Bienheureux Jean-Baptiste de Mantoue* a dit : Quand je suis venu à la Demeure Sacrée de la Très-Sainte Vierge Marie et que j'y ai vu des marques si évidentes de la puissance et de la miséricorde de

Dieu, une crainte soudaine s'empara de moi et il me sembla entendre la voix de Dieu disant à Moïse : « N'approchez pas d'ici ; ôtez les souliers de vos pieds, parce que le lieu où vous êtes est une terre sainte. » (Exode; 3, 4, 5.) (1)

1. *Le Directeur Général de la Congrégation Universelle de la Sainte Maison* publie une petite brochure racontant les grâces miraculeuses accordées de nos jours aux associés de la Congrégation.

Nous l'avons trouvé au milieu des bois.
(Ps. CXXXI, 6.)

QUATRIÈME PARTIE.

Monuments des diverses Translations. Tradition constante.

Nº XVI. — Sanctuaire de Tersatto. — Ruines du Château des Frangipani.
Eglise paroissiale de Saint-Georges.

Chapitre Premier.

Monuments se rattachant au séjour de la Sainte Maison à Tersatto (1). Pèlerinages des Slaves d'Illyrie au Sanctuaire de Lorette. Couronnement de la Vierge de Tersatto, Sanctuaire honoré du Ciel par d'innombrables miracles.

Es monuments élevés à Tersatto en mémoire du séjour qu'y fit la Sainte Maison après avoir quitté Nazareth, sont intimement liés au fait de sa Translation. Nous voyons d'abord sur cette imposante colline, qui domine la ville de Fiume, une église commémorative du fait que nous racontons.

Le comte Nicolas Frangipani vécut seulement le temps nécessaire pour bâtir une chapelle à l'endroit que la Sainte Demeure avait quitté.

Martin Frangipani, comte de Veglia, Segna et Modussa, accomplit le vœu de Nicolas en construisant, en 1453, une église (2), dont la chapelle

---

1. L'auteur de ce livre a fait le pèlerinage de Tersatto à l'anniversaire de la Translation de la Sainte Maison de Nazareth.
2. Ses ancêtres avaient été empêchés de l'ériger par des guerres. Dans une *Bulle* adressée à Martin Frangipani, en juillet 1453, le pape Nicolas V fait mention du vœu de son ancêtre Nicolas. Le baron *Trasmundo dei Frangipani*, dans sa *Généalogie des Frangipani d'Illyrie*, dit que cette famille gouverna Tersatto dans les années 1291-1294; qu'elle construisit une église en l'honneur de la Sainte Maison de Nazareth; qu'elle descendait de Nicolas Frangipani, qui vint de Rome en 833. Tersatto fut donné à Wido Frangipani par André II (1223), et les Frangipani restèrent seigneurs de Tersatto jusqu'en 1671. Ce même auteur ajoute qu'il peut affirmer comme certaine leur juridiction ainsi que le don qu'ils avaient fait pour construire l'église.

primitive devint le Sanctuaire (1). Il fit édifier en même temps un monastère (2), qui fut occupé dès lors par des Frères Franciscains, chargés de desservir l'église.

On gravit la colline par une sorte d'escalier de 411 marches. A moitié chemin, nous lisons sur une large pierre, au-dessus de laquelle on a érigé une chapelle : « La Maison de la Bienheureuse Vierge » Marie vint de Nazareth à Tersatto le 10 mai 1291, » et se retira le 10 décembre 1294. » Cette inscription est en italien, langue usitée dans les tribunaux et bien connue du peuple de Fiume : par exemple les affiches du jardin public sont en italien. Torsellini nous assure que cette plaque était déjà ancienne de son temps et Glavanich dit : « Nous » tenons par tradition que cette chapelle sur les » marches fut érigée au temps de la Translation en » Italie ; elle a été restaurée plusieurs fois depuis. »

Le 10 mai étant l'anniversaire de l'arrivée de la Sainte Maison de Nazareth à Tersatto, cette date est célébrée par un *office spécial*, autorisé par l'Eglise.

Les Frangipani sont de la famille de *Anicii*, de laquelle furent sainte Cécile, saint Georges, saint Ambroise, saint Benoît, saint Grégoire le Grand, saint François d'Assise, saint Thomas d'Aquin. *Flavius Anicius* fut le premier qui reçut le nom de *Frangipani*, après avoir distribué du pain aux pauvres de Rome pendant une grande disette.

1. La chapelle fut reconstruite en 1614 par le Père gardien François Glavanich ; l'église fut élargie en 1644 par Nicolas de Frangipani. Martin, Bartholomée et Nicolas Frangipani sont ensevelis à l'emplacement où la Sainte Maison s'est arrêtée.

2. Le monastère fut bâti de nouveau en 1629, après l'incendie. L'itinéraire du voyage de Don Alexandre de Georgio et de ses compagnons en Terre Sainte fut brûlé au temps de la destruction du couvent.

Le clergé et le peuple chantent encore de nos jours l'hymne suivante : « *O Marie*, ici vous êtes venue » avec votre Maison, afin de dispenser vos grâces » comme la pieuse Mère du CHRIST. Nazareth fut » votre berceau, mais quand vous cherchiez une » nouvelle patrie, Tersatto fut votre premier port. » Vous avez porté ailleurs votre Sainte Maison, » mais vous n'en êtes pas moins restée avec nous, » ô Reine de miséricorde. Nous nous félicitons » d'avoir été jugés dignes de la présence parmi » nous de notre Mère bien-aimée. »

Désireux d'avoir un clergé instruit et formé à l'ombre de la Sainte Maison, ces peuples ont envoyé, pendant trois siècles, au *Collège d'Illyrie* à Lorette, les jeunes gens de leur nation pour s'y préparer au sacerdoce (1).

Au XVe siècle, une *confrérie de Slaves* fut établie à *Lorette*, et plusieurs legs en propriétés furent faits pour fonder deux hospices en faveur des pèlerins.

Les pèlerinages des Slaves d'Illyrie au Sanctuaire de Lorette attestent l'ardeur de la foi relativement à l'identité de la Sainte Maison. Des siècles même n'ont pas diminué la douleur de leur perte. Deux cent cinquante ans après la Translation, nous les trouvons encore priant avec larmes pour que la Demeure de la Sainte Famille leur soit rendue. Riera décrit ainsi un pèlerinage de 1559 :

---

1 Depuis l'invasion de 1860 ce collège a été supprimé ; mais sa destination primitive fournit une confirmation des Translations de la Sainte Maison.

« Environ cinq cents pèlerins de cette contrée
» arrivèrent à Lorette, avec leurs épouses et leurs
» enfants. Tous portant à la main des cierges allu-
» més s'arrêtèrent d'abord à la grande porte, où,
» s'étant prosternés, ils implorèrent à haute voix la
» divine miséricorde, en invoquant la Bienheureuse
» Vierge Marie. Puis, à genoux et rangés en pro-
» cession, ils entrèrent dans la Basilique en pleurant
» et en criant : « *Tornate, tornate a noi, Maria!*
» *perchè ciabandonnate, Maria ?* » — En pénétrant
» dans la Sainte Maison, leurs cris et leurs sanglots
» redoublèrent à tel point, que des cœurs aussi durs
» que la pierre en auraient été émus ! »

Torsellini dit que, de son temps, on les voit venir chaque année à Lorette, continuant la même invocation : « Tornate ! tornate ! » Cent ans plus tard, Renzolio rendait le même témoignage. — Gaudenti, plus récemment, parle encore de leurs amers gémissements, et il ajoute que, par pitié, on faisait une exception en leur faveur : quand, brisés de chagrin et de fatigue, ils se laissaient tomber et s'endormaient le long des corridors, on les laissait tranquilles là où nul pèlerin des autres nations n'aurait eu le droit de rester ; pour eux, la règle était mise de côté, car, disait-on : nous possédons la Sainte Maison et ils en déplorent tant la perte !

Alors que le souverain pontife Urbain V (1) visitait la Sainte Maison de Lorette, il se trouva que, juste en sa présence, entraient au Sanctuaire une foule de pèlerins slaves, sanglotant et priant. Le

1. En 1367.

Pape en fut profondément ému, et pour consoler ces peuples affligés, il envoya à Tersatto, par le moyen du Père Boniface de Naples, religieux franciscain, une antique Image de la Bienheureuse Vierge Marie, peinte sur une table de cèdre par l'Evangéliste saint Luc. Cette Image fut dès le principe l'objet de la vénération ; dans la suite, les fidèles lui faisant des vœux, les grâces miraculeuses devinrent plus fréquentes et la Vierge de Tersatto obtint pour cela le titre de *Madone des Grâces*.

Le Bienheureux Grégoire Barbadico, cardinal, évêque de Vérone, visitant ce Sanctuaire au mois de mars 1709, reçut l'inspiration de faire couronner la miraculeuse Image. Pour faire réussir ce projet, le Bienheureux se détermina à porter lui-même les suppliques à Rome. La Madone de Tersatto devint ainsi la première, hors d'Italie, qui fût couronnée d'un diadème décrété par le Chapitre du Vatican.

Environ soixante mille personnes assistèrent à la solennité, qui dura trois jours ; rien qu'à Tersatto, on donna la Communion à trente-six mille ; beaucoup d'autres communièrent dans les églises de la ville de Fiume.

Dans ce pèlerinage, on remarqua plusieurs nobles dames de la Carniole qui avaient marché pendant trois jours et qui gravirent le mont pieds nus.

Devant la porte de l'église on avait élevé un arc de triomphe ; l'Image miraculeuse fut portée sous cet arc magnifique et déposée sur le trône qui lui avait été préparé. L'évêque entonna l'hymne *Veni*

No XVII. — Vierge de Tersatto.

Creator Spiritus et déposa la couronne sur la tête de la Bienheureuse Vierge et de l'Enfant-JÉSUS.

Ce fut un acte qui émut profondément les cœurs du peuple fidèle ; tous reçurent, les yeux pleins de larmes, la bénédiction que l'évêque donna avec la Vierge couronnée.

La plus grande partie de la fête du second jour se célébra à *Fiume*. Sur les confins de la cité les magistrats, les nobles, les citoyens attendaient la procession ; tous, sans distinction, se jetèrent à genoux. Les canons placés sur les murs de la forteresse firent retentir leur tonnante voix, à laquelle répondirent les navires du port, en même temps que toutes les cloches saluèrent la miséricordieuse et puissante Reine du ciel, la *cause de notre joie*.

Vingt jeunes gens, vêtus de blanc, semaient des fleurs devant l'Immaculée Vierge ; vingt-quatre conseillers entouraient le trône, derrière lequel venaient les nobles, suivis du peuple. Tous tenaient en main un cierge allumé. Les étendards de saint Georges, de saint Michel, de saint Vite, de saint Roch, de saint Sébastien, flottaient au vent, ainsi que la nouvelle bannière de la Reine couronnée de Tersatto.

Ce fut ainsi que l'imposante procession se mit en marche sous les arcs de triomphe, au travers des rues richement décorées, au milieu de la population pleine de joie (1). Voilà comment les habitants de Fiume montrèrent leur gratitude envers la Mère de DIEU pour l'inestimable trésor de grâces que leur

---

1. Voyez, Pietro, Francetich, Venise, 1718.

avait valu la sanctification de leur mont par le séjour de trois ans et demi que la Sainte Maison fit au milieu d'eux.

Cette même Image envoyée de Rome à Tersatto l'année 1367 est encore aujourd'hui sur l'autel de la Chapelle faite sur les mesures de la Santa Casa. L'histoire de son arrivée à Tersatto, soixante-treize ans après la Translation en Italie, ajoute un degré d'évidence aux preuves contemporaines.

Derrière l'autel se trouve un âtre fait à l'imitation du saint Foyer de la Santa Casa de Lorette. Après la Messe et la bénédiction, tous les fidèles ont coutume de faire le tour de l'Autel, baisant les murs et le Foyer ; plusieurs le font à genoux. Les plus dévots traversent l'église toujours agenouillés, quelques-uns montent depuis Fiume sur leurs genoux, gravissant ainsi les 411 marches qui conduisent au Sanctuaire.

Ces peuples de Croatie, d'Esclavonie, de Dalmatie, de la Styrie, de la Carniole, de la Carinthie, attestent ainsi leur profonde conviction que la Sainte Maison était véritablement arrivée de Nazareth dans cet endroit, désormais sacré.

De nombreuses et riches offrandes faites par des empereurs, des princes et des nobles, montrent aussi la confiance des grands de la terre dans le miracle de la Translation à Tersatto. Contentons-nous de mentionner l'aigle d'or, tout radieux de brillants, donné, en 1536, par l'empereur Charles-Quint, et une chasuble, don de l'impératrice Marie-Thérèse.

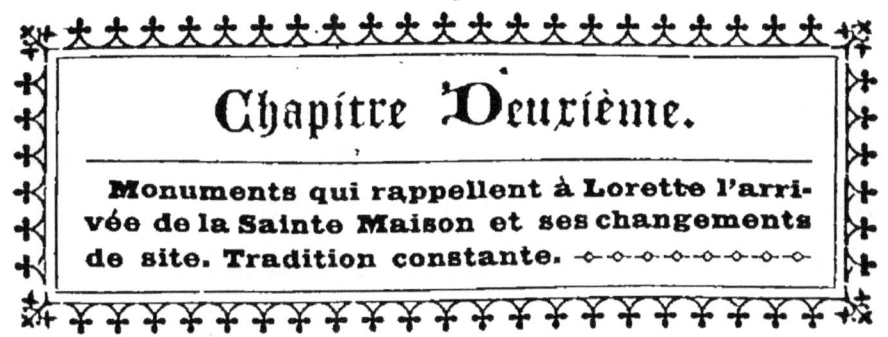

Chapitre Deuxième.

Monuments qui rappellent à Lorette l'arrivée de la Sainte Maison et ses changements de site. Tradition constante.

UN touchant souvenir est demeuré jusqu'aujourd'hui du bref séjour de la Sainte Maison dans le bois de la dame Lauretta ; les habitants des environs s'y rendent en certains jours de fête.

Reira y fit construire un mur, en suivant la ligne imprimée au sol par le poids de la Demeure Sacrée. Le côté Est de ce mur existe encore. Aux deux côtés d'un bas-relief représentant la Translation, on allume deux lampes, et on le décore de fleurs et de branches d'arbres (1).

Angelita décrit ainsi cet endroit en 1525 : « Le terrain des alentours est couvert de chardons et de ronces, tandis que le lieu sur lequel s'arrêta la Maison de Notre-Dame produit des herbes odoriférantes, un beau gazon et diverses fleurs suivant la saison. »

Pendant que la Santa Casa était dans ce bois, des marins avaient placé un drapeau au sommet d'un arbre voisin, afin de donner aux vaisseaux la possibilité de la saluer en passant, et, aux pèlerins, la facilité de la trouver. Le nom actuel de cet endroit

---

1. L'auteur de ce livre a été témoin de cette dévotion. Pie IX donna l'ordre d'y ériger une chapelle, mais la Révolution est venue interrompre les travaux.

est *Banderola*, qui veut dire *drapeau*, de sorte que le nom même de la place qu'elle occupait dans le bois, témoigne du séjour qu'elle y fit.

A l'arrivée de la Maison de Nazareth, les arbres du bois, ainsi que nous l'avons déjà dit, se courbèrent en signe de respect et demeurèrent inclinés vers la mer et les rivages de l'Illyrie, malgré l'influence des vents dominants qui auraient dû les rejeter du côté opposé. Torsellini dit : « On les montre aux pèlerins
» comme une preuve évidente du merveilleux évé-
» nement. Le souvenir en est encore récent ; un
» homme d'une véracité incontestable m'a raconté
» qu'il a vu souvent plusieurs de ces arbres, il n'y
» a pas plus de vingt ans. »

« Il est clairement démontré, dit Serragli, qu'à
» l'arrivée de la Sainte Maison, les arbres du bois
» s'inclinèrent et sont demeurés ainsi même jusqu'à
» nos jours. »

Vers 1575, beaucoup de ces arbres étaient morts, et quelques paysans qui labouraient la terre coupèrent inconsidérément les autres parce qu'ils obstruaient le passage.

A l'extrémité Ouest de la large Place, devant la Basilique, il y a encore sur le champ qui appartenait autrefois aux deux frères *dè Antici* l'indication du lieu occupé pendant quelque temps par la Sainte Demeure. Derrière les anciennes casernes des soldats pontificaux se trouve un bas-relief en terre cuite représentant la Translation de la Sainte Maison. Autrefois, d'après Murri, une pierre portait les mots suivants d'une inscription effacée : — *Visitatio custodivit* (1).

Des vieillards conduisirent Riera à cette place où ils avaient vu, dans leur jeunesse, tant de pèlerins mêler leurs larmes à leurs prières (2).

Un Anglais voyageant en Italie en 1802 eut la pensée singulière que la Santa Casa pourrait être une chaumière longtemps enterrée dans les bois incultes de la dame Lauretta, et que cette dame la produisit faussement comme étant la Maison de Nazareth. Mais elle ne resta pas dans le bois. Comment se fait-il donc qu'elle soit arrivée au sommet de la colline ? (3) Lors même qu'elle serait restée toujours au même endroit, est-ce que ses pierres, la nature de son mortier, son bois de cèdre, son architecture, ne suffiraient pas pour prouver que ce n'est point là une chaumière italienne ?

Le fait seul de cette Maison sans fondations certifie qu'elle est venue d'ailleurs.

Quelques-uns ont supposé que la Maison avait pu être entraînée par des torrents de neige fondue et se trouver alors sans fondations. Il faut n'avoir pas vu les lieux pour avancer de pareilles suppositions, car on ne trouve près de Lorette aucune montagne

1. La pierre a été emportée à Naples.
2. On a l'intention d'y ériger une chapelle dédiée à saint Joseph ; les fidèles sont invités à coopérer à cette œuvre pieuse en envoyant une petite offrande.
3. Personne n'aurait pu transporter tant de pierres à un kilomètre et demi et reconstruire la chapelle en une nuit : de plus, l'inspection seule du mortier suffisait à prouver qu'il y avait eu Translation du Saint Édifice. Il est clair en effet que s'il y avait eu *reconstruction*, le mortier eût été frais, tandis qu'il portait, à n'en pas douter, toutes les traces de la vétusté

où auraient pu se passer des faits semblables. Au reste la Santa Casa est située au sommet d'une colline, et dans une telle position qu'elle ne saurait avoir été apportée là par aucun torrent (1).

D'autres ont parlé d'éboulements de montagnes : ils ont cité des exemples de terrains enlevés avec les maisons qu'ils portaient. Mais de semblables phénomènes n'ont pas la force de changer une chaumière italienne en une maison nazaréenne : les briques cuites ne se transforment pas ainsi en pierres calcaires taillées !

D'autres encore ont prétendu que le changement de site à Lorette pouvait provenir de ce qu'on aurait construit plusieurs chapelles dans la forme de la Sainte Maison. Imaginez donc trois différents modèles de la Maison de Nazareth érigés dans un rayon d'un tiers de lieue ! La supposition est absolument invraisemblable.

La théorie qui consiste à dire que c'était simplement une chapelle commémorative ne tient pas debout. Il n'y a d'exemple nulle part qu'on se soit trompé au point de prendre, quand il s'agit des monuments de la Terre Sainte, une copie pour un original. Le spécimen qui se trouve à Tersatto, aussi bien que les différents modèles du Saint Sépulcre, ont toujours été reconnus pour des imitations.

Enfin, ne pouvant se dissimuler que les pierres fussent les mêmes que celles de Nazareth, on a soulevé une objection consistant à dire qu'une troupe

---

1. La pointe de Montreale était autrefois séparée de celle où repose la Santa Casa par une vallée qui fut comblée au dix-septième siècle.

de Croisés pouvait bien les avoir apportées. Mais s'il en était ainsi, il en resterait quelque indice, tandis qu'on n'en trouve pas la moindre trace. Serait-il raisonnable de supposer que des Croisés auraient pu mettre à terre toutes ces pierres, les transporter à une lieue de distance du rivage, avec elles élever un édifice sur la colline, et ce à l'insu de tout le monde ? Et pourquoi auraient-ils choisi cet endroit si leur habitation n'en était pas voisine ? Et s'ils étaient des Croisés de la Marche d'Ancône revenant dans leur pays, tous les habitants des villes environnantes ne l'auraient-ils pas su ?

L'érection d'une telle chapelle commémorative aurait certainement attiré l'attention publique ; elle eût été construite dans une ville et non pas dans la campagne, quelque tradition en aurait existé, de sorte qu'elle n'aurait pu être regardée tout à coup comme un édifice arrivé à l'improviste.

La Sainte Maison contient en elle-même la preuve décisive qu'elle n'a pas été construite là où elle se trouve : les fondations lui manquent, tout montre qu'elles ont été laissées ailleurs ; sa position au milieu d'une route ne permet pas de croire que quelqu'un l'ait érigée en cet endroit ; son mortier, tout différent de celui qu'on emploie en Italie, conforme à celui de Palestine, nous dit assez que ses pierres ont été cimentées dans ce dernier pays. (Voyez Partie I, chapitre III.) Enfin les monuments qui furent élevés aux endroits où elle s'arrêta, dans le bois de la dame Lauretta et sur la terre des frères *de Antici*, font voir que ce n'était pas une chapelle commémorative, car alors elle fût demeurée stationnaire.

La ville même de Lorette, bâtie autour de la Sainte Maison ; l'église érigée par le peuple de Recanati ; la magnifique Basilique actuelle ; les différents chemins tracés, en 1400, pour conduire d'Osimo, de Fermo et de Monte Santo à la Sainte Maison sont autant de preuves matérielles de la vérité des Translations.

Tout autour de Lorette se trouvent d'anciennes villes et des châteaux de plusieurs familles nobles dont les ancêtres furent contemporains de la Translation de la Sainte Maison : Nous l'avons entendu, disent-ils, raconter par nos pères, qui le tenaient, de père en fils, de leurs aïeux les plus reculés. Ainsi, remontant de siècle en siècle jusqu'à l'arrivée de la Maison Sacrée, nous trouvons le récit de ce prodige établi dans toutes les générations passées comme celui d'un fait parfaitement reconnu et avéré.

Le cardinal Bartolini dit la même chose de la Tradition de Nazareth : — « Les Nazaréens ont
» toujours tenu et tiennent encore comme vraie la
» Translation de la Chambre vénérée, et font voir
» la place qu'elle occupait. »

Rappelons aussi les témoignages des Slaves d'Illyrie : la Sainte Maison est honorée pendant trois ans et demi par la ville de Fiume, par les Croates, par les Dalmates et par les habitants de toutes les provinces environnantes. Soudain on s'aperçoit qu'elle a disparu et on découvre qu'elle est allée sur le rivage opposé. Les Slaves illyriens attestent son départ, le peuple italien témoigne de son arrivée. Des inscriptions et des monuments relatifs à l'événement existent dans les deux contrées.

Le déplacement de la Sainte Maison de Tersatto a grandement fortifié les preuves de la Translation; les habitants du pays reconnaissent n'avoir maintenant dans cette ville qu'une imitation de la Sainte Demeure ; ils disent que la véritable Maison les a abandonnés ; ils confessent qu'ils en éprouvent une grande humiliation. Aucun imposteur ne pourrait persuader à un peuple de dire des choses si contraires aux intérêts de tous.

Il habita une ville qui est appelée Nazareth. *(S. Matthieu, II, 23.)*

CINQUIÈME PARTIE.

Témoignages des pèlerins avant et après la Translation.

No XVIII. — Fontaine de Marie à Nazareth.

Chapitre Premier.

Conservation de la Sainte Maison dans la ville de Nazareth jusqu'au siècle de sa Translation en Illyrie.

AU commencement du XIIme siècle (1114), un igoumène russe, nommé Daniel (1), visita l'église consacrée à l'Annonciation et y vit la Chambre de la Sainte Vierge : « Une grande et belle
» église s'élève, dit-il, au milieu de la ville. Cette
» église a trois autels ; après y être entré, on aper-
» çoit du côté gauche une caverne qui a deux por-
» tes ; on y descend par des degrés ; on voit alors
» à droite la Cellule de la Sainte Vierge, où elle a
» demeuré avec l'Enfant JÉSUS, notre DIEU, et où
» elle l'allaita ; dans la même caverne, en entrant
» par la porte occidentale, on voit, à gauche, le Sé-
» pulcre de saint Joseph, où son corps a été déposé
» par les mains sacrées de JÉSUS-CHRIST lui-même.
» On fait voir aussi dans ce souterrain, près de la
» porte, la place où la Très-Sainte Vierge se tenait,
» occupée à tisser une étoffe de pourpre, lorsque
» l'Archange Gabriel, envoyé par DIEU, se présenta
» devant elle. Cette place se trouve à six mètres de
» celle où était l'Archange en prononçant ces mots :
» — Réjouis-toi, Toi qui es pleine de grâce ! et en

---

1. Voir *Bibliotheca geographica Palestinæ*. Reinhold Röhricht. Berlin, 1890.

» lui prédisant la naissance du CHRIST. Un autel
» est érigé à cet endroit pour l'office de la Sainte
» Messe... »

Un évêque français, Arculphe, visita Nazareth dans le VIIe siècle. A son retour, il fit un long circuit et se trouva jeté par la tempête sur les côtes de l'île d'Iona, où il fut recueilli par Adamnan, abbé d'un monastère fondé par saint Colomban. Cet abbé écrivit la relation du voyage de son hôte en Terre Sainte. D'après ce récit, l'église de l'Annonciation se trouvait sur le lieu même où avait été bâtie la Maison dans laquelle l'Archange Gabriel salua la Bienheureuse Marie (1).

C'est ainsi que Phocas commence par dire : « La Maison de Joseph est transformée en un Temple magnifique (2), » puis il ajoute qu'en entrant dans la crypte ses yeux se portèrent sur la petite *Chambre* où la Mère de DIEU avait toujours vécu. De même Daniel vit une grande église consacrée à l'Annonciation ; mais, après avoir descendu quelques degrés,

---

1. Nous trouvons ce passage reproduit dans le livre des Saints Lieux que l'on attribue au Vénérable Bède. On peut facilement accorder, dit Benoît XIV, que l'église a été construite dans le lieu où était la Maison, et assurer en même temps que de cette Maison une seule chambre fut conservée, celle où le Verbe divin se revêtit de notre chair, et que c'est cette Chambre qui a été transportée par le ministère des Anges. (V. Traité sur la Canonisation des Saints.)

2. Cette expression signifie la même chose que celle dont se sert saint Antonin martyr (A. D. 570) lorsqu'il dit : « La Sainte Maison est une basilique. » C'est de la même manière que nous disons : « La Maison de sainte Cécile est une basilique, » pour dire simplement qu'une basilique a été construite au-dessus de la salle de cette maison qui fut conservée. Phocas et Daniel, en s'interprétant eux-mêmes, ont interprété le Vénérable Bède et Adamnan.

il se trouva dans la *Cellule* où la Sainte Vierge avait demeuré avec son divin Enfant.

La seconde Maison indiquée par saint Bède, d'après Adamnan, doit être l'Atelier de saint Joseph, dont les restes se trouvent au centre de la ville de Nazareth.

C'est là que, durant l'enfance de JÉSUS, saint Joseph gagna le pain qui nourrit le corps de Celui dont *la Chair est la vie du monde* (saint Jean, VI). C'est là que le travail fut vraiment ennobli par les fatigues du divin Charpentier et de son Bienheureux Père adoptif. Celui-ci, descendant de quatorze rois, appauvri par les guerres patriotiques, chassé en *Galilée*, comme les parents de Marie et beaucoup d'autres familles notables de la Judée, était obligé, pour vivre, de recourir au travail manuel.

Après son mariage, la maison paternelle (1) de son Epouse Immaculée devint la sienne, mais cependant il ne cessait pas de fréquenter son atelier.

On reconnaît encore des ateliers et des magasins séparés de l'habitation et groupés dans une partie de la ville de Nazareth qu'on appelle la *rue des Bazars*.

Le divin Fils de Marie, après le retour d'Egypte,

---

1. Canisius apporte le témoignage d'Eusèbe d'Emèse, que Marie, n'ayant point de frères, recueillit seule la succession de ses parents. Il cite également Nicéphore Calliste, selon lequel Marie et Joseph avaient à Nazareth non seulement un domicile, mais des possessions en biens-fonds. Que Marie naquit en Galilée, cela résulte du passage de Nicéphore : *Anne se maria en Galilée et donna naissance à Marie, Mère de Dieu.* Cette naissance eut lieu, d'après les papes Pie IV, Sixte-Quint, Clément VIII, Innocent XII, Pie IX, dans la Sainte Maison de Nazareth, transportée depuis à Lorette.

passait une partie de ses journées à l'atelier, et l'on peut presque dire qu'il y fut élevé. Jérôme, un écrivain ancien, qu'il ne faut pas confondre, paraît-il, avec le grand saint de ce nom (1), parle d'une seconde église de Nazareth érigée à l'endroit où le Seigneur JÉSUS fut élevé (2).

L'auteur de la vie de saint Willebald, évêque d'Eichstadt (775), rapporte que plusieurs chrétiens de Damas se rendirent à pied au lieu où saint Gabriel était venu saluer Sainte Marie. Maintenant il y a là une église (3).

Quand nous parlons de la Palestine nous nous servons ordinairement de l'expression *Les Lieux Saints :* ainsi Geoffroy de Beaulieu, confesseur de

---

1. Voir *De Actis Apostolorum.* Marian. Victor. Paris, 1609. T. I. p. 1440.

2. Les restes de l'Atelier se trouvent au nord-est et à 140 pas de l'église de l'Annonciation. Il y existe actuellement une chapelle, et on voit encore les fondements de l'ancienne église, qui avait 120 pieds de long sur 50 de large. La tradition attribue à la Sainte Famille ces deux Maisons à Nazareth et pas d'autres. Daniel dit que la Maison où Marie demeurait avec l'Enfant JÉSUS et où saint Joseph était mort se trouvait à la Grotte. Phocas dit également, comme nous le savons déjà, que la Chambre dans laquelle le CHRIST Notre-Seigneur demeura depuis son retour d'Égypte jusqu'à la décapitation de saint Jean-Baptiste, était située à la Grotte.

Il n'y a aucune raison de croire qu'il y ait eu une maison à la Fontaine ; l'église de la Fontaine de Marie rappelle tout autre chose, et Phocas la trouva tout près de la porte de la ville et non pas au centre. Elle est dédiée à saint Gabriel, à cause d'une tradition orientale selon laquelle la voix de l'Archange se fit entendre pour la première fois près de la Fontaine. Ce prêtre grec dit que ce fut au moment où Marie revenait de la Fontaine à la Maison adossée à la Grotte, que saint Gabriel la salua pleine de grâce et lui annonça l'heureuse nouvelle.

3. On emploie de nos jours ce mot *lieu* pour indiquer la Sainte Maison. Sur l'inscription de l'entrée on lit : « Aucun lieu n'est plus saint que ce Lieu. » Baptiste de Mantoue dit : « Ce Lieu le plus célèbre dans tout le monde. »

No XIX — Eglise de l'Archange Gabriel à Nazareth

saint Louis, dit que « le roi entra dans le Saint Lieu de l'Incarnation. »

La Sainte Maison de Nazareth est appelée encore aujourd'hui à Lorette un Lieu Saint : « Ce Lieu, » Saint, » « Ce Lieu le plus Saint ; » toutefois nous devons, rappeler que l'historien des rois de France, Pierre Mathieu, en parlant du Sanctuaire de Nazareth visité par saint Louis, dit nettement : « *La véritable Chambre où la Vierge Marie Notre-Dame fut saluée par l'Archange.* »

La fresque de saint Louis peinte, non pas dans la Grotte, mais sur le mur du sud de la Sainte Maison transportée depuis à Lorette, montre bien que le saint roi était venu principalement pour visiter la Chambre sacrée plutôt que la Grotte. Cette fresque placée par la piété de Louis IX et l'autel en pierre calcaire de la Galilée, forment, selon le sentiment du cardinal Bartolini, une preuve invincible que ce fut dans cette chambre et à cet autel que saint Louis reçut la Sainte Communion quand il visita Nazareth.

Nicéphore, historien ecclésiastique et bibliothécaire de l'église de Constantinople, ville fondée comme on sait, par le fils de sainte Hélène, eut à conserver tous les documents relatifs à la sainte impératrice. Il dit en propres termes qu'elle « *trouva la Maison de la Salutation Angélique* » et y érigea une magnifique église en l'honneur de la Mère de DIEU (1).

---

1. L'histoire ecclésiastique de Nicéphore s'arrête à l'année 911, et par conséquent ne peut mentionner la Translation, qui eut lieu beaucoup plus tard.

Les mots *maison* et *chambre* sont également employés, ainsi que nous l'avons vu par *Daniel*, abbé russe, et *Phocas*, prêtre grec. *Thomas Celano*, contemporain de *François d'Assise*, dit que ce saint alla *vénérer cette Maison* (1). Nous voyons donc que la Chambre sacrée de l'Incarnation peut être suivie d'âge en âge par une chaîne de témoignages qui nous la montrent existant à Nazareth jusque vers le milieu du XIIIe siècle, le siècle même de sa première Translation.

1. *Tandem Nazarethum pervenit adoraturus Domum illam.*

Chapitre Deuxième.

Préservation de la Sainte Maison de Nazareth, pendant la guerre, analogue à celle de tant d'autres anciens Sanctuaires. Lettre du pape Urbain IV à saint Louis. Témoignages rendus à la vérité de la Translation.

L'AUTEUR de la vie de saint Willebald nous apprend que les chrétiens de la Palestine ont été souvent obligés de racheter à prix d'argent *l'église de l'Annonciation*, pour empêcher qu'elle ne fût détruite, de sorte que l'avidité des Musulmans a servi, pour ainsi dire, de sauvegarde à la Sainte Maison comme à tous les Lieux Saints en général.

La Basilique *Anastasis* à Jérusalem a été souvent détruite ; cependant le Saint-Sépulcre de Notre-Seigneur fut toujours respecté, bien qu'il se trouvât au milieu même de la nef de l'église et qu'il eût été très facile de briser le roc et de raser le tout jusqu'au sol.

La Sainte Maison était parfaitement placée pour être à l'abri de tout événement : elle formait la crypte de la cathédrale de Nazareth à peu près de la même manière que l'oratoire de saint Clément de Rome (1). L'église, construite de façon à com-

---

1. La pensée de quelques lecteurs peut se fixer aussi sur d'autres chambres sanctifiées par la présence de divers saints et conservées dans cette même cité : par exemple la demeure de saint Paul, la chambre consacrée par la vertu invincible de sainte Agnès et la prison où saint Pierre et saint Paul ont été enchaînés. D'autres lecteurs pourront reporter leur souvenir sur Notre-Dame de Laghetto, près de Nice et de Monaco. Ce monastère des Carmes est situé dans un vallon, sur la pente et presque au bas de la

prendre dans son enceinte l'oratoire qui avait servi à ce saint Pape au premier siècle, fut démolie dans l'invasion de 1084 ; cependant cette Chambre et d'autres de la Maison existent encore de nos jours.

Daniel nous raconte, en 1114, que l'église consacrée à l'Annonciation avait été dévastée avant sa visite à Nazareth, et que les Francs avaient rétabli les constructions avec le plus grand soin (1). La Sainte Maison n'avait eu aucunement à en souffrir. En effet, ce pèlerin russe a pu s'en assurer et voir de ses propres yeux la Chambre de la Très-Sainte Vierge dans un état de parfaite conservation. En 1263, également le côté sud de la cathédrale de Nazareth, fut en grande partie détruit par Bibars-Ben-Dokdar, le sultan Mamelouk d'Egypte ; mais tout le souterrain fut conservé, aussi bien que le nord de la Basilique. (V. Quaresmius.)

Le pape Urbain IV écrivit à saint Louis (2) pour l'engager à entreprendre une nouvelle Croisade. La noble construction dont il parle dans sa lettre comme

---

montagne. Il est construit sur la saillie d'un rocher dans lequel se trouvent une grotte et un oratoire primitif, qui forment la crypte de la chapelle actuelle et offrent dans leur site plusieurs traits de ressemblance avec la Grotte de Nazareth et l'ancien emplacement de la Sainte Maison. Du reste, si Nazareth est la *source des eaux célestes*, Laghetto n'en est-il pas, pour ainsi dire, un *lac ? (a)*

(a) Laghetto est le diminutif de *lago*.

1. Elle avait été pillée et saccagée pendant le siège de Jérusalem par les premiers Croisés, et ce fut Trancrède qui la restaura.

2. *Sic venerandam ecclesiam Nazarenam, infra cujus ambitum Virgo virginum salutata per Angelum de Spiritu Sancto concepit, et ipsius partus angelico extitit prænuntiatus afflatu, manus non solum occupatrices, sed etiam destructrices injecerit, quod ipsum per sacrilegos et nefandos iniquitatis suæ ministros desæviens redegit ad solum, ejusdem structura nobili omnino destructa.*

Lorette.

étant ravagée, est décrite de manière à faire reconnaître en elle « la vénérable église de Nazareth
» dans l'enceinte de laquelle la Vierge des vierges
» fut saluée par l'Ange et conçut par l'opération du
» Saint-Esprit. » Cette magnifique cathédrale aurait pu être rasée même jusqu'au niveau du pavé sans toucher aucunement à l'humble réduit de Marie qui en formait la crypte. (Voir la gravure n° VIII, page 43.)

L'armée des Sarrasins avait dévasté l'église de l'Annonciation avant les pèlerinages de saint François d'Assise, de saint Louis, de Phocas et de Daniel ; mais ils n'en ont pas moins vu la Chambre de la Mère de DIEU.

En se plaignant et en s'indignant de la fureur du du sultan Bibars, le Pape signala le triste état de choses qui devait motiver un jour la Translation dans un pays chrétien. « Ma Maison est restée à
» Nazareth, dit la Mère de DIEU, pour la grande
» consolation des chrétiens, mes enfants, qui la
» vénèrent jusqu'à leur expulsion par les infidèles.
» Ne recevant plus d'hommages, exposée à être
» profanée et détruite par les mécréants en mépris
» du nom chrétien, il a plu à mon Fils bien-aimé
» de la faire transporter par les mains des Anges
» de Nazareth en Illyrie, puis dans votre pays. »

Dans l'été de l'année de la Translation en Illyrie, les quatres délégués du comte Frangipani se rendirent à Nazareth. En 1296, les seize délégués italiens partis de la Marche d'Ancône firent le même voyage. Ils virent sur un des murs de l'église une inscription relatant le départ de la Sainte Maison.

Quatre ans plus tard, en 1300, des Frères Franciscains établirent leur résidence à Nazareth, construisirent une chapelle sur l'ancien emplacement de la Sainte Maison et célébrèrent la Sainte Messe sur trois autels. La Basilique était presque détruite et les Musulmans y montaient la garde. Un tronc fut placé près d'une colonne de l'église pour recevoir les offrandes des pèlerins, et les Franciscains continuèrent de demeurer à Nazareth sans être inquiétés jusqu'à l'année 1365. A cette époque l'intolérance musulmane les chassa pour une période de 103 ans, pendant laquelle le Sanctuaire resta désolé et la Chapelle de l'Ange tomba en ruines.

Vers 1473, Jérôme de Radiolo nous raconte, dans son histoire de la Sainte Maison de Nazareth dédiée à Laurent de Médicis, surnommé le *Magnifique* ou le *Père des lettres* : « Tous ceux qui ont visité
» par piété la *Terre Sainte* sont unanimes à déclarer
» que la Santa Casa de Lorette est vraiment la
» Chambre dans laquelle l'Archange Gabriel vint
» du ciel pour saluer la Vierge Marie, et que ce
» Sanctuaire fut apporté à Lorette pour être sous-
» trait aux profanations des Mahométans. Le Sanc-
» tuaire de Lorette est le premier des temples de
» Marie, Mère de DIEU, celui qui a été le plus
» enrichi d'*ex-voto*. »

En 1509, Anselme de Pologne, Frère Mineur de l'Observance, atteste que pendant son séjour à Nazareth il lui fut affirmé que la Chambre Sacrée dans laquelle l'Archange Gabriel avait annoncé l'Incarnation du Fils de Dieu à la Bienheureuse Vierge, avait été transportée de ce lieu à Lorette par le ministère des Anges.

Le pape Clément VII envoya à Nazareth trois délégués ; ils y trouvèrent des Frères Franciscains qui purent les aider dans leurs recherches, et ils confirmèrent avec serment l'exacte conformité des mesures entre Nazareth et Lorette.

Les Frères Franciscains, qui étaient retournés à Nazareth dès 1468, furent encore obligés de s'en aller en 1542.

Jean Zuallard, chevalier flamand, écrivait en 1586 : « En descendant douze marches, on voit les
» fondations de la Maison de saint Joseph, dans
» laquelle Notre-Seigneur fut élevé et nourri. La
» Maison elle-même se trouve maintenant dans la
» ville de Lorette, où elle a été miraculeusement
» transportée par les Anges. »

En 1590, Andricomius, écrivant sur la Terre Sainte, dit que la Maison de la Bienheureuse Vierge fut transportée par les Anges à Fiume et de là à Lorette, où ses quatre murs se maintiennent *sans fondations.*

> Vous direz à cette montagne : Transporte-toi là, et elle s'y transportera.
> *(S. Matthieu, XVII, 19.)*

SIXIÈME PARTIE.

Récits, poèmes, discours d'hommes publics. Historiens de Lorette. Sentiments de théologiens.

No XX. — Translation de la Sainte Maison en Italie, d'après une antique gravure.

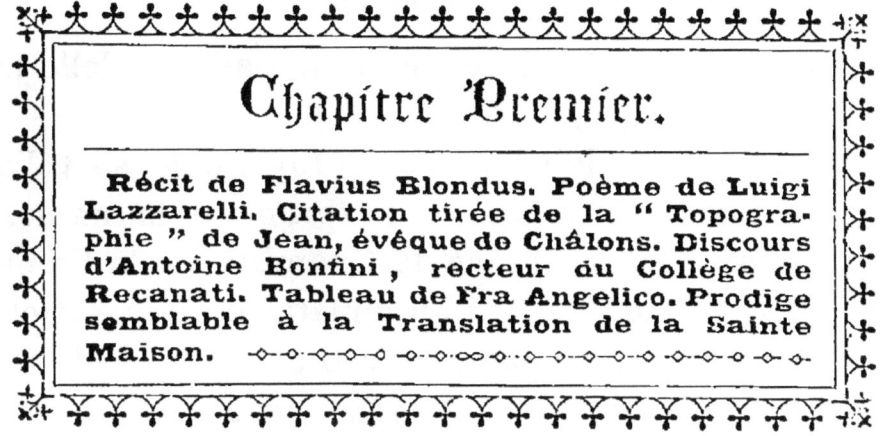

Chapitre Premier.

Récit de Flavius Blondus. Poème de Luigi Lazzarelli. Citation tirée de la " Topographie " de Jean, évêque de Châlons. Discours d'Antoine Bonfini, recteur du Collège de Recanati. Tableau de Fra Angelico. Prodige semblable à la Translation de la Sainte Maison.

FLAVIUS Blondus, auteur de l'*Italie illustrée*, né à peu près un siècle après l'arrivée de la Sainte Maison, parle de Lorette comme étant « *le plus célèbre sanctuaire de la Glorieuse Vierge dans toute l'Italie :* Là, dit-il, les prières des suppliants ne manquent jamais d'être exaucées ; témoin ces offrandes en or, en argent, suspendues devant l'autel ; l'église tout entière en est comme remplie (1). »

Luigi Lazzarelli, poète couronné par Frédéric III (élu 1440, mort 1493), dans ses poèmes sur les *Fastes Chrétiens*, chante l'histoire de toutes les différentes Translations : « Je n'ai pu souffrir que ma Maison, où j'avais reçu le salut de l'Ange, restât au milieu de mes ennemis. Je l'ai enlevée et placée sur les rivages de l'Illyrie. Mais elle n'y resta pas longtemps :... je passe au-dessus des flots de l'Adriatique et je dépose ma Maison sur les rivages de Picenum...... au milieu de la route menant au bord

---

1. Flavius Blondus était secrétaire du pape Eugène IV, qui donna à la Sainte Maison les biens de l'abbaye voisine de *Sainte-Marie-de-Montorso*.

» de la mer je la place, ce n'est pas là qu'elle fut
» construite... (1) »

Jean, évêque de Châlons, en 1450, dans sa « Topographie des Saints » (2), s'exprime de la manière suivante : « Là se trouve la Chambre de la Sainte
» Marie de Lorette, qui fut auparavant à Nazareth
» la Chambre dans laquelle la Bienheureuse Vierge
» reçut la Salutation de l'Archange. »

En 1478, Antonio Bonfini, pendant huit ans recteur du collège de Recanati et ensuite historien de la Hongrie, fit en présence du Sénat de cette cité le discours suivant : « On peut dire de cette heureuse
» ville ce que dit de la Cité Sainte saint Jean dans
» son Apocalypse : « Voici le Tabernacle de DIEU
» avec les hommes et Il y habitera avec eux. Ils
» seront son peuple et DIEU Lui-même, qui demeu-

---

1.   Ipsa Domum angelica qua cepi voce salutem,
         Non sum passa hostes inter adesse meos ;
      Traduxi : Illyrici posuique in littoris ora.
         Non tamen illa diu præbuit ora locum,
      Barbaricæ indignans immitia crimina gentis,
         Adriacum super devehor inde fretum.
      Traducensque Domum Picenis applicor oris,
         Deposui fratrum templaque colle trium.
      Cœperunt fratres alterna lite furorem
         Miscere, ob nostræ munera magna Domus.
      Hinc Lauretanum nemus occupo : prædo fugavit,
         Latronumque pio sanguine fœda manus.
      Ergo Recineti quæ ad mœnia littore ducit,
         In media posui templa colenda via.
      Fundamenta Domus super apparentia terram
         Respice : non illo structa fuere loco.
            . . . .
            . . . .

Le manuscrit original se trouva en 1817 chez Pierre Pintucci, Mansionnaire de la cathédrale de Recanati.

2. C'est-à-dire description des lieux où ont vécu les Saints.

No XXI. — Façade de la Basilique de Lorette
Palais Apostolique.

» rera avec eux, sera leur DIEU. » Car la Bienheu-
» reuse Vierge a établi son siège dans cette terre
» sainte, afin d'habiter parmi un peuple saint et
» d'offrir un signe de bénignité aux amis qu'elle
» s'est choisis de préférence aux autres. C'est ici la
» *Terre promise* où coulait le lait et le miel ; c'est le
» vrai *Tabernacle de Dieu* sur la terre ; c'est *la
» Maison de Dieu et la Porte du Ciel*, où les Anges,
» par des échelles mystiques, descendent et où ils
» restent ; c'est le pays le plus sacré, par lequel il
» n'est pas permis de jurer en vain et qu'il n'est per-
» mis de profaner par aucune iniquité (1).

Le *Bienheureux Giovanni da Fiesole (Fra Angelico)*, peintre célèbre, né en 1387, représente la *Translation de la Sainte Maison* dans une de ses peintures, dont la *Confrérie de Notre-Dame de Lorette*, érigée à Rome, devint acquéreur. Ce tableau était de son meilleur style, au jugement des mem-

---

1. Bonfini parle aussi dans ce discours du séjour de la Sainte Maison en Illyrie, et dans son *Historia Pannonica* il raconte le pouvoir des Frangipani en Croatie et en Dalmatie.

Texte du discours : « Proinde vere de hac fausta urbe exclamare licet, quod de Sancta Civitate per Apocalypsim Joannes exclamat ; Ecce Tabernaculum Dei cum hominibus et habitavit cum eis, et ipsi populus ejus erunt, et ipse Deus cum eis erit ipsorum Deus ; et abstergat Deus omnem lacrymam ab oculis eorum et mors ultra non erit, neque luctus, neque clamor, neque dolor erit ultra. Beata enim Virgo unica salutis nostræ propugnatrix, profana Dalmatorum scelera abominata, ex Illyrico sinu fugiens, in hoc sanctissimo vestro agro consedit, ut inter sanctos sancta versaretur, acsuis quos elegerat amicis præ cæteris benignum numen offerret... Hæc est igitur Vinea electa, ut Hieronymus cecinit, quam plantavit Dominus, in qua omne verum semen seminavit. Hæc est Terra Promissionis, ubi lac et mel affluit. Hæc in terris est verum Dei Tabernaculum. Hæc est Domus Dei et Porta Cœli, ubi per stantes scalas angeli descendunt et remanent. Hæc est sanctissima tellus per quam pejerare non licet, nec aliquo scelere funestari. » (Ex archivio Recanati.)

bres de l'*Académie de Saint-Luc*, qui l'examinèrent en 1733 (1), et il faisait l'ornement principal du maître-autel de l'église consacrée à *Notre-Dame de Lorette* près de la Colonne de Trajan (2).

La Translation de la Maison Sacrée de Nazareth n'est pas le seul exemple d'un transfert miraculeusement opéré au-delà de la mer. Qu'il nous soit permis de citer *Notre-Dame de Bon Conseil*. Son Image est arrivée de Scutari à Genazzano le 25 avril 1467, le principal jour de fête de cette ville, en présence d'une grande foule assemblée sur la place publique (3).

1. Voici l'attestation des membres de l'Académie de Saint-Luc, qui exerçaient la charge d'estimateurs publics de peintures : *Noi infrascritti Pittori aggregati nell' Insigne Accademia di San Luca...avendolo bene e con tutta l'attenzione considerato, l'abbiamo riconosciuto per opera bellissima del celebre Beato, o venerabile Giovanni da Fiesole,...* 6 ottobre 1733. Gio : Paolo Melchiorri, Domenico Maria Muradori.

Jo infrascritto Pittore aggregato nell' Insigne Accademia di San Luca in Santa Martina di Roma dichiaro co la presente, anche per mezzo del mio guiramento...... nella chiesa detta della Madonna di Loreto de fornari alla Colonna Trajana..... avendola veduta bene d'appresso e attentamente considerato, dico, riserisco, attesto che la detta pittura è antichissima e una della belle opere, che abbia fatto il celebre Pittore venerabile, o Beato Giovanni da Fiesole....

1 novembre 1733. Cavaliere Pietro Leone Ghezzi. Voir Martorelli.

Il ne faut pas confondre ce tableau de *Fra Angelico* avec celui de l'école du *Pérugin* qui se trouve dans cette église aujourd'hui.

2. L'église actuelle de Notre-Dame de Lorette sur le Forum de Trajan fut construite, en 1507, d'après le plan d'*Antoine da Sangallo*. Elle remplace une autre dans laquelle le tableau dont il s'agit fut placé en l'année 1500, époque où la *Confraternità dei Fornari* prit pour Patronne la Vierge de la Sainte Maison, *Four mystique* d'où est sorti, par l'opération du Feu de l'Esprit-Saint, le pain de vie éternelle.

3. Le Père Ambroise de Cori, Général des Augustins, qui était Provincial de cette province augustine l'année même de l'Apparition, dit de la venue de la Sainte Image : — « Une Image de la Bienheureuse Vierge apparut miraculeusement sur les murs de l'église, et l'Italie tout entière se mit

No XXII. — Notre-Dame de Bon Conseil dont la Translation miraculeuse rend Genazzano le *Loreto du Latium*.

L'espace vide du mur de l'église de l'Annonciation à Scutari, d'où l'Image sainte se détacha miraculeusement, se voit encore, et les dimensions de la niche correspondent exactement à celles de l'Image vénérée de Genazzano.

La fête de Notre-Dame de Bon Conseil est encore célébrée à Scutari comme la principale fête de l'Albanie, et l'on y vénère une copie de l'Image sacrée de Genazzano. Les catholiques de Scutari et de tous les pays environnants ont constamment manifesté par des pèlerinages leur dévotion aux restes de l'église, se prosternant, pieds nus, devant l'endroit où se trouve encore la petite niche. Les Turcs, par crainte de malheurs, ont renoncé à la pensée de faire de ces ruines une mosquée ou d'y abriter leurs troupeaux.

Quand Urbain VIII fit le pèlerinage de Genazzano, le secrétaire du duc de Paliano, qui composa

» tellement en mouvement pour la contempler, que les cités et les villes y
» venaient en procession au milieu de signes et de prodiges. » Le notaire public de Genazzano fut employé pour faire un rapport des miracles qui s'opéraient journellement aux pieds de la sainte Image. Il commença ses travaux deux jours après l'Apparition, et il raconte les particularités de 161 miracles accomplis depuis le 27 avril 1467 jusqu'au 14 août de la même année. Une investigation fut ordonnée par le pontife régnant, Paul II, et l'historien de la vie de ce Pape, Michel Canesio, contemporain de l'événement, conclut à la vérité du prodige.

La chapelle en marbre érigée à Genazzano au-dessus de l'Image sacrée reste jusqu'à ce jour comme la Bienheureuse Petruccia la laissa en l'année 1470. Elle porte l'inscription suivante : DIVINITUS APPARUIT HÆC IMAGO A. D. N. MCCCCLXVII. XXV APRILIS. Cette Image apparut divinement le 25 avril 1467.)

La première migration du peuple de Scutari après la prise de la ville par les Turcs, en l'année 1478, se dirigea vers le *Latium*. Senni et tous les historiens de ce fait nous disent que c'est parce qu'ils y trouvèrent leur Madone bien-aimée.

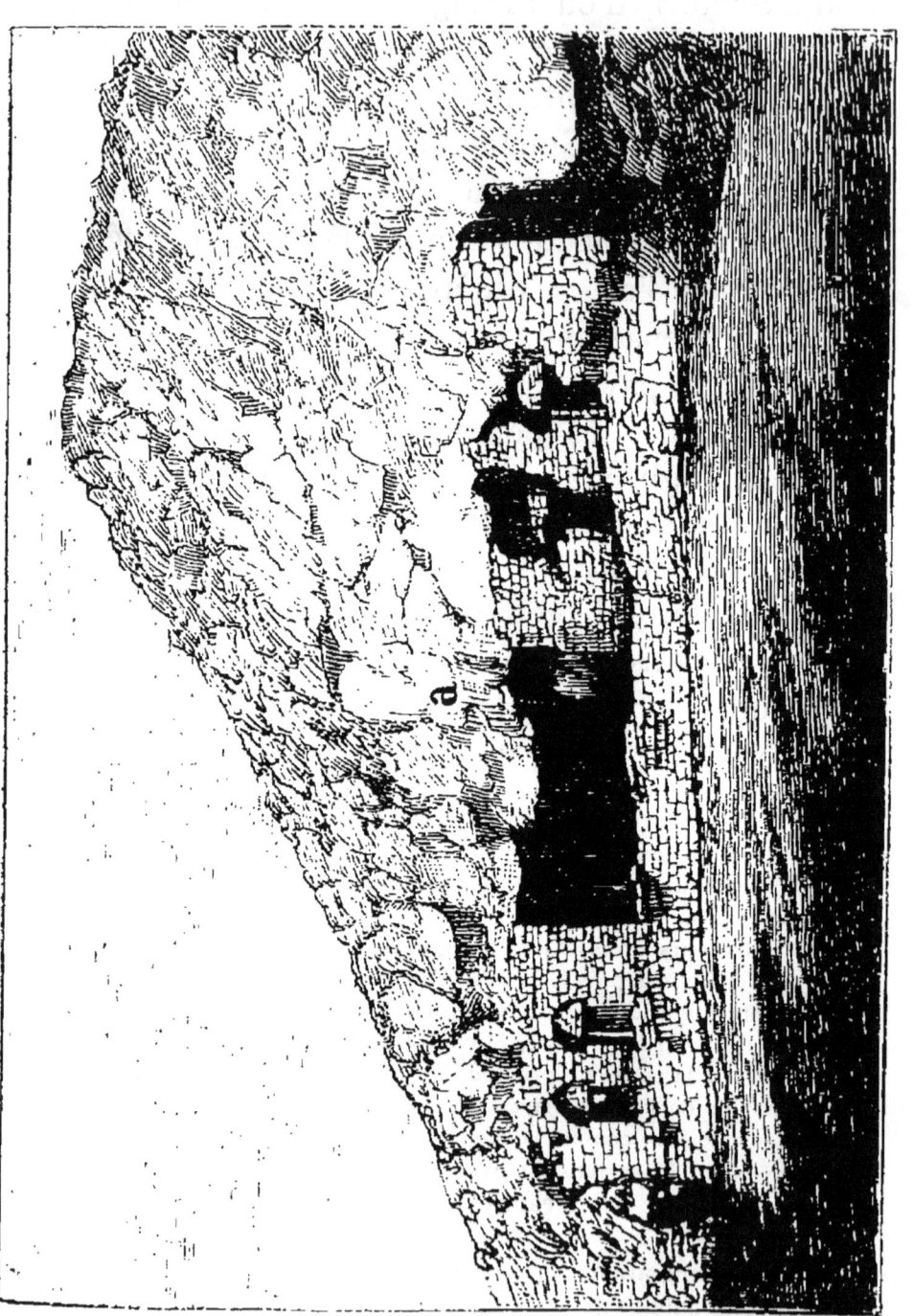

N° XXIII. — Vue des ruines de l'église d'où eut lieu la Translation de l'Image

le discours latin fait au pontife, dit dans son récit imprimé de cette célèbre visite : « Sa Sainteté dé-
» sira faire ce voyage poussée par sa dévotion et
» son désir de visiter en personne une Image si
» célèbre de la Très Sainte Vierge, qui se trans-
» porta par un miracle évident de contrées éloi-
» gnées de Genazzano, semblant avoir *renouvelé*
» *l'exemple à jamais admirable de la Translation*
» *faite par le ministère des Anges, de la Sainte Mai-*
» *son, appelée Lorette, de l'Esclavonie à Piceno* (1). »

1. La Congrégation des Rites a reconnu le fait de la miraculeuse Translation de cette sainte Image, en accordant une messe et un office propres, et des papes, depuis Benoît XIV jusqu'à Léon XIII, se sont inscrits à la Confrérie. (Voir *La Vierge Mère de Bon Conseil*, par Mgr G. J. Dillon. Ouvrage publié par la Société Saint-Augustin de Lille.)

Chapitre Deuxième.

Historiens de la Sainte Maison et sentiments des Théologiens.

Le prévot de l'église de Saint Sinideo, à Téramo, ville des Abruzzes, Pierre-Georges Toloméi, né dans cette cité et appelé pour cela le Téréman, vint à Lorette en 1430. Après avoir été attaché au service de la Basilique pendant vingt années, il fut chargé de l'administration du Sanctuaire, dignité qu'il conserva jusqu'à la fin de ses jours. Ce Recteur de la Santa Casa, dont il est parlé avec beaucoup d'éloges dans l'acte d'une donation faite au Sanctuaire, rédigé par Nicolas Aste, alors évêque du diocèse, nous a laissé une narration succincte de l'arrivée de la Sainte Maison. Entre autres renseignements importants, il nous donne le résultat de l'interrogatoire qu'il fit subir lui-même à deux témoins. Le premier témoin, François Prior, né à Recanati, ayant prêté serment, dépose qu'il a entendu son grand-père, mort depuis à l'âge de cent vingt ans, dire qu'il avait souvent prié dans la Sainte Maison, que, de son temps, elle s'était élevée sur la colline des deux frères Antici; il ajoutait qu'à la même époque, avant cette deuxième Translation, son grand-père possédait une demeure près de la Chapelle.

Le second témoin, Paul Rinalducci, affirme que son trisaïeul avait vu de ses yeux la Sainte Maison traverser la mer. Interrogé sur la foi du serment, il répondit, toujours avec la plus grande précision, que son grand-père lui avait souvent raconté cette histoire. Le Téréman écrivit vers 1465 ces deux dépositions, qui furent rédigées en forme de document destiné à être inscrit sur une plaque (1). Il en existe des copies à la Bibliothèque du Vatican, à celle de Saint-Augustin à Rome et à la Bibliothèque nationale de Paris.

Ce récit du Téréman fut traduit en italien par Barthélemy de Vallombreuse, prieur de Saint-Verdiane à Florence, dès 1472, et mise en vers par lui en 1483.

Six ans après la mort du Téréman vint à Lorette un homme illustre et de grand savoir, à la fois orateur, poète, philosophe et théologien ; il avait quitté le monde, avait pris l'habit religieux du Carmel et était devenu supérieur des Carmes de Lorette (2) ; il est ordinairement appelé le Mentoyano, mais on le nomme aussi Baptiste de Mantoue. Poète distingué, il composa un poème dans lequel il décrivit les merveilleuses Translations de la Sainte Maison ; il les relata également en prose ; ce dernier récit est celui qui a le plus de valeur.

Le Bienheureux Baptiste nous assure qu'il vit une plaque presque entièrement détruite par le temps (3), et qu'il l'étudia soigneusement avant de composer son mémoire sur les Translations.

1. On voit les traductions en huit langues sur les murs de la Basilique.
2. L'Ordre des Carmes avait la garde du Sanctuaire à cette époque.
3. *Ecce sese mihi offert tabella situ et vetustate corrosa... Volui de tabella illa carie et pulvere jam fere consumpta, rei gestæ seriem colligere.*

Riccardi, dans son *Histoire des Sanctuaires célèbres*, pense que l'état de vétusté de cette plaque indiquait qu'elle ne pouvait être la même qu'avait posée le Téréman ; au contraire, elle devait remonter à peu près à l'époque de l'arrivée de la Sainte Maison. Dans le court espace de sept ans qui s'écoula entre l'érection de la tablette du Téréman et la publication, en 1479, de l'histoire du Bienheureux Baptiste, il ne paraît pas en effet probable que cette plaque ait été tellement détériorée par le temps qu'elle tombât en poussière. Riccardi ajoute : « Il est d'usage de faire connaître, par une plaque commémorative, aux pèlerins et aux voyageurs l'histoire miraculeuse des Sanctuaires qu'ils visitent. Une indication de ce genre peut avoir été placée dans la Sainte Maison au retour des seize délégués qui furent envoyés à Nazareth, afin de faire connaître au public ce qu'ils en avaient rapporté. »

Comme l'inscription qu'a lue le Bienheureux Baptiste se trouvait sur le mur même du Sanctuaire et qu'elle tombait absolument de vétusté, il la regardait comme faisant foi : elle fut pour lui une source précieuse d'informations (1).

Après le Mentovan, nous trouvons Jérôme Angelita, chancelier perpétuel de la ville de Recanati, qui écrivit vers 1525. C'était un homme de naissance illustre ; dans sa famille la charge de chancelier était presque héréditaire ; après son père

---

1. Son *Histoire de l'église de Lorette* se trouve à la Bibliothèque du Vatican.

et son grand-père, il l'exerça à son tour ; il connaissait parfaitement les traditions du pays. En 1322, la ville de Recanati avait été prise, brûlée et détruite ; Angelita, ayant accès, comme chancelier, à tout ce qui échappa à la destruction, ainsi qu'aux archives des villes voisines, put reconstruire, par de soigneuses recherches, les anciennes annales de la cité. Il trouva des documents précieux chez quelques familles nobles du pays ; de Fiume et de Tersatto, il lui fut envoyé des manuscrits ; il put ainsi composer une relation complète indiquant les dates précises de l'arrivée de la Sainte Maison à Tersatto et à Lorette. Ces recherches sont très précieuses. Il nous garantit la source et l'exactitude de ses renseignements. Comme il écrit sous les yeux des magistrats de Recanati, tout ce qu'il expose minutieusement dans son histoire de la Santa Casa a été contrôlé et ratifié par les autorités civiles (1).

L'*Histoire de l'Auguste Maison de Lorette* par Raphaël Riera, qui fut l'un des pénitenciers, a aussi de la valeur. Il écrivit avant que l'incendie eût dévoré les archives de la cité de Tersatto ; il en tira une copie authentique du compte-rendu de Don Alexandre et des trois délégués qui étaient allés d'Illyrie à Nazareth.

L'auteur, à propos de l'envoi des seize délégués de Recanati à Nazareth, dit qu'une copie de leur rapport officiel, rédigé à leur retour, fut conservée jusqu'en 1565 ; il ajoute : « Beaucoup de personnes m'ont donné une pleine assurance du fait ; de ce

1. Clément VII déposa son livre aux Archives du Vatican.

nombre est l'excellent docteur Bernardin Léopoldi(1), qui m'a déclaré avoir vu et lu plusieurs fois des exemplaires de cette narration, reçus par son grand-père du chancelier de Recanati. »

Sous le pontificat de Clément VII, une troisième députation avait été envoyée à Nazareth ; notre auteur en apprit le résultat par la conversation qu'il eut lui-même avec un de ses membres.

Parmi les historiens italiens de la Sainte Maison de Lorette, nous ne citerons plus qu'Horace Torsellini, qui, après une longue résidence sur les lieux mêmes, écrivit en 1597, dans un latin fort élégant, une histoire complète de la Sainte Maison. Sa narration est fondée sur l'examen critique d'une tradition constante et sur des documents qui existaient alors.

Les archives de Tersatto furent conservées jusqu'en 1629. Les historiens illyriens de la Sainte Maison, *Glavanich* et *Pasconius*, renvoient à ces archives comme faisant autorité sur ce qu'ils avancent. Glavanich déclare qu'il avait lui-même pris des notes sur l'original de la relation des quatre délégués envoyés à Nazareth, en 1291, par le comte Frangipani.

Pour certifier la vérité des récits de Pasconius les magistrats de la ville de Fiume signèrent un document officiel daté du 19 février 1735, sur lequel est apposé le nom de Joseph Cavaliere, notaire public, docteur en droit civil et canonique. Il y est

---

1. Patricien de Recanati et docteur en droit.

attesté que les citations et les faits rapportés dans le livre de Pasconius sont parfaitement sincères, et que le livre s'accorde exactement sur tous ces points avec les archives du couvent de Tersatto et avec les anciens manuscrits (1).

Nous voyons que les documents originaux furent conservés jusqu'à l'époque de l'incendie de 1629 et qu'il en existait des copies en 1735. N'oublions pas que Baptiste de Mantoue, Angelita Riera et Torsellini écrivirent tous quand les originaux existaient. Au temps d'Angelita, un parchemin fut apporté de Tersatto et présenté aux magistrats de Recanati ; il vint sous les yeux d'Angelita lorsqu'il était chancelier, et il fut considéré comme tellement précieux que les magistrats l'envoyèrent à Léon X. Riera reçut (1560) une copie authentique des archives de Tersatto envoyée par le Vicaire général, ainsi qu'une déclaration publique émanant des citoyens de Fiume.

Benoît XIV remarque : « Les annales de Fiume
» dans lesquelles toute cette histoire est écrite, et
» qui avaient été vues et lues par Angelita, suffisent
» pour qu'on ne nous reproche point le manque
» de monuments contemporains. Et peu importe
» la perte de ces annales, comme on lit dans l'appendice de la Dissertation de Georges-François
» Marotti ; car on doit ajouter foi à des historiens
» distingués tels que Angelita et Torsellini, qui les

---

1. Cette enquête faite à Fiume fut investie de toutes les garanties légales. Martorelli a donné cette pièce en entier dans son Théâtre historique de la Sainte Maison.

» avaient entre les mains au moment où ils écri-
» vaient leur narration, et en ont tiré leurs récits,
» à l'exemple de Denys d'Halicarnasse, qui a com-
» posé son ouvrage des antiquités romaines après
» l'avoir préparé pendant vingt-deux ans, partie
» en conversant avec des hommes savants, partie
» en consultant les mémoires des personnages
» distingués qu'avaient produits les siècles précé-
» dents. Et cependant Denys n'est-il pas une grande
» autorité, quoique les monuments qu'il avait con-
» sultés aient disparu ? »

Suivant Torsellini, à moins de vouloir refuser toute confiance au témoignage humain, on ne peut douter d'un événement appuyé sur des preuves si évidentes.

Le juriste Lambertini disait en 1584 d'une manière catégorique : « *Il est certain que cela arriva ; j'en ai lu le procès.* »

Deux cents écrivains ont traité le sujet, et on a dit avec raison qu'un nombre considérable des plus grands auteurs ecclésiastiques de l'Europe ont *éclairé de leurs flambeaux la route de Lorette !* Nous ne pouvons évidemment donner tous les noms. Disons seulement que, parmi eux, on trouve Baronius, Canisius, Léandre Alberti, Vasquez, Gretser, Suarez, Théophile Reynaud, Noël Alexandre, Papébrocke, Henschenius et autres dont les écrits ont une grande valeur auprès de ceux qui connaissent leur science et leur autorité. Ces savants ont regardé comme incontestables les preuves qui existaient de leurs temps, et quoique la

Translation de la Sainte Demeure soit un des miracles les plus extraordinaires que fournissent les annales de la chrétienté ; ces grandes intelligences l'ont considérée comme étant des mieux attestés.

Aux yeux des catholiques, les Constitutions apostoliques des Souverains Pontifes doivent être d'un grand poids, beaucoup d'entre eux ayant justement acquis, même dans l'ordre des sciences humaines, une haute réputation de sagesse et de prudence.

Puisqu'un certain nombre de Papes ont rendu leurs décisions pendant que les documents originaux existaient encore, ils ont certainement pris, et cela doit nous suffire, toutes les mesures nécessaires pour s'assurer que la Sainte Maison de Lorette est réellement la Chambre où demeurait l'auguste Vierge dans la ville de Nazareth.

No XXIV. — Place de la Madone. Palais apostolique.

C'est ici que j'habiterai, car c'est la demeure que j'ai choisie.
(Ps. CXXXI, 14.)

SEPTIÈME PARTIE.

Guide du Pèlerin.

No XXV. — Entrée de la Basilique. — Ancien collège illirien.

Chapitre Premier.

**Objets sacrés que contient la Sainte Maison.
Ornementation extérieure.**

Les objets les plus précieux ont été conservés à la vénération des fidèles dans la Sainte Maison, entre autres trois écuelles en terre cuite, dont nous avons déjà parlé. « Quels touchants sou-
» venirs ces reliques nous rappellent ! dit un pieux
» auteur. Ces vases sacrés ont été journellement
» entre les mains de Marie !... Saint Joseph s'en est
» servi pour étancher sa soif !... L'Enfant-JÉSUS y
» a pris ses petits repas !... Avec quelles délices, les
» yeux baignés de larmes, on colle ses lèvres sur
» ces modestes tasses, bien autrement précieuses
» que les coupes d'or qui circulent aux fêtes des
» rois ! »

Le compagnon de voyage de M. de Bretonvilliers, supérieur général de Saint-Sulpice, nous raconte le trait suivant : « Un soir que l'on sortait la petite
» tasse qui a servi à l'Enfant-JÉSUS, le sacristain,
» à la prière d'une personne pieuse, versa dans la
» sainte tasse une fiole pleine d'eau, et, l'ayant re-
» mise un moment après dans la fiole, il en resta
» dans la tasse quelques gouttes qu'il présenta à
» boire à M. de Bretonvilliers. A peine eut-il bu
» cette eau et remis la tasse au custode, qu'il sen-
» tit comme animé d'une nouvelle vie et rendu à
» un état de santé parfaite. » Ce Père, successeur de

M. Olier, « avait tout l'extérieur et toutes les marques d'une personne mourante : tous ceux qui le voyaient jugeaient que sa vie tenait à très peu de chose. »

Cette sainte écuelle est conservée dans une espèce d'armoire dans le mur de l'est (1). Les fidèles se plaisent à y faire placer des chapelets et des médailles. Les deux autres ustensiles de table sont conservés dans la *Sainte Armoire* (2) de la Vierge de Nazareth, qui se trouve du côté du nord, où se lit l'Evangile. On peut se procurer des tasses semblables aux *Saintes Ecuelles*, dans la pâte desquelles on a mêlé un peu de poussière recueillie des murs sacrés. Les pèlerins sont heureux de les emporter comme un précieux souvenir. On les fait toucher à une des Saintes Ecuelles, et on y applique le sceau de la Santa Casa.

Au nord se voit l'ancienne porte murée, dont on peut encore distinguer le dessin. Pour rendre l'accès de la Sainte Maison plus facile aux pèlerins et éviter l'encombrement de la foule, Clément VII se décida à faire ouvrir trois nouvelles portes (3), ainsi qu'à faire murer, *par respect*, celle qui servait à la

---

1. Ce vase échappa seul au pillage de l'année 1797. Pie VII réussit à retrouver les autres, mais à moitié brisés par les soldats.

2. La *Sainte Armoire*, recouverte d'une petite voûte, est renfermée dans une autre qui est moderne. Le bois en est encore intact : il est de cèdre. Elle n'a que 78 centimètres de hauteur, sur 58 de large et 34 de profondeur. La planche pénètre dans l'intérieur de la muraille, avec laquelle elle est maçonnée.

3. Il y a une quatrième porte dans l'enchâssement de marbre, mais elle conduit seulement par un escalier à la toiture.

Sainte Famille et dont on voit encore le linteau de cèdre. Cette ancienne porte était toujours ouverte

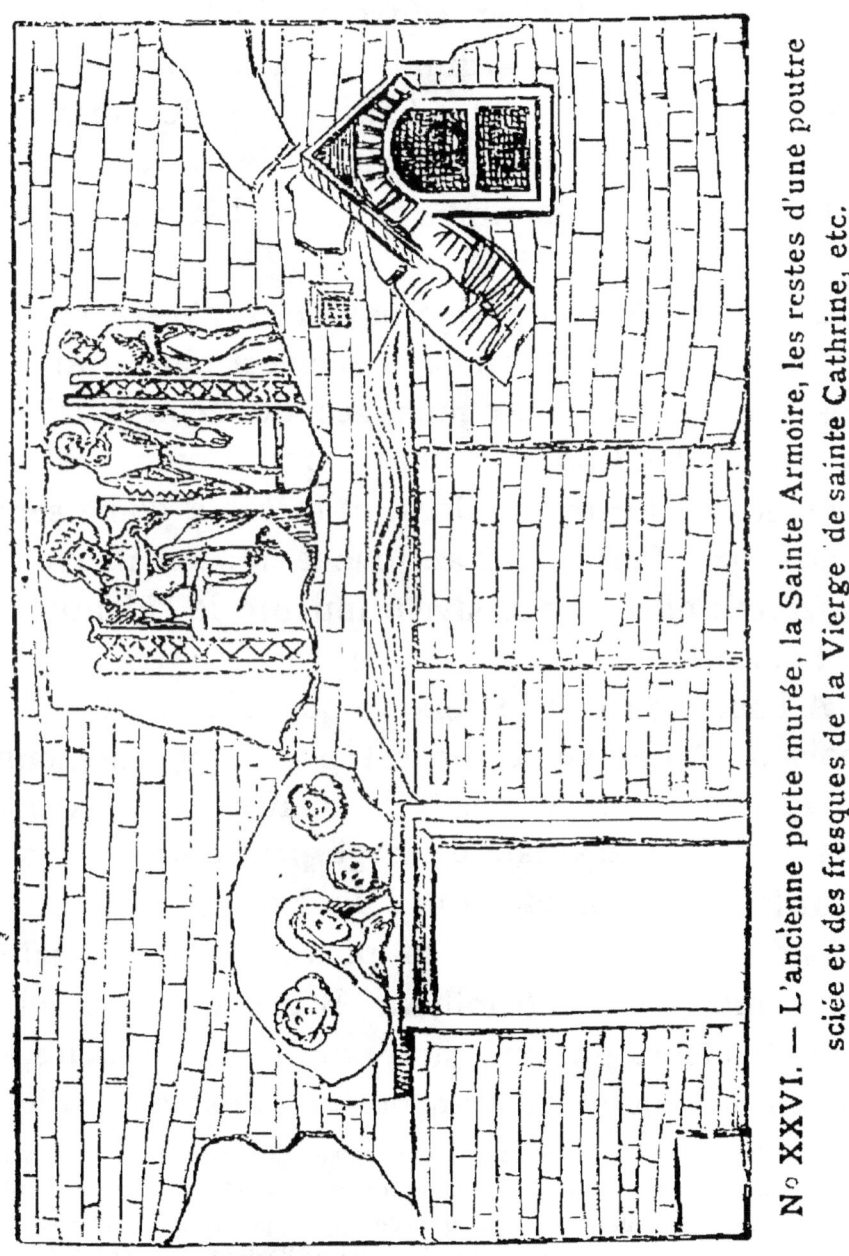

N° XXVI. — L'ancienne porte murée, la Sainte Armoire, les restes d'une poutre sciée et des fresques de la Vierge de sainte Cathrine, etc.

pour laisser entrer JÉSUS, et la maison semblait bien vide lorsqu'Il était absent. Puissent également nos cœurs rester toujours ouverts pour y laisser pénétrer JÉSUS !

Dans le mur de l'est se trouve le *Santo Camino* (Saint Foyer). Le cardinal Bartolini, dans sa description minutieuse des habitations de Nazareth, faite sur les lieux mêmes, dit à l'égard du foyer : « Dans une des chambres se trouve l'âtre au niveau du sol (1). »

L'ancien autel (2), érigé par *saint Pierre*, est encaissé dans l'autel actuel, lequel est plus grand et possède une ouverture ménagée de façon à laisser voir celui des Apôtres, dont le soubassement est fait de pierres calcaires taillées, et la table d'une seule pierre gris foncé. Cet antique autel en pierre de Nazareth offre une preuve frappante de l'identité de la Sainte Maison.

A l'ouest on voit la fenêtre qui éclairait toute la maison. Au-dessus d'elle est placée une ancienne Image de JÉSUS crucifié, de quatre pieds six pouces de haut et d'autant de large, peinte sur toile, suivant la tradition, par saint Luc. Elle est fixée sur un bois de cèdre, attestant sa provenance orientale ; au témoignage d'Abraham Bzovius, le crucifix devint célèbre par un grand nombre de miracles, et quand on voulut le transporter dans la Basilique

1. Les Nazaréens ne connaissent pas l'usage des cheminées destinées à laisser échapper la fumée. La forme actuelle du *Santo Camino*, surmontée de la niche de la Madone, ne date que de 1534, époque à laquelle fut exhaussé le pavement de la Santa Casa du côté de l'orient. Pour ces différents travaux on a employé les pierres provenant des brèches pratiquées dans les murs lorsqu'on fit les nouvelles portes.

2. Cet ancien autel a quatre pieds cinq pouces de longueur. Jusqu'au Pontificat de Paul III, il était appuyé contre le mur du sud.

pour qu'il lui fût rendu plus d'honneur, il retourna de lui-même trois fois à la Sainte Maison pendant la nuit, les portes étant fermées.

Près du placard où l'on met les burettes à l'usage de l'autel, se trouve la pierre rendue par l'évêque de Coïmbre en 1562 : elle est fixée par une grille.

N° XXVII. — La fenêtre, le crucifix, les restes des fresques du mur de l'ouest.

Une copie authentique de la lettre de Mgr Jean Suarez se conserve dans la Sainte Armoire. Entre cette armoire et l'antique porte murée, est encore une autre pierre miraculeusement restituée. On remarque aussi dans le mur opposé un boulet de canon tombé, sans blesser personne, sur le pavillon de Jules II, au siège de la Mirandole, en 1505.

La partie supérieure des murailles est encore recouverte des restes de l'enduit sur lequel étaient peintes les fresques dont nous avons parlé plus haut (1) Le cardinal Bartolini dit de ces peintures : « Furent-elles d'abord exécutées sur l'ordre de sainte
» Hélène ? je n'oserais l'affirmer, mais cela est pro-
» bable. Il est certain toutefois que d'autres y furent
» ajoutées postérieurement. Des couches assez
» nombreuses d'enduit, superposées les unes aux
» autres, et portant des traces de couleurs, nous
» indiquent des époques différentes, et des tableaux
» succédant à d'autres tableaux. Il semble qu'ils ne
» formaient pas un ensemble de décoration suivie
» et historique ; c'est plutôt une réunion de compo-
» sitions variées dont le sujet a été fourni par la
» piété de ceux qui les avaient commandées. De là
» vient qu'on y rencontre fréquemment l'image de
» la Sainte Vierge entourée des saints Patrons aux-
» quels les fidèles qui les ont fait exécuter voulaient
» témoigner leur reconnaissance. Au premier rang
» parmi ces portraits nous trouvons ceux de saint
» Georges, de saint Antoine et de sainte Catherine,
» honorés d'un culte spécial dans l'Église d'Orient,
» qui eut pendant des siècles la garde de ce Sanc-
» tuaire (2). »

Parmi les restes des différentes fresques, on peut apercevoir quelques traces de l'image de saint Louis

---

1. Voir Première Partie, Chapitre III.
2. *Sopra la Santa Casa di Loreto.*

de France revêtu d'un manteau de pourpre. D'après les anciennes descriptions il tenait à la main des

XXVIII. — Les restes des fresques de la Ste Vierge, de saint Louis, roi de France, de saint Georges, etc. ; la pierre rendue par l'évêque de Coïmbre, la poutre sciée du mur du sud.

chaînes de fer, comme pour montrer qu'il avait fait le pèlerinage de Nazareth après avoir été délivré de

Lorette.

sa captivité en Égypte. Le saint roi voulut laisser ce témoignage de sa reconnaissance.

La Santa Casa mesure intérieurement 9 mètres 52 cent. de long, sur 4 mètres 10 cent. de large et 4 mètres 30 cent. de haut.

Du côté de l'ouest, enclavée dans le pavé est une poutre de l'antique Maison, laquelle se conserve intacte malgré les milliers de pèlerins qui la foulent chaque jour, et dont les pas ont usé plusieurs fois déjà les dalles environnantes, en marbre rouge et blanc, de manufacture italienne.

Les restes d'une autre poutre sciée se voient fixés dans le mur du sud et celui du nord (1). Il y avait là probablement une cloison séparant la partie est de la Maison.

De chaque côté et un peu au-dessus de l'autel sont placés les bustes en argent de saint Joseph et de sainte Anne.

La statue miraculeuse de la Vierge, transportée avec la Sainte Maison, est attribuée par la tradition au pieux Évangéliste saint Luc. Le temps n'a point détérioré le cèdre de la statue : elle demeure intacte après plus de dix-huit siècles.

Sa hauteur n'est que de quatre-vingt-treize centimètres ; elle est revêtue d'une longue robe qui descend jusqu'au bas de son piédestal, en mémoire de la robe dont les chrétiens de Nazareth la couvrirent et qui avait appartenu à Marie elle-même.

1. Le morceau de cette ancienne poutre qui se trouve dans le mur du nord n'est plus fixé, et le trou permet de sonder la profondeur des murailles.

Cette insigne relique était encore à Lorette en 1797 ; elle a été perdue pendant la Révolution française. Une partie de cette robe ayant été recouvrée se conserve dans l'armoire placée à la droite de la Vierge de Lorette.

Non contents de piller le Sanctuaire, les soldats emportèrent l'image dans leur capitale (1). Les serviteurs de Jésus et de Marie, en France, sentirent le besoin de réparer de leur mieux cet outrage ; lorsque, à la prière du Pape, la Vierge de Lorette, retirée du musée profane et rendue au culte, fit son entrée triomphale à Notre-Dame de Paris, elle fut exposée pendant trois jours à la vénération d'un grand nombre de chrétiens venus pour protester de leur amour et lui faire amende honorable. Au lieu des pierreries qui avaient été dérobées, elle trouva alors, pour orner sa couronne, des joyaux vivants, des cœurs pleins de tendresse, et des larmes plus précieuses à ses yeux que les diamants disparus.

Dès que la vénérable statue, en route pour regagner son Sanctuaire, fut arrivée à Rome, le Pape la revêtit d'une robe précieuse, et couronna la tête de la Mère et celle de l'Enfant de deux diadèmes d'or, enrichis d'émeraudes et de perles. Il ajouta à cette parure un collier de perles séparées par de petits boutons d'or, au milieu desquels brillait une topaze du Brésil enchâssée dans une rose d'émeraudes. Toute la population de Rome vint la vénérer pen-

1. Elle fut placée dans la Bibliothèque Nationale de Paris au département des médailles et antiques, avec d'autres objets d'art apportés de toutes les parties de l'Europe.

dant trois jours dans l'église de *San Salvatore in Laura*.

La restitution de la Sainte Image causa une grande joie à Lorette ; elle fut placée de nouveau dans la niche, où elle apparaît encore aujourd'hui couverte d'ornements magnifiques.

Sur l'habit de la Sainte Vierge l'on voit plusieurs bijoux offerts en reconnaissance des grâces reçues. Entre autres on reconnaît la fameuse médaille ornée de dix gros solitaires donnés par Sa Majesté le roi de Saxe Antoine-Clément, l'an 1828, en remerciement d'avoir obtenu pour son frère Maximilien et son épouse Marie-Louise un enfant mâle successeur au trône.

La Sainte Statue de la Vierge de Lorette est éblouissante de pierres précieuses : l'or, les perles, les diamants brillent de toutes parts sur la tête, les vêtements et les bandelettes de velours.

Pendant la Semaine Sainte, la Madone de la Santa Casa a aussi ses jours de deuil ; elle quitte alors sa robe splendide pour prendre un voile de gaze noire (1). Ce voile est ensuite découpé en une infinité de petits morceaux qu'on applique sur des images de la Vierge de Lorette avec le sceau de la Sainte Maison et la signature d'un des custodes.

Le Jeudi et le Samedi Saint la Statue Sacrée est placée sur l'autel de la Santa Casa. On voit alors qu'elle est taillée dans un tronc de cèdre et enduite de plâtre portant des traces de couleurs. La Vierge

---

1. L'auteur de ce livre a assisté à cette touchante cérémonie.

est revêtue d'une robe flottante, serrée par une ceinture et que recouvre par derrière un manteau. La robe est si longue qu'on ne peut voir que la pointe des pieds. Il est permis aux fidèles de s'approcher de l'autel et de baiser les pieds de la Sainte Image.

Les *Litanies de Lorette* (1) sont récitées dans la Santa Casa tous les jours après les Vêpres. C'est alors qu'on ferme la Santa Casa jusqu'au matin. Les cérémonies de la fermeture sont des plus intéressantes : elles commencent par la sonnerie des deux cloches qui sont suspendues au-dessus du toit de la Demeure Sacrée. Les fidèles aiment à se procurer de petits modèles de ces cloches apportées par les Anges (2).

L'ornementation extérieure de la Santa Casa est exécutée avec un art et un goût remarquables. Le dessin est de *Bramante*. Les sculptures sont dues au ciseau de maîtres tels que Contucci, dit le Sansovino, Lombardi, Tribulo et San Gallo. Le célèbre sculpteur Canova envoyait ses élèves l'étudier, leur disant qu'elle contenait « presque tout. » Vasari, architecte et peintre renommé, proclamait le bas-relief de l'Annonciation une *œuvre divine* : « Vous pourrez, dit-il, revêtir cette maison de diamants et de perles, mais que seront tous ces trésors en comparaison de tels chefs-d'œuvre ? »

---

1. *Quisnam fuerit auctor seu primus inventor illius compertum non habeo. Justinus Miechoviensis.*

2. *Non dixit historicus campanulas ibi positas ab Apostolis, sed cum eadem Domo, sive a Syria ad Dalmatas, sive a Dalmatis ad Picenos traductas, ibidem repertas. (Clypeus Lauretanus.)*

Il y a là, en effet, toute une galerie d'œuvres de maîtres. Les dix Prophètes et les dix Sibylles qui annoncèrent la Conception de la Vierge, sont groupés deux par deux autour de la Chambre, entre des pilastres corinthiens, et séparés les uns des autres par de magnifiques bas-reliefs représentant les scènes suivantes : La Naissance de la Sainte Vierge, son Mariage, l'Annonciation, la Visitation, la Nativité du Fils de Dieu et la Mort de l'Immaculée Mère de Dieu. *(Voir la gravure n° III, page 20.)*

A gauche de l'*Annonciation* sont placés le Prophète Jérémie et la Sibylle Libyque ; à droite, Ezéchiel et la Sibylle de Delphes. Sur le mur du midi : Malachie et la Sibylle de Perse ; David et la Sibylle de Cumes en Italie ; Zacharie et la Sibylle Erythrée. A la façade orientale : Moïse et la Sibylle de Samos ; Balaam et la Sibylle de Cumes dans le Pont. Sur la façade du nord : Isaïe et la Sibylle Hellespontique ; Daniel et la Sibylle Phrygienne, Amos et la Sibylle de Tibur.

L'Annonciation, les *Bergers à la crèche* et le Prophète Jérémie sont du Sansovino. La *Nativité de la Sainte Vierge*, son *Mariage* et l'*Adoration des Mages* étaient aussi commencés par lui.

Les Prophètes David, Malachie et Zacharie, et les quatre portes en bronze sont de Jérôme Lombardi.

Le bas-relief de la *Mort de la Sainte Vierge* fut commencé par un maître inconnu et achevé par Dominique d'Aimo, architecte de Bologne, dit aussi le Varignano. La *Translation de la Sainte Maison* est l'œuvre du sculpteur Florentin Nicolas Tribulo.

Les deux bas-reliefs placés à droite et à gauche de la fenêtre de la Santa Casa sont de François Sangallo : ils représentent la *Visite* de l'Immaculée Vierge à sainte Élisabeth et l'*Inscription* à Bethléem.

On doit ajouter que plusieurs artistes travaillèrent gratuitement, par dévotion pour la Très Sainte Vierge.

Nº XXIX. — Salle des Trésors.

Chapitre Deuxième.

Salle des trésors. Basilique. Palais apostolique. Environs de Lorette.

Es ex-voto rappelant les grâces reçues par l'intercession de Celle qui « *n'éprouve aucun refus auprès de Dieu* (1), » les riches offrandes des monarques, des princes et des nobles, les croix pectorales des Souverains Pontifes, des cardinaux et des évêques, les joyaux et les présents de toutes sortes offerts par les pèlerins, ont été presque innombrables. La vaste salle des trésors, avec ses compartiments vitrés, donne une idée de la confiance des catholiques dans le miracle de la Translation, et atteste à quel degré ils ont apprécié l'intercession de la Vierge de Lorette.

Lorsqu'on montra à *saint Alphonse de Liguori* les trésors de la Santa Casa, il était heureux d'entendre dire : *Ce don a été fait à la Très Sainte Vierge par tel prince ; celui-ci par tel souverain.* Il versait des larmes de joie en voyant comment la Mère de DIEU avait excité la vénération des plus grands personnages.

Le Trésor fut construit en 1612, et artistement décoré par la main habile de Pomerancio. Jusqu'à l'époque de la Révolution française, le trésor de la Santa Casa surpassait en splendeur tout ce que l'imagination peut se représenter. Les pertes que

---

1. Saint Jean Damascène.

lui fit subir la sacrilège déprédation exercée en 1793 par les envahisseurs des Etats de l'Eglise n'ont pu être réparées que partiellement.

Entreprendrons-nous de faire le détail de toutes les pierreries, vases d'or et d'argent, calices, ostensoirs, reliquaires, chandeliers, diadèmes, colliers, boucles d'oreilles, bracelets, anneaux, robes précieuses, décorations, objets de corail, d'ambre et de cristal donnés à profusion par les pèlerins ? Une telle énumération risquerait de fatiguer le lecteur ; contentons-nous de mentionner un calice donné par Maximilien, duc de Leuchtenberg, en 1838 (armoire N° 11) ; une fleur formée de diamants, don de Louise de Bourbon, reine d'Etrurie, en 1815 (N° 19) ; un diadème donné en 1816 par la reine d'Espagne ; un collier et une croix offerts, en 1826, par deux princesses de Sardaigne, devenues l'une impératrice d'Autriche, l'autre reine des Deux-Siciles (N° 27) ; un christ d'or attaché à une croix de cristal, donné par Charles IV, roi d'Espagne, en 1816 (N° 28) ; une magnifique perle orientale, célèbre dans l'ancien Trésor (N° 31) ; le calice donné par Pie VII à son retour de sa prison de Fontainebleau, celui de Pie VIII et celui de Pie IX (N° 35) ; deux bannières offertes l'une par l'Autriche, l'autre par la République de Venise, en reconnaissance de la victoire de *Lépante* et de la prise de *Belgrade* sur les Turcs (N° 40) ; le saint Nom de JÉSUS formé avec des anneaux d'or (N° 66).

Les 69 armoires de noyer qui garnissent les

murs ont coûté 565.000 francs, et les merveilleuses fresques peintes sur la voûte forment d'elles-mêmes un vrai trésor.

La Basilique fut commencée sous Paul II, en 1468, d'après le dessin de Bramante, et finie sous Paul III, vers 1538.

Dans la liste des architectes, le premier est nommé en 1468 ; c'est Marinus Marci de Jadera. Puis viennent, en 1479, maître Thomas ; en 1488, Julien de Majano et son neveu, maître Benoît. Puis, Julien de Saint-Gallo en 1499 : il commence et achève la coupole. En 1509, maître Bramante fait le modèle en bois du revêtement de marbre de la Santa Casa. Suivent trois architectes moins connus, et enfin, en 1531, Antoine de San Gallo.

Le dôme octogone, commencé par Julien de Majano et achevé par Julien de San Gallo, est orné de fresques peintes par Maccari. Elles représentent les titres de la Très Sainte Vierge tirés des Litanies de Lorette.

Plusieurs chapelles sont ornées de mosaïques : celle de *Saint-Michel* est d'après Guido René et celle de *Saint-François d'Assise* d'après Domenichino.

Le Baptistère en bronze, d'un travail exquis, est l'œuvre de Tiburce Verzelli et de J.-B. Vitali.

Les trois portes en bronze de la Basilique sont de Calcagni, de Verzelli et des fils de Jérôme Lombardi. Leur prix s'est élevé à plus de 200,000 francs.

La statue de l'auguste Marie, également en bronze,

placée au-dessus de la porte centrale, est de Lombardi : elle est d'une très grande beauté.

La statue de Sixte-Quint assise sur un trône sur le parvis de la Basilique est l'œuvre d'Antoine Calcagni, élève de Jérôme Lombardi. Aux quatre angles sont placées les statues de la *Justice*, de la *Charité*, de la *Religion* et de la *Paix*. La façade de la Basilique fut terminée sous le pontificat de ce grand Pape.

Le clocher fut élevé par Vanvitalli sous le règne de Benoît XIV. Sa hauteur est de plus de 60 mètres. La cloche principale pèse environ 8.000 kilog.

Les ornements de bronze qui décorent la fontaine qui se trouve au milieu de la place de la Madone, sont de Tarquin et Pierre-Paul Jacometti.

La place de la Madone est bordée au nord et à l'ouest par les arcades du *Palais apostolique*. Le plan de ce dernier fut fait par Bramante en 1510; il devait, dans les desseins du pape Jules II, entourer la place entière. Du côté du couchant on voit le balcon duquel les Souverains Pontifes étaient accoutumés de donner leur bénédiction aux fidèles assemblés sur la Piazza. Les salons du Palais sont ornés de peintures et de tapisseries. On y remarque : *La Cène*, par Simon Vouet ; *Sainte Claire*, par le Schidone ; *La Femme adultère*, de l'école de Titien ; *La Crèche*, d'Hannibal Caracci ; des tapisseries exécutées d'après les *Cartons de Raphaël*.

En face du Palais apostolique paraît l'ancien Collège illyrien, sécularisé de nos jours.

Descendons la rue à droite de la Basilique pour

Nº XXX. — *Porta Marina.*

admirer les bastions gigantesques dont elle est fortifiée du côté de l'est. Franchissons la *Porta Marina*, d'où l'on embrasse d'un coup d'œil une vue splendide.

Des hauteurs on aperçoit le *champ de bataille de Castelfidardo*. « Sanctuaire de Lorette, » s'écrie Mgr Dupanloup, « ils te voyaient donc en combattant ! Tu leur apparaissais comme l'asile ouvert à leurs âmes, et leurs regards mourants se tournaient vers toi avec consolation et espérance ! »

Plus loin, toujours vers le nord, se voit le promontoire de *Monte Conero :* la ville de *Sirolo*, l'antique *Humana*, est assise à ses pieds. On y honore le célèbre *Crucifix de Sirolo*, que tant de pèlerins de Lorette vont visiter.

Du côté gauche de la ligne du chemin de fer d'Ancône s'élève l'ancienne ville d'Osimo, célèbre pèlerinage à *saint Joseph de Cupertino*, dont le corps repose sous le maître-autel de la Cathédrale.

En sortant par la *Porta Romana* et en montant la rue *Monreale* (Mont royal), on arrive à un sommet plus élevé que Lorette, et d'où l'on jouit d'un panorama magnifique dont nous invitons le lecteur à aller admirer lui-même la beauté vraiment indescriptible. La vue passe de pic à pic des Apennins et de ville à ville placées dans des sites très pittoresques. Du côté du levant on voit briller au soleil la statue dorée de la Vierge Immaculée qui surmonte le Dôme sous lequel s'abrite son Berceau.

Tout pèlerin doit aller visiter les différents lieux

No XXXI. — Notre-Dame des Sept Douleurs vénérée à Compocavallo près de Lorette. (*Voir l'explication des gravures.*)

que la Sainte Maison a sanctifiés par sa présence. D'abord la *Banderola*, où la Demeure Sacrée s'arrêta pour la première fois : ce lieu est situé à un kilomètre de la station du chemin de fer. Ensuite, l'emplacement que la Santa Casa occupait dans le champ des deux frères : nous l'avons déjà indiqué dans la quatrième partie. Il est situé à l'angle sud-ouest du Palais apostolique. La petite vallée qui se trouvait entre ce sommet et celui qu'occupe actuellement la Sainte Maison, a dû être comblée pour former la place de la Madone.

Si l'on ne craint pas un trajet sur mer, quelques heures de bateau à vapeur conduisent du port d'Ancône au pèlerinage de Tersatto, sanctuaire érigé sur le lieu consacré par le premier séjour de la Sainte Maison après son départ de Nazareth (1).

Ancône est distant de cinq lieues de Lorette. Saint Cyriaque, son évêque, visita la Sainte Maison à Nazareth au quatrième siècle. Son corps, transporté miraculeusement de la Terre-Sainte, est toujours resté dans un état de parfaite conservation. La Cathédrale est riche en reliques : il s'y vénère une image très miraculeuse de la *Reine de tous les Saints* qui a chassé *Vénus* de son temple sur le sommet de la colline au-dessus du port.

La Pénitencerie de la Sainte Maison étant confiée aux Franciscains Conventuels, nous signalons aux fidèles que le septième centenaire de la naissance

---

1. Le bateau part d'Ancône à dix heures du soir et entre au magnifique golfe de Quarnero vers cinq heures du matin, arrivant à Fiume avant huit heures.

de saint Antoine de Padoue va se célébrer en 1895. La plupart des pèlerins de Lorette pourraient se rendre à Padoue sans s'écarter notablement de leur route.

Les membres de l'Archiconfrérie de saint Michel s'efforceront de se rendre au *Monte Gargano* (1) ; ceux du Tiers-Ordre de saint François, à Assise ; les clients de saint Nicolas, à Bari, et tous, presque sans exception, à Rome.

1. L'Archange saint Michel est regardé comme le protecteur spécial de l'Église. Son apparition faite à l'évêque de Siponto, sur le mont Gargan, en l'année 493, donna lieu à la fête du 8 mai. On se rend de Lorette à Foggia, puis à Manfredonia, où se trouve le Mont Saint-Ange. Manfredonia n'est qu'à une heure de Foggia.

Seigneur Dieu, vous avez exalté sur la terre votre Demeure. J'entrerai dans votre Maison ; je vous adorerai dans votre saint Temple et je bénirai votre Nom.

HUITIÈME PARTIE.

Sixième centenaire de la Translation en Italie.

Chapitre Premier.

Pensées sur le Pèlerinage de la Sainte Maison.

Les échos de la Sainte Maison résonnent sous la voûte de toutes les églises catholiques dans le monde entier. Les *Litanies de Lorette* se chantent devant le Saint-Sacrement quand le Sauveur du monde vient bénir son peuple. Cette auréole de gloire environnant la Santa Casa éclate aux yeux de tous les fidèles, comme autrefois l'étoile aux Mages ; elle les invite à suivre la route qui y conduit ; elle leur enseigne à reconnaître dans l'humble Demeure vénérée à Lorette le *Saint Lieu de l'Incarnation* d'où est sorti le DIEU-Victime.

C'est dans la Maternité divine que se trouve la grandeur de Marie, et ses liens de maternelle tendresse avec *Jésus de Nazareth* excitent dans nos cœurs la confiance et l'amour. Avons-nous besoin d'être secourus ? Voici la Maison de Celle qui est le *Secours des chrétiens*. Désirons-nous des consolations dans cette vallée de larmes ? Voici la Maison de Celle qui est la *Consolatrice des affligés*. Notre corps ou notre âme sont-ils malades ? C'est ici la Maison de Celle qui est la *Santé des infirmes*. Sommes-nous tourmentés par le souvenir de nos fautes ? Voici la Maison de Celle qui est le *Refuge des pécheurs*. Sentons-nous le besoin de la grâce ? Voici la Maison de Celle qui est la *Mère de la grâce divine*.

La Vierge *pleine de grâces* se tenant sur le seuil de sa Demeure, les mains remplies des dons les plus précieux, distribue aux nécessiteux qui la supplient l'abondance des grâces.

HEUREUX L'HOMME QUI VEILLE TOUS LES JOURS A L'ENTRÉE DE MA MAISON ET ATTEND PRÈS DES COLONNES DE MA PORTE. (Prov. VIII, 34.)

La dévotion à Marie dans sa Demeure Sacrée date de l'établissement du christianisme. Pendant dix-neuf siècles la Sainte Maison a été l'objet des pèlerinages des fidèles. A Nazareth, pendant douze cents ans, elle a reçu les visites des saints, des croisés et des pèlerins de toutes nations. A Lorette, pendant six cents ans, les personnages les plus éminents, les Souverains Pontifes, les princes de l'Église et ceux de la terre, les savants les plus distingués, des hommes innombrables de toutes les conditions, depuis la plus humble jusqu'à la plus élevée, sont allés rendre hommage à ce Sanctuaire et l'ont orné de leurs présents.

Le pèlerinage de la Sainte Maison est pareil à celui qui se fait en Palestine. Sa Translation fut une espèce de partage des dons célestes entre l'Orient et l'Occident : l'Orient retient les Grottes de Nazareth et de Bethléem ; DIEU a donné à l'Occident la *Chambre Sacrée de l'Incarnation ;* — l'Orient garde l'emplacement même où Marie fut conçue et naquit ; DIEU a transporté en Occident les véritables murs qui furent témoins de sa Naissance et de sa Conception-Immaculée ; — l'Orient possède le Saint

Sépulcre, demeure du CHRIST mort ; DIEU a accordé à l'Occident la *Maison où vécut Jésus*.

C'est au milieu de ces quelques pauvres pierres tirées du roc de Nazareth que " l'Héritier de toutes choses " fit sa demeure terrestre. Le Verbe, qui créa les cieux d'un mot, se courba ici sur son humble tâche. Celui qui, par son souffle, pourrait déraciner tous les cèdres du Liban, travaillait silencieux ce bois des forêts. Durs travaux !... Abaissement et grandeur !... Le divin Charpentier construisait le cercueil du paganisme, d'où est sorti l'homme ressuscité et transformé.

Dans ces murs saints fut inaugurée la vraie civilisation des peuples. Cette Maison est le point central d'où s'est élevée l'Église pour se répandre dans l'univers entier. C'est le lieu d'où ont surgi la grâce et l'espérance qui remplissent maintenant tous les cœurs chrétiens.

A genoux, l'âme attendrie, nous contemplons cette Maison où le Rédempteur se prépara, comme Prophète pour sa mission, et comme Victime pour son immolation. Il ne quitta cette Demeure que pour évangéliser le peuple et ensuite gravir le Calvaire.

Des pieds angéliques sont seuls dignes de franchir ce seuil ; mais la voix de Marie nous rassure en nous disant d'entrer chez elle.

En franchissant le seuil de la Maison Sacrée, il semble au pèlerin qu'il est à Nazareth ! Le divin Maître est là, qui parle à sa Mère bénie, la considérant d'un regard d'amour infini !

Ce n'est pas en rêve, c'est en toute réalité que

vous pénétrerez dans la Maison de Marie ! Vous verrez l'humble Séjour où le Roi des rois a passé sa vie cachée ; vous verrez les murs qui jadis abritaient le Fondateur de la Sainte Église universelle, bâtie d'un ciment éternel ; vous verrez la porte par laquelle passait Celui qui seul peut ouvrir à nos âmes la porte du Ciel.

Est-il meilleur moyen de se préparer à la vie éternelle que d'aller visiter ce Paradis terrestre ? Ce pèlerinage ranimera dans notre cœur le feu de l'amour divin refroidi par les soucis et les passions de cette vie, il nous fortifiera dans nos tentations, dans nos peines, et nous procurera la suprême consolation d'une bonne mort. Pour tout le reste de notre vie, le seul nom de la Sainte Maison réveillera en nous des impressions d'un charme inexprimable, qui seront comme l'avant-goût des délices éternelles.

Chapitre Deuxième.

Mgr l'évêque de Lorette convoque tous les fidèles à la célébration du sixième centenaire de la Translation en Italie. Grand enthousiasme déjà manifesté à Tersatto.

C'EST à un pèlerinage en ce Lieu non seulement béni, mais saint et sacré, que Monseigneur Gallucci, évêque de Lorette, vous convie, catholiques du monde entier !

Le Seigneur a fait voir à son Eglise jusqu'à quel point l'intéresse son humble Demeure. « Il est » honorable de révéler les ouvrages de DIEU et » de rendre hommage à sa puissance. » (Tobie, XII, 7.)

Le VIe centenaire de la Translation de la Sainte Maison en Italie se célébrera à Lorette le 10 décembre 1894 et pendant toute l'année suivante.

On connaît le saint empressement des fidèles à se rendre à un pareil appel : Vous y viendrez avec cette foi et cette charité dont vous avez donné tant de preuves ! Vous proclamerez à la face du monde entier votre dévotion envers cette Maison Sacrée que le Ciel lui-même a honorée par l'admirable prodige de la Translation, qu'il honore encore par sa conservation miraculeuse et par l'immensité des grâces qu'il y a distribuées.

Un très grand enthousiasme s'est déjà manifesté à Tersatto à l'occasion du VIe centenaire de l'arrivée de la Sainte Demeure dans ce pays, où elle est restée depuis le 10 mai 1291 jusqu'au 10 décembre 1294.

La « Voce del Popolo », journal de Fiume, en a parlé en ces termes (1) : « La veille de la fête, depuis
» les premières heures de l'après-midi, Tersatto eut
» une animation telle que nous n'en avons jamais
» vu de semblable. Et le soir ! Quand les trains
» spéciaux commencèrent à arriver, on ne pouvait
» compter, même approximativement, le nombre de
» ces pèlerins. Sur l'escalier de 400 marches qui
» mène au Sanctuaire, c'était une vraie marée mon-
» tante, un flux interminable ! Sur la place de
» l'église, le concours était tel que la grêle, si fré-
» quente à cette saison, n'aurait pu tomber à terre.
» Le flux ne cessa de s'élever ; la marée continua
» de monter ! de monter !!

» Les pèlerins étaient arrivés des côtes voisines
» de Croatie, d'Istrie, de Trieste, de Carniole, de
» Styrie, de Dalmatie, d'Italie, quelques-uns même
» de France. Les trains étaient gorgés de monde,
» vieux et jeunes, hommes, femmes et enfants, quel-
» ques-uns sous l'escorte du Nestor du village, quel-
» ques-uns guidés par leurs curés.

» Après un peu de repos aux fontaines de *Sasso*
» *Bianco* et de *Musterchione*, ils se rangèrent en
» procession le long du *Corso*, de la rue *Déak* et de
» la rue de la *Fiumara*, en chantant des cantiques
» et en s'avançant vers Tersatto, qui, resplendissant
» de lumière, paraissait sur la hauteur comme un
» phare étincelant.

1. L'auteur en a fait l'extrait pendant son séjour à Tersatto.

No XXXII. — Chapelle commémorative du séjour
de la Sainte Maison à Tersatto.

» L'illumination était splendide : il n'y avait pas
» une maison, pas une chaumière d'où ne jaillit
» quelque lumière. Le château des Frangipani, avec
» ses ruines, ses tours, ses créneaux, produisait dans
» l'obscurité de la nuit un effet magique. L'église
» de la Bienheureuse Vierge était toute rayonnante
» de clarté. Toutes les marches étaient illuminées,
» et l'arche, érigée à l'entrée de l'escalier, brillait
» d'une splendeur plus grande encore. En regar-
» dant, de Fiume, la colline de Tersatto, on croyait
» assister à une scène féerique.

» L'arrivée des pèlerins continua jusque vers
» minuit. Le temps gros de nuages ne leur causa
» nulle inquiétude. La perspective de passer la nuit
» dans une baraque mal couverte, sous les arcades
» d'un cloître, sur la terre nue d'un corridor, ou
» même sous la voûte du ciel, ne les épouvante pas.
» La foi vive qui les anime est trop forte pour qu'ils
» s'arrêtent devant ces petites misères de la vie.
» Tersatto est là avec son Sanctuaire de la Vierge
» des Grâces ! Bientôt on arrivera au port ! En
» avant vers le phare de la consolation !

» Bienheureux ceux à qui, dans le chemin de la
» vie semé de tant de douleurs, sourit ainsi le
» rayon vivifiant de la foi, faisant croître les roses
» entre les épines ! »

Les solennités commencèrent le soir du neuf mai par une allocution appropriée à la circonstance, suivie de la Bénédiction du Très-Saint Sacrement. La façade de l'église était embellie de guirlandes et d'un transparent représentant la *Translation de la*

Sainte Maison de Nazareth à Tersatto. Des discours pleins de chaleur furent prononcés en slave, croate et italien, et la Messe pontificale chantée en slavo-glagolite, ancienne langue dans laquelle on célébrait la Sainte Messe à l'époque de l'arrivée de la Sainte Maison dans ce pays. L'évêque de Diakovar, le célèbre Strossmayer, envoya un télégramme exprimant son vif désir de participer à la solennité et se mettant sous la puissante protection de Notre-Dame de Tersatto, par l'intercession de laquelle il espère la conversion des Slaves schismatiques et la paix des catholiques de cette race. La plus grande partie des pèlerins étaient Croates et Esclavons, et pendant les trois jours que durèrent les fêtes, il n'en arriva pas moins de trente mille, témoignant ainsi de la foi vivace de ces peuples slaves.

Chapitre Troisième.

Les Fêtes du sixième Centenaire à Lorette.

OUTES ces fêtes de Tersatto, si magnifiques fussent-elles, vont être éclipsées par celles de Lorette, où se trouve actuellement la Sainte Maison.

La nouvelle du sixième centenaire de la Translation en Italie va exciter dans le monde entier un saint enthousiasme pareil à celui de l'exposition de la *Sainte Tunique*. Si deux millions de catholiques ont visité Trèves en 1891, on est en droit de s'attendre à un concours immense à Lorette en 1894.

Les catholiques de l'Europe savent apprécier le bonheur qu'ils ont de posséder un des plus précieux sanctuaires de la *Terre Sainte*. La Maison de Marie nous inspire la plus tendre, la plus ardente dévotion. Tous voudront aller voir de leurs yeux et toucher de leurs mains la Demeure bien-aimée, dont chaque pierre a répété, par son écho, les paroles de la Salutation Angélique, et murmure encore les noms de Jésus, Marie et Joseph, noms bénis à jamais au Ciel et sur la terre.

Quel spectacle attendrissant que celui des pèlerins accourus des quatre points cardinaux pour s'agenouiller dans la Maison bénie, jadis habitée par la Sainte Famille ! La ville de Marie se sera revêtue de ses plus beaux habits de fête. Remplis d'une sainte allégresse, les pèlerins entoureront la Santa Casa. Avec confiance et amour, ils franchiront le seuil de cette Mère secourable, que nul n'invoque jamais en vain. Chaque cœur y tressaillira de joie en union avec les Saints et toute la milice des Anges ; l'encens de la prière s'allumera au feu céleste ; des supplications ardentes monteront jusqu'au trône de DIEU, et la miséricorde divine descendra sur les pèlerins de Lorette !

Tout donne lieu d'espérer que l'empressement des pèlerins se manifestera de la manière la plus vive, et que cet élan pieux ne connaîtra point de bornes. Chacun s'efforcera de témoigner d'une ferveur digne des plus belles époques du règne de la foi.

L'affluence des pèlerins a toujours été très grande au temps des fêtes, mais à l'occasion du centenaire de 1894 et pendant tout le cours de l'année suivante, les diocèses, les paroisses, les zélateurs rivaliseront d'élan pour en multiplier le nombre. S'il n'est pas donné à tous d'y aller, chacun tiendra à s'y faire représenter, soit par un parent, soit par quelque ami ou concitoyen, et même à les charger de quelque offrande.

De retour dans leurs pays, les pèlerins des diverses nations propageront la dévotion à la Sainte Maison, et des populations entières se placeront sous la protection de Notre-Dame de Lorette.

Ce pieux voyage a été un vrai bonheur pour les millions de chrétiens qui l'ont entrepris. On s'y rappelle de tant de Saints qui ont épanché là toute la tendresse de leurs âmes ; on y rencontre le souvenir de pèlerins innombrables jouissant déjà dans la Maison céleste de la gloire des bienheureux.

Tout chrétien devrait s'efforcer de faire le pèlerinage de ce Saint Lieu au moins une fois dans sa vie. La Vierge de Lorette suscita l'*Ermite de Mont-Orso* pour faire comprendre aux peuples d'Europe la grande grâce que son divin Fils leur faisait en les gratifiant du don magnifique de sa Sainte Maison. Si nous n'avons pas assez de zèle pour quitter à tout jamais notre pays, notre foyer (à l'exemple de plusieurs familles de Tersatto et du pays environnant, qui allèrent fixer leur séjour à l'ombre de cette Maison chérie), allons du moins vénérer, pendant quelques jours, la Mère de DIEU dans sa propre Demeure.

On admire le courage avec lequel, malgré la difficulté des communications, des milliers de pieux voyageurs, sans autre bagage que leur manteau, sans autre arme qu'un bâton pour soutenir leur marche, parcouraient autrefois les diverses contrées de l'Europe et de l'Asie. Le mauvais état des chemins, les rigueurs de la saison ne leur semblaient pas des motifs suffisants pour se dispenser du pieux voyage à la Sainte Maison.

L'accomplissement de ce devoir filial n'exige plus aujourd'hui les peines d'autrefois : grâce aux chemins de fer et aux bateaux à vapeur, qui nous transportent avec tant de rapidité d'une partie du monde à l'autre, le pèlerinage de la Sainte Maison est devenu très facile et relativement peu coûteux. Les organisateurs du pèlerinage se chargent de transporter les pèlerins à Lorette et de les défrayer de toutes les dépenses du voyage moyennant un prix fixé d'avance et très réduit. En économisant chaque jour quelque peu, vous vous trouverez à même, presque sans vous en apercevoir, de faire face aux frais de ce pèlerinage.

Quel obstacle donc, autre que ceux de force majeure, pourrait vous empêcher d'aller à Lorette ? Pensez-y, imposez-vous quelques sacrifices ; montrez un cœur généreux et empressez-vous de répondre à l'invitation que Marie vous fait *d'honorer son Sanctuaire par de nouveaux hommages.*

Cela est d'autant plus juste et plus opportun, que, dans notre siècle même, la Bienheureuse Vierge nous a dit de sa voix la plus douce : *Je suis l'Immaculée-Conception.* Les papes Paul II, Jules II, Pie IV et Pie IX ont affirmé que la Reine du ciel fut conçue dans cette Chambre Sacrée, et la Très-Sainte Vierge nous a fait dire par ce même ermite de Mont-Orso que le mystère de sa Conception s'opéra dans cette Maison.

Comment dès lors évaluer les bénédictions répandues sur cette Maison privilégiée ? La Très-Sainte Vierge aime que ses enfants la félicitent de ce privilège unique qui est infiniment cher à son cœur. Elle obtient des grâces spéciales à ceux qui font de ce mystère le sujet de leurs méditations et l'objet de leurs pèlerinages.

C'est sous le titre d'*Immaculée* que Marie y a été toujours invoquée. Il sonne si bien à Lorette !... Angélita parle habituellement de la Sainte Vierge de Lorette en l'appelant l'Immaculée ; il dit, par exemple, qu'en 1499, des prières ayant été adressées à l'Immaculée Vierge conformément à un décret des magistrats de Recanati, la peste, qui sévissait dans le pays, cessa immédiatement, et le peuple offrit à Marie, comme témoignage de sa reconnaissance, une couronne d'or enrichie de pierreries.

Nous ne demandons pas pour la Vierge de Lorette de nouvelles couronnes, mais de nouveaux honneurs, dignes de l'Immaculée-Conception, dont nous célébrons l'accomplissement dans cette Maison. Que les organisateurs du pèlerinage donnent aux fêtes du sixième centenaire toute la magnificence possible, que rien n'en égale l'éclat. De notre part, dans un concert unanime, unissons-nous autour de la Sainte Demeure pour saluer l'Immaculée dans ce Sanctuaire immortel. Soyons heureux de pouvoir, dans cette même Chambre, la féliciter du grand privilège qu'elle a reçu d'être exempte du péché originel, sous le poids duquel nous gémissons. Consacrons-nous de nouveau à la fille de sainte Anne dans ces murs où elle est née, sans tache et sans souillure, la plus parfaite des créatures sorties des mains de DIEU ! Allons avec l'Archange Gabriel saluer de cœur et de bouche la Vierge Marie là où le Ciel l'a proclamée *bénie entre toutes les femmes*. Récitons nos *Ave* là où elle prodiguait ses soins à JÉSUS Enfant, Adolescent, Homme fait ; là où elle pourvoyait à sa nourriture quotidienne, où elle tissait la robe empourprée de son Sang au grand jour de sa Passion.

Ce que ces pierres murmurent, venez l'écouter. Pour ne l'oublier jamais, venez à ce Sanctuaire où tout nous parle de l'Auteur de notre salut et de sa tendre et Immaculée Mère. Venez voir où habitait le divin Fils de Marie ; d'où est sorti le Sauveur du monde pour prêcher les grandes vérités qui ont éclairé nos âmes ; d'où enfin est sorti l'adorable Rédempteur pour consommer à Jérusalem son divin Sacrifice !

Venez, je le répète, à ce Sanctuaire que les Anges ont transporté pour le rapprocher de nous et soutenir les bras du Souverain Pontife ! Venez honorer ce symbole de l'unité indéfectible que le CHRIST a promise à la famille chrétienne ! Venez, et vous y trouverez, au milieu de magnifiques souvenirs, la force et la vie ; vous bénirez le jour où vous êtes allé à la Maison de la Sainte Famille ; vous reviendrez de Lorette, comme les bergers de Bethléem, « *glorifiant et louant Dieu !* »

Chapitre Quatrième.
Restauration de la Basilique de Lorette.

DE grands préparatifs sont faits pour célébrer dignement le sixième centenaire. La vénération des catholiques envers la Sainte Maison leur a inspiré d'organiser des comités unis dans un même sentiment d'amour et de piété, pour embellir la superbe Basilique sous le dôme grandiose de laquelle repose l'édifice le plus sacré que la terre ait jamais vu.

On restaure en ce moment le Sanctuaire de manière à le remettre dans son état primitif. Les travaux sont dirigés par le célèbre architecte comte Sacconi.

Il est beaucoup à désirer que les travaux marchent plus rapidement, afin d'être terminés avant les grandes fêtes qui auront lieu en 1894 et 1895.

Dans ce but le vénérable évêque de Lorette s'est adressé à différentes nations, et il leur a offert une chapelle qui porterait leur nom, à condition qu'elles lui viennent en aide dans la restauration.

La Basilique de Lorette appartient à tout le monde catholique, parce qu'elle contient le Lieu Saint où le Verbe s'est fait Chair et où Marie devint sa Mère. Sept des chapelles qui rayonnent autour de la Sainte Maison vont donc être distribuées entre un même nombre de nations. Dans la huitième chapelle, l'affection des fidèles envers saint Joseph lui

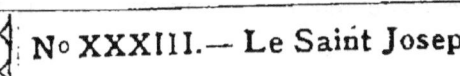
No XXXIII. — Le Saint Joseph de la Basilique.

a élevé un trône d'honneur à droite de son ancienne Habitation.

Pour les améliorations proposées et dont la Cathédrale est susceptible, nous renvoyons le lecteur aux avis donnés par les secrétaires des comités des différentes nations ; qu'il suffise de mentionner que toutes les chapelles ont subi de fâcheuses modifications pendant la période de la Renaissance et qu'elles sont dans un triste état.

La décoration de la coupole ayant presque disparu, Monseigneur Gallucci a déployé un grand zèle pour sa restauration, qui promet d'être grandiose. Dans l'intérieur de ce dôme se voient les Patriarches, les Prophètes, les Apôtres, les Martyrs, les Confesseurs, les Vierges, et au-dessus d'eux leur Reine, à laquelle les neuf chœurs des Anges forment un cortège d'honneur, portant à la main ses titres tirés des *Litanies de Lorette* (1).

Notre Saint-Père le Pape soutient par de pressantes exhortations l'appel de l'évêque de Lorette à la générosité des fidèles du monde entier, et Sa Sainteté nous donne le puissant stimulant de son exemple, en promettant une contribution pour ériger un nouvel Autel pontifical à l'entrée de la chapelle du chœur.

Les successeurs de saint Pierre ont proclamé aux fidèles que Lorette est « *digne de tout honneur* (2), »

---

1. Les peintures de la voûte de la coupole sont l'œuvre du professeur Maccari. Nous avons répété ici ce qui est dit au chapitre I, première Partie.

2. Léon XII

le Sanctuaire « *le plus auguste et le plus sacré* (1), » parce que dans son temple est conservé « *le premier Tabernacle de Dieu résidant au milieu des hommes* (2). »

Après de pareils témoignages de la part des Papes et l'expression de leurs vœux pour « *accroître la splendeur* » du Sanctuaire, il ne paraît pas nécessaire de démontrer aux catholiques l'obligation d'envoyer des aumônes afin de restaurer l'insigne Basilique qui renferme l'enceinte bénie où se sont accomplis les événements les plus décisifs pour l'humanité.

La Sainte Maison n'est plus dans l'humble vallée de Nazareth : Marie, « *la Vallée des vallées, s'élève au-dessus de toutes les montagnes* » (comme dit sainte Brigitte), et DIEU A EXALTÉ SA MAISON : TOUTES LES NATIONS Y VIENNENT.

La gloire dont DIEU l'a entourée demande que la Basilique qui la possède soit décorée d'une manière digne d'elle. JÉSUS-CHRIST lui-même a voulu par le prodige de la Translation attirer l'attention des chrétiens sur ce monument de son Incarnation et de sa vie terrestre. Certainement une si grande marque que le Seigneur nous donne de son amour en envoyant Sa Maison, « *apportée sur les mains des Anges et au milieu d'une escorte céleste* (3), » doit nous inspirer un désir ardent d'en recueillir tous les fruits. Que tous les fidèles s'effor-

---

1. Pie IX.
2. Innocent XII.
3. Paul II.

cent de participer aux innombrables faveurs qui se distribuent dans ce Sanctuaire.

Si même il nous était impossible de faire le pèlerinage, que nos vœux y parviennent : estimons-nous heureux d'y envoyer notre offrande pour servir à l'embellissement de la Cathédrale rendue si sainte par la possession de ces murs sacrés qui ont abrité ce qu'il y eut de plus grand sur la terre : le DIEU Incarné, sa Mère Immaculée, son saint Père adoptif, et avant eux sainte Anne et saint Joachim, ces illustres personnages dont la destinée surpasse celle de tous les autres Saints, en ce qu'ils furent choisis pour être le père et la mère de Celle qui a enfanté DIEU.

Lorette est de toute l'Europe *la ville de Marie* par excellence : sa première Maison a été celle de Marie apportée par les Anges ; son premier nom, tiré de la Maison même, était : *villa di Maria*.

Les fidèles semblent avoir regardé le registre des bienfaiteurs de Notre-Dame de Lorette comme un livre de vie, et avoir pensé qu'en y inscrivant leurs noms ils se plaçaient au rang des prédestinés.

Toute la chrétienté n'a qu'une voix pour remercier Notre-Dame de la Sainte Maison qui lui rend en bienfaits une « *bonne mesure pressée, bien remuée et débordante* (1). On voit venir des parties les plus éloignées de l'univers des multitudes de pèlerins qui ont éprouvé les merveilleux effets de l'assistance de leur souveraine Protectrice (2). »

1. S. Luc, VI, 38.
2. Paul II.

Payons notre tribut d'amour à la Mère de notre Sauveur en ornant par nos dons l'humble mais glorieuse Demeure qu'elle a embellie par ses vertus. Marie en retour nous couvrira de sa maternelle protection.

Tout sacrifice est léger pour gagner les remerciements de la Mère de DIEU et de son adorable Fils. « *Cette humble Maison*, dit la Vénérable Marie » d'Agreda, *a été divinisée, consacrée comme un* » *nouveau Sanctuaire du Seigneur.* » Qui de nous peut donc savoir ce que pèsera dans la balance divine la moindre offrande faite en l'honneur de la Demeure du Sauveur ?

Chapitre Cinquième.

Commission française pour l'ornementation de la Chapelle offerte à la France pour être consacrée et dédiée à son saint roi Louis IX. Lettre du R. P. Supérieur du Séminaire français de Rome.

LA FRANCE A LORETTE.
LE PASSÉ.

Rome et Lorette, voilà deux noms qui ne cessent, depuis des siècles, de faire battre tout cœur français. La France, en effet, a là de grands, d'ineffaçables souvenirs ; elle y possède des établissements considérables, gérés par une députation que nomme et préside notre ambassadeur près le Saint-Siège. A Rome, l'histoire de la France se confond avec celle de la Papauté : à Lorette, elle remonte aux Croisades ; car Lorette, c'est la *Santa Casa* de Nazareth ; et voici ce que raconte la chronique.

Jérusalem, un siècle après que Godefroy de Bouillon y eut arboré le drapeau chrétien, était retombée au pouvoir des infidèles. Saint Louis arrive en Palestine ; mais il ne lui est point permis d'approcher de la Ville Sainte. Privé du bonheur d'aller baiser le sol où fut plantée la Croix du Sauveur, il voulut au moins visiter en pèlerin l'humble Demeure où le Verbe de DIEU s'était fait Chair. Il arriva en vue de Nazareth le 24 mars 1251, la veille de l'Annonciation.

Aussitôt il descendit de cheval, se prosterna la face contre terre et versa d'abondantes larmes. Il parcourut à pied le reste du chemin, sans prendre aucune nourriture et couvert d'un cilice. Le lendemain, on célébra, dans la Sainte Maison et avec une grande solennité, l'office du jour ; le saint roi y assista et y reçut la Communion. Moins de cinquante ans après, la Santa Casa apparut à Lorette et y devint l'objet d'un culte universel.

Rois et empereurs rivalisèrent de zèle et de générosité pour honorer et enrichir ce Sanctuaire, le plus vénérable que possède la chrétienté. La France devait se distinguer entre toutes les nations par ses libéralités.

En 1584, Henri III, dans le but d'obtenir du Ciel un héritier, lui fit don d'un magnifique ciboire en cristal, revêtu de lames d'or et surmonté d'un ange de même métal, le tout orné de nombreuses et riches pierres précieuses. Au bord du vase on lisait le distique suivant :

> Ut quæ Prole tua mundum, Regina, beâsti,
> Et regnum et regem prole beare velis (1).

Louis XIII envoya au Sanctuaire de Lorette, pour être placées sur la tête de la Vierge et de l'Enfant JÉSUS, deux riches couronnes d'une valeur de 75.000 écus (soit environ 400.000 francs de notre monnaie) ; plus une statue d'ange en argent massif du poids de 286 livres (près de 150 kilos), offrant à Marie, sur

---

1. Afin que vous, ô Reine, qui avez réjoui le monde en lui donnant votre Fils, vous daigniez réjouir par un fils le roi et le royaume.

un coussin de même métal, l'image d'un enfant qui devait bientôt s'appeler Louis XIV. L'enfant était en or et pesait 18 livres 1|2 (soit plus de 6 kilos). Le pieux roi fonda, en outre, une chapellenie avec Messe quotidienne à perpétuité pour lui et la famille royale de France. Il voulut qu'à cette même intention une Messe solennelle, avec assistance du Chapitre, fût célébrée, dans la Santa Casa, chaque premier samedi du mois.

Louis XIV ne put oublier Notre-Dame de Lorette à laquelle il avait été, dès sa naissance, spécialement consacré. Sous l'inspiration de la reine Marie-Anne d'Autriche, il lui offrit un capital destiné à assurer à perpétuité la solennelle célébration, le 26 août de chaque année, de la fête de saint Louis par tout le Chapitre réuni. Cette intention n'a cessé depuis d'être religieusement remplie.

L'exemple de nos rois fut suivi par la noblesse, et les archives de Lorette font foi d'un grand nombre de riches offrandes et de fondations pieuses faites par des princes et des princesses de nom français. Nous y trouvons entre autres les souvenirs du prince de Condé, du duc de Soissons, de la duchesse d'Aiguillon, des ducs de Lorraine, de Guise, de Pernon, de la Valette, de Nevers, de Joyeuse, etc. Le cardinal frère de ce dernier désira que la France fût perpétuellement représentée à Lorette par deux de ses prêtres en qualité de chapelains, et y acheta, à cet effet, des maisons et des terres destinées à leur logement et à leur entretien. Ils doivent, tous les jours, dire la sainte Messe à l'intention du fondateur et se mettre à la disposition des pieux pèlerins français. La nomination de ces chapelains appartient depuis un siècle, à l'ambassadeur de France à Rome.

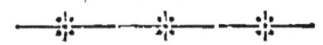

L'AVENIR.

L'AVENIR doit maintenir le passé et le compléter. La France catholique tout entière est invitée aujourd'hui à s'affirmer à Lorette. Voici comment :

Bâtie il y a cinq cents ans, la grande Basilique qui renferme, comme dans un reliquaire, la Sainte Maison de Nazareth, avait, de nos jours, besoin de réparations. La coupole, surtout, menaçait ruine. On se mit à l'œuvre, et le gouvernement italien y apporta son concours, car il s'agissait d'un monument déclaré national. Chemin faisant, l'idée vint de donner à ce monument un caractère plus accentué de catholicité, en invitant toutes les nations à s'en approprier une partie. Douze chapelles latérales entourent le sanctuaire où vécut le Fils de l'homme, et lui forment comme une sorte de cour d'honneur. La chapelle du fond de l'abside appartiendra au Chapitre ; celle du bras droit de la croix est dédiée à saint Joseph ; celle de gauche a été offerte à la France, pour être consacrée et dédiée à son saint roi Louis IX ; elle est, comme la Basilique, de style gothique du quatorzième siècle, et mesure 15 mètres en hauteur, 8 mètres en largeur et 10 mètres en profondeur, avec deux fenêtres d'une hauteur de 8 mètres environ.

Aux autres nations de se partager les chapelles moins élevées et moins spacieuses ; mais qui donc nous jalousera d'avoir à Lorette la première place ?

Les grosses réparations de la future chapelle française sont achevées. Reste l'ameublement, les peintures et les décorations, ce qui se décompose comme suit :

1. Un autel gothique en bronze et marbre, surmonté de la statue du Saint, assis et tenant à la main un sceptre d'or. Aux deux côtés de l'autel figureront, en des dimensions moindres, saint François d'Assise et saint Dominique. Saint Louis était tertiaire franciscain, et, d'après la légende, c'est à la récitation du Rosaire qu'il a dû sa naissance.

2. La boiserie et les stalles du chœur dans le style de l'autel.

3. Deux peintures en mosaïque de Venise couvrant les deux grands panneaux des côtés. Saint Louis en vue de Nazareth ; saint Louis assistant à l'office de l'Annonciation dans la Santa Casa : tels devront en être les sujets.

4. Deux vitraux peints détaillant la vie de saint Louis, croisé pour la délivrance de la Terre Sainte.

5. Le pavé et le banc de Communion en marbre.

Tout cela existe à l'état de pieux projet. Des sommes considérables seront nécessaires pour mener l'œuvre à bonne fin ; mais c'est une œuvre éminemment chrétienne et patriotique, le succès dès lors est assuré. En 1894, Lorette célébrera le sixième centenaire de l'apparition de la Sainte Maison ; le monde entier y enverra ses représentants et ses pèlerins. Quelle consolation et quelle gloire pour notre pays, si, à la Saint-Louis de cette même année, il nous était donné d'inaugurer notre chapelle française et d'y prier pour la prospérité de notre chère patrie !

Nous faisons, à cette fin, un appel chaleureux à toutes les âmes capables de comprendre les nobles causes, et jalouses de voir, à l'étranger, le nom de la France non seulement respecté, mais vénéré et béni.

Des diplômes spéciaux seront délivrés aux bienfaiteurs insignes, et leurs armes seront reproduites dans la décoration de la chapelle.

Pour plus amples renseignements et pour l'envoi des offrandes, on peut s'adresser soit à Mgr l'évêque de Lorette (Italie), soit au signataire de ces pages, nommé par Sa Grandeur, sur la proposition de l'Éminentissime cardinal Langénieux, archevêque de Reims, membre président de la Commission pour l'érection et l'ornementation de la chapelle de Saint-Louis.

Paris, en la Maison-Mère de la Congrégation du Saint-Esprit et du Saint-Cœur de Marie (rue Lhomond, 30), le 29 septembre 1890, fête de saint Michel, patron de la France.

A. ESCHBACH,

Chanoine honoraire de Lorette,
Supérieur du Séminaire français de Rome
(place Santa-Chiara),
Membre de la Députation administrative
des Etablissements de la France à Rome et à Lorette.

« Le Comité s'est formé sous la présidence de Son
» Éminence le cardinal de Reims. Son Éminence le
» cardinal de Paris a bien voulu donner son appro-
» bation au pieux dessein et s'en faire le propagateur.
» Le dessin de l'autel monumental de la chapelle
» lui a été présenté, et il a témoigné la plus vive
» satisfaction du plan et de l'idée qui l'a inspiré (1).»

1. Voir Appel aux Pèlerins Français de Lorette, 1893.

La Sagesse a préparé un festin dans sa Maison : elle a envoyé ses servantes pour amener les invités au Palais.

(Prov. IX. 1-5.)

NEUVIÈME PARTIE.

Congrégation Universelle de la Santa Casa, Maison de la Sagesse divine et école de la vie chrétienne.

Chapitre Premier.

Visite spirituelle à la Maison de la Sagesse divine.

PÉNÉTRONS dans l'intérieur de cette mystérieuse Maison de la divine Sagesse dont *chaque objet visible est comme un sacrement sous le voile duquel le Dieu Incarné demeure caché* (1).

Comment découvrir les innombrables sens renfermés dans chaque partie de la Sainte Maison ? Bien que le voile ait été déchiré pour qu'il nous soit permis d'entrer dans ce Sanctuaire de l'Incarnation, nous ne pourrons cependant jamais pénétrer ici-bas tous les mystères du nouveau Nazareth.

Dans l'intérêt de nos âmes, le Saint-Esprit lui-même, parlant par la bouche des Docteurs de l'Église, a pris soin que les choses de Marie nous fussent suggérées par les similitudes des objets sensibles, et le pape Pie IX dans une lettre apostolique citée plus haut dit : « *C'est bien avec raison que tous les fidèles qui viennent visiter ce Sanctuaire avec une vraie foi ne semblent pas tant visiter la Maison de la Vierge que la Vierge elle-même.* » Ne pourrait-on donc pas appliquer à la Sainte Maison quelques-unes des métaphores qui sont la gloire de Marie ? Nous les avons tirées pour la plupart de Saints dont plusieurs sont des Pères de l'Église : S. Ambroise, S. Amédée, S. Anastase, S. André de

---

1. Le Père *Faber* parle ainsi de chaque objet sensible dans la création.

Crète, S. Anselme, S. Bernard, S. Bonaventure, Ste Catherine de Sienne, S. Ephrem, S. Epiphane, S. François de Sales, S. Georges de Nicomédie, S. Germain de Constantinople, S. Jean Chrysostome, S. Jean Damascène, S. Jérôme, S. Méthodius, S. Proclus, S. Thomas de Villeneuve et le bienheureux Albert-le-Grand.

La Sainte Maison de Lorette est plus éblouissante que la *Maison d'or* bâtie par Salomon ; on peut dire qu'elle fut la Chambre nuptiale où le Roi des rois épousa l'humanité ; — que là fut le Trône du Fils de David, qui est infiniment plus glorieux que Salomon ; Trône sublime qui porta le Seigneur des armées, Trône de la Divinité, de la Trinité tout entière, Trône de grâce et de miséricorde.

La Sainte Maison fut le lieu où Celui qui « se revêt de lumière comme d'un vêtement » se revêtit de notre chair, et Marie est le vêtement sans tache, le vêtement royal, le manteau de pourpre divinement préparé et « digne de couvrir le seul Empereur éternel. » Dans ce même lieu, sacré entre tous, les Saints se revêtent d'honneur et de gloire, les pécheurs de pardon et de grâce.

La porte est *l'entrée de l'espérance* ouverte aux éprouvés, espérance des pécheurs, espérance des justes. La fenêtre est l'entrée de la lumière : par elle DIEU répand dans les âmes les rayons du Soleil de Justice, par elle la lumière de la grâce arrive même aux plus désespérés. Le foyer réchauffe les refroidis et les tièdes : Marie est appelée pour cette raison « la Vierge toute de feu. »

Sur la table sainte est placé le Pain qui nourrit les âmes, les unissant à DIEU ; car cette Demeure bénie n'est rien moins que le grenier où le vrai Joseph a conservé le divin Froment destiné à nourrir l'Église entière.

La Sagesse a préparé un festin dans sa maison : « elle a immolé ses victimes ; elle a mêlé son vin et préparé sa table. » Dans ce festin on trouve le rafraîchissement de ceux qui travaillent et qui pleurent ; la harpe de David pour soulager les Saül troublés par de malins esprits, l'instrument de joie d'où s'échappe une douce mélodie par laquelle la tristesse de la malédiction est changée en harmonie du ciel.

La salle du festin ne manque pas d'ornements et de parfums, car Marie est l'ornement souverain de tout ce qui est beau, l'urne d'or remplie d'un baume céleste : — elle est le vase très éclatant formé des Trésors du Temple du Seigneur et choisi de DIEU pour être placé au-dessus du Trône d'honneur de la Maison.

Le plafond est parsemé d'étoiles, pour représenter le firmament : emblème de Marie, Firmament nouveau, paré des splendeurs de toutes les vertus divines comme d'autant d'astres, proclamant, mieux encore que le ciel matériel, la gloire et la puissance de DIEU.

Le cadran solaire de ce palais est celui du roi Achaz, sur lequel passa le vrai Soleil annonçant l'heure du salut des hommes.

Le candélabre d'or est muni de sept lampes, dont la flamme radieuse, reflet du Très-Haut, chasse les ténèbres de nos âmes, — candélabre dont l'huile alimente la lampe de tous les fidèles et dont DIEU a dit par la bouche du Prophète : C'est là que j'ai préparé la lumière de mon CHRIST.

Veut-on un signe de ralliement ? voici la bannière qui brilla à la tête des légions chrétiennes lorsqu'elles repoussèrent les ennemis de l'Église ; voici encore le bouclier et l'épée dont saint Pie V implora le secours pour remporter la victoire de Lépante !

« La Sagesse a envoyé ses servantes pour amener les invités au palais. » « Venez, dit-elle, et mangez mon pain, buvez le vin que je vous ai mêlé. » La trompette sonne ; elle proclame le jubilé ; elle annonce que DIEU s'est ressouvenu de sa miséricorde ! La Reine, ornée de la couronne de toutes les vertus, brise nos chaînes, paie nos dettes, guérit nos faiblesses, nous donne la force de triompher de nos vices et de mener à bonne fin nos entreprises.

Ici ce n'est pas un simple palais, c'est un *temple-palais* (1). La Vierge elle-même est l'*Autel vivant sur lequel le Christ offrit pour la première fois son*

---

1. Un temple-palais chrétien est un édifice érigé à l'honneur de Notre-Seigneur comme *Roi vraiment régnant*. Constantin en bâtit un à Byzance ; Charlemagne, à Aix-la-Chapelle ; S. Edouard-le-Confesseur, à Westminster ; Philippe II d'Espagne, à l'Escurial ; Jean Ier de Portugal, à Batalha ; Vladimir de Russie, au Kremlin ; les Souverains Pontifes, dans leurs constructions au Vatican. Il est probable que les Papes ont voulu rendre évidente cette idée de Lorette comme temple-palais par l'adjonction du Palais apostolique, qui fait corps avec la Basilique.

humanité en sacrifice, elle est l'*Autel de l'holocauste dans la Passion de son Fils*. Marie est l'*Ostensoir* où brille le corps de JÉSUS qui nous bénit. Marie est le *Tabernacle* quand bien même l'urne eucharistique ne repose pas sur ses genoux (1). Marie nous donne son Fils dans le sacrement où Il se cache, comme autrefois elle nous offrait le divin Enfant dans cette même Maison à Nazareth.

1. L'abbé de Rancé fit donner au tabernacle de l'église du monastère de la Trappe la forme d'une urne qui reposait sur les genoux d'une statue de la Vierge-Mère.

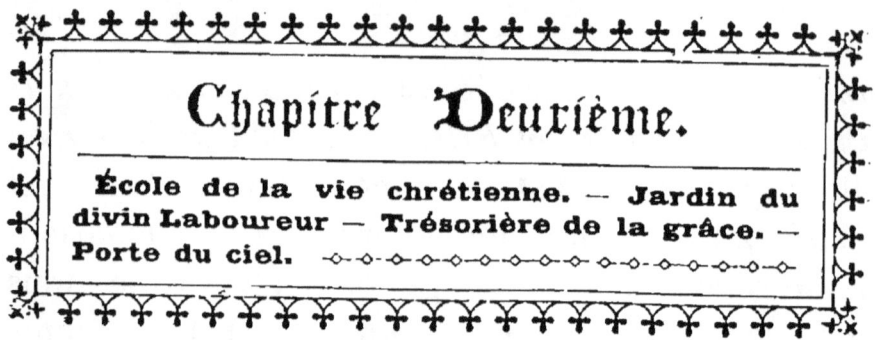

Chapitre Deuxième.

École de la vie chrétienne. — Jardin du divin Laboureur — Trésorière de la grâce. — Porte du ciel.

LE Seigneur est allé nous préparer une place dans la Maison de son Père ; et il nous a donné, en attendant, la Maison de sa Mère, où nous devons vivre spirituellement afin de nous rendre dignes d'habiter un jour la Demeure céleste. *La Sagesse s'est bâti une Maison à elle-même* (Prov. IX, 1), et ses enfants aiment toujours à l'habiter. Là se trouve le *Siège de la Sagesse*, et bienheureux l'homme qui l'écoute. Là se voit le *Miroir de Justice ;* les sages, se regardant dans ce miroir, aperçoivent la moindre tache de leurs âmes, et conduisent leur vie de telle sorte qu'elle ne réfléchisse à l'avenir que l'image des vertus dont Marie a donné le modèle. Il y a un livre dans la maison, livre vivant, dans lequel est écrite la règle de tous les hommes et de tous les états de vie. Tout chrétien doit apprendre à lire dans ce livre comme le lisait saint Joseph, à qui il était confié.

La Sainte Maison est l'école de la foi et de toutes les vertus. « Quel bonheur, s'écrie saint
» Ambroise, de pouvoir s'instruire à cette admirable
» école ! Si un maître habile excite en nous le désir
» de recevoir ses leçons, fut-il jamais une Maîtresse
» plus célèbre que la Mère de Dieu, plus illustre

» que Celle que la Splendeur du Père a choisie pour
» venir au monde, plus pure que Celle qui a enfanté
» le Fils de Dieu? »

L'éducation pour le ciel se fait plus par les exemples que par les préceptes. Il faut à l'âme, comme au corps, une atmosphère pure, afin qu'elle puisse développer sa beauté morale. C'est ce que se propose la Confrérie de la Sainte Maison. Ses membres sont introduits dans l'intimité de la Sainte Famille ; ils se représentent sa vie réelle. La maison, c'est le fond de tableau où nous apparaissent Jésus, Marie, Joseph, dont les vertus relèvent notre humanité déchue.

Notre-Dame de Lorette est apparue un jour dans la Santa Casa même à Balthazar Alvarez, et lui a conseillé une dévotion toute spéciale envers saint Joseph (1). Ce grand saint est le maître incomparable pour faire connaître Notre-Seigneur et sa Mère Immaculée. Son exemple nous enseigne comment nous pouvons vivre véritablement unis à Jésus et à Marie. C'était pour Jésus et Marie que saint Joseph travaillait; il faisait tout avec le désir de leur plaire et de leur prouver le dévouement absolu de son amour. Dans l'école de la Sainte Maison tout enseignement part de l'amour, les vérités et les devoirs sont imprégnés d'amour, nous

---

1. « *S. François de Sales* fut suscité pour répandre cette belle dévotion
» parmi le peuple, et *sainte Thérèse* pour en être la Sainte. Les *Maisons du*
» *Carmel* furent pour elle comme la *Sainte Maison de Nazareth*, et les *Collèges des Jésuites*, le lieu paisible de son séjour au milieu de la sombre
» Egypte. » Voir *Vie de S. Joseph* par Mgr Ricard, œuvre publiée par la *Société de S. Augustin, Lille.*

apprenons à embellir toutes nos actions en les consacrant au Sacré-Cœur de JÉSUS.

Souscrivons notre nom parmi ceux des disciples de cette école. Ici tout est vivant, les vérités que les livres laissent en formule apparaissent ici dans la vie. Quelle grâce de vivre en présence de pareils modèles, de passer nos jours et nos nuits sous leur toit, protégés par leur bénédiction !

Quelle grâce encore d'avoir aussi pour maîtres de toutes les vertus ceux qui ont élevé Marie dans ses premières années ! La *Maison natale* de Marie fait qu'on se souvient de sa sainte enfance, de son père et de sa mère. Combien de fois il est arrivé à la Vierge bénie de nous inviter elle-même à la dévotion envers sa Mère ! La maternité de sainte Anne n'a au-dessus d'elle que la maternité divine ; l'Eglise met sur les lèvres de ses prêtres, à la fête de saint Joachim, que DIEU l'a *élu de préférence à tous les Saints* pour être le père de Celle qui enfanta le Fils de DIEU ; et Jeanne de Matel, fondatrice du « Verbe Incarné, » dit que le Seigneur lui ordonna d'invoquer saint Joachim et sainte Anne sous les titres de *Prince et Princesse* de tous les Saints. En suivant les traces des premières années de Marie, élevée par ses parents dans cette Maison, nous nous approchons du royaume de DIEU : « Si vous devenez comme cette Enfant, le royaume de DIEU est à vous. »

Marie ayant produit toute espèce de fruits dans le jardin de la Sainte Maison de Nazareth, on peut

SAINTE ANNE,

Patronne des mères chrétiennes,

priez pour nous.

la comparer à l'arbre célèbre visité par Pline (1), et dont parle saint François de Sales en l'assimilant à la divine charité : « En une branche de cet arbre on trouvait des cerises, en une autre des noix, et « ès » autres des raisins, des grenades, des pommes, de manière qu'on pouvait dire de cet arbre qu'il était cerisier, pommier, noyer, figuier et vigne. »

C'est ainsi que tous ceux qui sont plantés dans le jardin de la Sainte Maison de Lorette porteront plus facilement les fruits de patience, douceur humilité, pureté, obéissance, force, justice, et généralement toutes sortes de fruits du verger divin. « Ceux qui sont plantés dans la Maison du Seigneur fleuriront dans les parvis de notre DIEU. » (Ps. XCI, 14.) Ici fut plantée la « *Rose Mystique*, » Rose odorante et sans épines, vers laquelle a volé l'Abeille divine ; Rose en fleurs toute l'année, Rose dont le parfum réjouit les cœurs souffrants et guérit les infirmes. Ici fut planté le Lys Immaculé qui a produit le Lys Souverain. Ici prit naissance la douce et ravissante fleur qui a donné le remède préparé par DIEU pour guérir les blessures de l'âme et du corps, les infirmités contractées par les fils de la première Ève et les morsures du venimeux serpent : fleur d'immortalité que la mort a moissonnée, mais qui bientôt a reparu plus belle et plus glorieuse dans sa Résurrection et son Assomption.

Marie est la production la plus admirable du céleste Jardinier ; comme le palmier qui domine tous les arbres, elle est élevée elle-même au-dessus

1. A Tivoli.

de toutes les cimes ; comme le cèdre inaltérable, elle est préservée de la corruption du péché ; comme l'olivier, elle est l'emblème de la paix ; comme *le laurier, elle est la couronne du guerrier vainqueur !*

Joignons nos voix aux chants éternels de la troupe victorieuse ; cherchons, à son exemple, à obtenir la couronne de lauriers ; ne sied-elle pas bien sur la tête des serviteurs de la *Vierge des lauriers : Virgo lauretana ?*

La main de Marie nous montre sans cesse la Demeure céleste et ses lèvres nous donnent de bons conseils : « *Dieu a résolu*, dit-elle, *d'agréer dans ma Maison les prières de tous les fidèles et de répandre sur eux les trésors inépuisables de sa grâce.* »

D'après cette révélation faite à l'Ermite du Mont-Orso, la Sainte Maison peut donc être appelée à juste titre : une *Trésorière de la Grâce.*

Oh ! combien de grâces signalées ont été distribuées dans cette Maison ! combien de personnes qui, n'ayant rencontré aucun soulagement dans la demeure de leurs amis, ont trouvé à Lorette un adoucissement à leurs maux ! Combien y ont été remplis de consolations divines ; combien de larmes d'une douceur inexprimable ont coulé dans cette Maison et en ont arrosé le sol ; combien de cœurs désenchantés du monde ont rencontré là un asile d'amour et de paix ; combien d'orphelins y ont trouvé la plus tendre des mères, la Mère unique créée par le Très-Haut pour tous les malheureux, pour tous les pauvres, pour tous les désespérés ; la Mère aimable dont le regard est plein de douceur et dont la main est prompte à nous secourir ! En vérité la Vierge de Lorette peut dire : « J'AI EXERCÉ MON MINISTÈRE DANS LA MAISON SAINTE. » (Ecclésiastique, XXIV, 14.)

C'est le comble du bonheur d'appartenir à la Famille de Marie. Disons donc à la Vierge de la Sainte Maison, comme Ruth à Noémi : « *Où vous voulez habiter, je veux habiter moi aussi.* » Marie alors vous répondra : « Puisque vous avez voulu loger avec nous sur la terre, nous vous logerons avec nous au ciel. »

Heureux serions-nous à notre dernière heure, si nous avions vécu et si nous pouvions mourir dans cette Maison où JÉSUS et Marie soutinrent la tête de Joseph expirant. Trois fois heureux si nous pouvions recevoir le Viatique, embrasés du feu de l'amour le plus ardent et brûlant du désir d'être unis à la Sainte Famille dans la Maison qui n'est pas *faite de main d'homme et qui durera éternellement dans le ciel.*

Quand nous saluons la Vierge de Lorette par son titre de *Porte du ciel*, prions qu'elle nous obtienne de sortir de ce monde en passant par sa Demeure bénie, car cette Maison est véritablement la Maison de DIEU et la Porte du ciel. Les saints Anges planent sans cesse au-dessus de cette Demeure, ils gardent et consolent ceux qui l'habitent, et, lorsque arrive le jour du départ de ce monde de souffrances, ils les portent, comme autrefois la Sainte Maison, d'un pays ravagé par l'ennemi, au céleste héritage des enfants de l'Eglise.

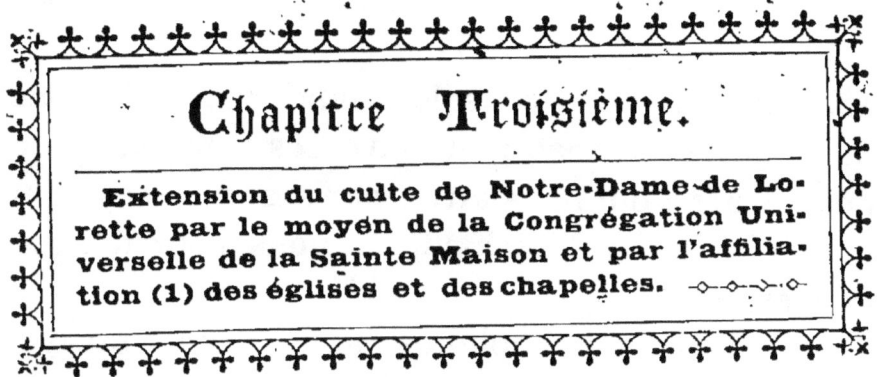

Chapitre Troisième.

Extension du culte de Notre-Dame de Lorette par le moyen de la Congrégation Universelle de la Sainte Maison et par l'affiliation (1) des églises et des chapelles.

La dévotion envers la Sainte Maison s'est grandement développée depuis que s'est établie la *Congrégation Universelle*. Comme une étoile radieuse, elle jette partout l'éclat de sa splendeur. Un million de voix saluent, en plus de vingt langues différentes, la Vierge de Lorette, et sept mille zélateurs en propagent la dévotion.

Les membres de la Confrérie ont la première part dans le bénéfice de ce grand don du ciel, envoyé de l'Orient à l'Occident comme un témoignage sublime de la bonté de Dieu.

Tous les enfants adoptifs de la famille par le lien spécial de la Confrérie reçoivent des soins tout particuliers de notre aimable Mère. La Maison de Marie est pour l'âme ce qu'est le nid pour les oisillons. Il est triste de voir des petits hors du nid ! Il nous faut donc demander une place dans ce nid sous l'aile même de Marie et le plus près de son cœur ; toute âme doit y trouver la paix et le repos.

Cette Chambre est le lieu où l'on nourrit le mieux les jeunes héritiers de l'Immortalité. « La Bienheureuse Vierge, » dit saint Anselme de Cantorbéry, « est notre Nourrice qui donne le lait aux petits

---

1. Pour les conditions de l'*affiliation*, voir chapitre IV de cette partie.

» affamés, qui nous console quand nous pleurons
» dans notre berceau ; qui lave les souillures de
» nos péchés ; qui nous attire par ses caresses ; qui
» nous chérit, nous réchauffe et nous nourrit avec
» délices. »

Sous diverses métaphores, nous avons essayé, dans les deux chapitres précédents, de montrer quelques-uns des bienfaits qui se rattachent à la Congrégation Universelle de la Sainte Maison.

Ce peu de mots aidera le lecteur à trouver d'autres rapprochements.

C'est une belle dévotion de faire des visites spirituelles à la Sainte Maison, de se servir de la *lampe de la réflexion chrétienne :* c'est alors qu'on y trouve des trésors (1).

HEUREUX CELUI QUI HABITE DANS VOTRE MAISON, SEIGNEUR ! (Ps. LXXXIII, 5.) Il est bon de faire des visites spirituelles à la Sainte Maison ; il est meilleur encore d'y *demeurer*. Ceux qui ne font que des visites à Marie lui parlent quelques instants et s'en vont, mais ceux qui demeurent avec elle et se trouvent toujours en sa présence, apprennent et s'enhardissent à lui parler familièrement, et à lui demander ses conseils et son secours dans les besoins de chaque moment.

Où trouver un séjour plus doux que dans la Sainte Maison ? Quand nous participons en quel-

---

1. *Visitabat Beata Maria Nazarethi loca sancta in Camera ubi Filium Dei conceperat..., hodie et quotidie potestis ire Nazarethum ad Cameram ubi Filius Dei fuit incarnatus.* Le Saint parle de pèlerinages spirituels ; *spiritualiter fiet ista peregrinatio.*

que sorte à la vie de la Sainte Famille et que nous voyons Marie et Joseph se dévouer entièrement à JÉSUS, et le Fils de DIEU manifester son amour à sa tendre Mère et à son aimable père nourricier, cette union parfaite des cœurs fait naître dans nos âmes le désir d'aimer JÉSUS autant qu'ils le faisaient, et de les aimer autant que JÉSUS les aimait.

Nous ne sommes pas capables de comprendre, comme Marie et Joseph, toute la tendresse de ce divin Cœur; mais en vivant spirituellement dans sa Maison, en nous tenant nous-mêmes aux pieds du Seigneur, écoutant sa parole, nous pouvons nous initier mieux que partout ailleurs à la connaissance de son amour, et acquérir un acroissement de piété envers notre adorable Rédempteur. Pensons donc souvent à la vie de JÉSUS dans cette Demeure Sacrée : c'est le moyen le plus sûr d'obtenir la paix : « Apprenez de moi, » dit-il, « que je suis » doux et humble de cœur ; et vous trouverez du » repos pour vos âmes. » (S. Matt. XI, 29.)

La piété des fidèles a élevé des églises en l'honneur de la Sainte Maison de Lorette en Italie (1), en France (2), en Allemagne (3), en Autriche (4), en Espagne, en Portugal, en Suisse (5), en Sicile (6), au

---

1. Rome, où il y en a trois ; Naples, Aversa, Milan, Spolète, Mantoue, Crémone.

2. Paris, Issy, Amiens, Reims, Saint-Omer, Rennes, etc.

3. Cologne, Holtum, Bühl, Bergau, Fribourg en Brisgau, Pfalz, Wurtemburg, Gofiau près de Straubing.

4. Vienne, Prague, Waldei près de Prague, Thrudin, Kumburg, Leipa en Bohême, Kifolesburg, Brüm, Salsbourg, Blafana et Ala dans le Tyrol.

5. Acherberge, Biberegg, Guneuberg, Bürglen, Bisemberge, Lichtensteig, Pruntrut, Golothurn près de Sainte-Ursanne.

6. Palerme, Messine.

Lorette.

Mexique, au Pérou, au Paraguay (1) et jusque dans les îles de Fiji (2).

Construisons un Lorette spirituel dans nos cœurs. Que nos voix s'unissent à tant de voix qui bénissent la Vierge de la Sainte Maison. Offrons toutes nos prières comme si nous étions présents au milieu des congréganistes assemblés. Unissons notre culte à celui des Anges et des pieux pèlerins.

Combien il nous serait ainsi plus facile d'élever nos esprits et nos cœurs à la hauteur des sublimes mystères qui s'y sont accomplis ! Quelle ferveur n'éprouverions-nous pas aux grandes fêtes de notre Rédemption.

Si, à l'exemple de la Vierge de Nazareth, nous le méritons nous aussi par notre humilité et notre esprit de prière, les saints Anges viendront nous visiter à notre tour, et le Saint-Esprit descendra et « formera JÉSUS-CHRIST dans nos âmes. » (Gal. IV, 19.)

Pour avoir part aux bénédictions qui découlent de la Sainte Maison, enrôlons-nous parmi les membres de la Congrégation. Elle est établie sous le vocable de la *Vierge Immaculée*, célébrant ainsi l'accomplissement dans la Sainte Maison de ce mystère si glorieux pour Marie, si humiliant pour le démon, si consolant pour l'humanité, si fructueux

---

1. Les Jésuites Espagnols eurent l'heureuse inspiration de placer sous le patronage de *Notre-Dame de Lorette*, la Mission qu'ils fondèrent chez les Aborigènes des bords du Paraguay.

2. La Mission, placée sous l'invocation de Notre-Dame de Lorette, est des plus florissantes.

en bienfaits pour tous ceux qui invoquent la Mère de DIEU sous ce titre de prédilection.

Non contents d'être membres de la Congrégation, nous devons être comme autant d'aimants pour attirer les autres à la Sainte Maison. Brûlons d'une sainte ferveur, à l'exemple du Prophète-Roi qui s'écrie : *Le zèle de votre maison m'a consumé* (Ps. LXVIII, 10). Si nous sentons cette flamme sacrée, et si nous l'allumons dans les autres, bientôt tous les catholiques voudront devenir membres de cette Congrégation, et l'on verra se réaliser ce titre prophétique, donné sous le pontificat du grand Léon XIII, de *Congrégation Universelle de la Sainte Maison*. Oui, universelle comme la Confrérie de Notre-Dame du *Mont Carmel* et la Confrérie du *Saint Rosaire*; et comme nous désirons être revêtus, à la vie et à la mort, du saint habit de notre Mère, et porter dans nos mains l'arme que Marie nous a donnée, ainsi puissions-nous aussi vivre et mourir dans sa chère Demeure ! Puissions-nous avoir une place à sa table pendant la vie, et jouir de sa douce présence au moment de notre mort ! C'est ici notre grand privilège dont il ne faut perdre aucune partie. Nous sommes les membres de cette Sainte Famille qui de trois personnes s'est multipliée en un nombre incalculable. La Sainte Maison est ce toit paternel où tous les membres de cette immense Famille doivent se trouver réunis, où tous doivent se savoir et se sentir enfants d'une Mère incomparable, frères de notre béni Seigneur et Sauveur, fils et filles d'un compatissant Père adoptif, auquel Dieu confia le soin de son Fils unique.

Une place dans cette Maison paternelle nous est présentement offerte par l'établissement de cette *Congrégation Universelle*. La porte de la Sainte Maison est devenue grande ouverte. Notre place y a été préparée ; ne soyons pas satisfaits avant de l'avoir occupée ; soyons par le droit de nos privilèges ce que nous avons le devoir d'être : membres de la Famille de la Sainte Maison. Jésus, Marie et Joseph nous attendent, et nous ouvrent leurs cœurs et leurs bras pour nous accueillir dans leur bienheureuse compagnie. Allons donc avec la confiance de vrais enfants, entrons sous ce toit paternel et que l'*Alma Domus* daigne nous recevoir.

O Très Sainte Famille de Jésus, Marie, Joseph, espérance et consolation des familles chrétiennes, recevez la nôtre ; nous vous la consacrons tout entière, et pour jamais.

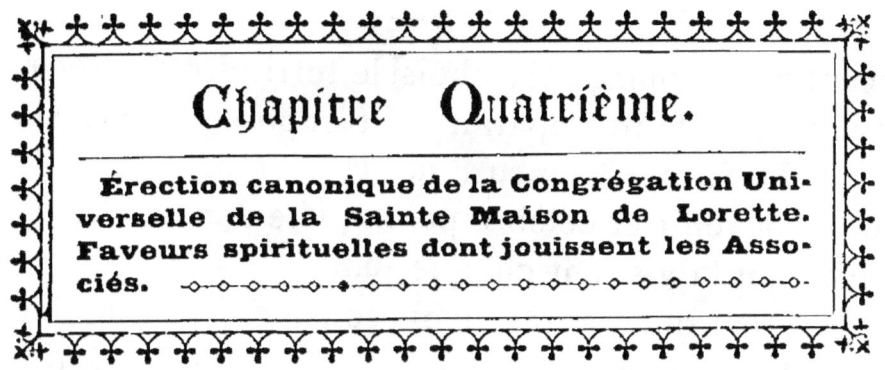

Chapitre Quatrième.

Érection canonique de la Congrégation Universelle de la Sainte Maison de Lorette. Faveurs spirituelles dont jouissent les Associés.

Décret de Monseigneur Thomas Galucci, évêque de Lorette et de Recanati.

BIEN que, faibles créatures revêtues d'un corps d'argile, nous ne puissions comprendre ni même concevoir la grandeur des dons que nous réserve la Sagesse et la Providence du Très-Haut, dont les jugements sont insondables et les voies incompréhensibles : cependant, si nous considérons avec piété et humilité les œuvres sublimes et merveilleuses que DIEU a opérées devant nos yeux sur la terre de notre pèlerinage, nous nous sentons pénétrés de tous les sentiments d'admiration et de reconnaissance dont nous sommes capables envers leur Tout-Puissant Auteur, et nous employons toutes nos forces à exalter jusqu'au ciel ses prodigieux ouvrages.

Parmi ces œuvres, si nous fixons notre attention sur cette mystique Arche d'Alliance qui est gardée et vénérée dans le très auguste Temple de Lorette, qui pourrait nous empêcher de nous écrier dans un transport d'admiration et de piété : « *Non fecit taliter omni nationi !* » DIEU n'a traité aucune nation comme il a traité l'Italie, et surtout la province du

Picenum (1), puisqu'Il a choisi le territoire de Recanati pour y faire apparaître et reposer il y a six siècles la Sainte Demeure de Nazareth, vénérable par le souvenir et célèbre par la piété des nombreux fidèles qui la visitent chaque jour.

C'est pourquoi, après avoir considéré et examiné avec attention le bien qui a été fait dans l'Église catholique, et qui ne cesse de s'y faire encore aujourd'hui, pour la plus grande gloire de DIEU et le salut des âmes, par le moyen de plusieurs pieuses associations de fidèles se consacrant sous des vocables divers à la Bienheureuse Vierge Marie Mère de DIEU et notre Mère bien-aimée, nous avons résolu de propager de plus en plus et de toutes nos forces le culte et la dévotion de la Mère de DIEU dans sa Très-Sainte Maison de Lorette.

Désirant donc, avec la grâce du Seigneur et le secours de la Bienheureuse Vierge, mener à bon terme notre projet d'étendre encore davantage le culte de Marie, que l'on peut déjà appeler universel, nous instituons et érigeons par ces présentes lettres une pieuse association ou union, ou mieux une Congrégation Universelle de la Sainte Maison de Lorette. Nous la déclarons canoniquement érigée et instituée, de sorte que tous les chrétiens qui accourent nombreux à ce Sanctuaire peuvent se faire inscrire comme membres participants de cette Congrégation, en témoignage de leur dévotion pour les saints mystères qui s'y sont accomplis. C'est là en effet que la Reine des Vierges fut saluée Mère du

1 Ou Marche d'Ancône.

N° XXXIV. — Mgr Gallucci accompagné de son Secrétaire, Président de la commission épiscopale pour les œuvres de la Santa Casa, M. le chanoine Andrenellé, et du Directeur général de la Congrégation Universelle de la Sainte Maison, le R. P. Pierre-Marie de Malaga.

Sauveur du monde par l'Ange de DIEU, et que *le Verbe se fit Chair*. C'est là que cette Vierge Sainte vécut avec son très chaste époux Joseph et avec JÉSUS, la Vie véritable, qui fut appelé Nazaréen d'après le nom du domicile de sa Mère.

Nous proposons ci-après quelques exercices ou *pratiques de piété* dont les nouveaux associés devront s'acquitter afin de jouir des faveurs spirituelles attachées à l'œuvre. Mais, pour augmenter encore ces faveurs et obtenir des fruits spirituels plus abondants, nous avons l'intention de solliciter humblement du Saint Siège de plus amples pouvoirs à cet effet.

De plus, nous exhortons tous les fidèles, tant ceux de Lorette que les étrangers, à s'inscrire avec un pieux et joyeux empressement sur les registres qui vont s'ouvrir par les soins des Révérends Pères Capucins chargés du service de cette Sainte Maison.

Enfin nous faisons savoir à tous que la nomination et la confirmation des pouvoirs du Directeur général de la nouvelle Congrégation sont réservées à nous et à nos successeurs. Aujourd'hui, nous déclarons nommer Directeur général le Révérend Père Pierre-Marie de Malaga, prêtre du même Ordre des Mineurs Capucins de Saint-François.

Nous avons décrété et décrétons tout ceci de notre autorité ordinaire, mettant notre confiance dans le secours divin et dans la protection toute spéciale de la Vierge Immaculée et de son époux saint Joseph.

Donné à Lorette le 27 Mai 1883. Thomas, Evêque de Lorette et Recanati.

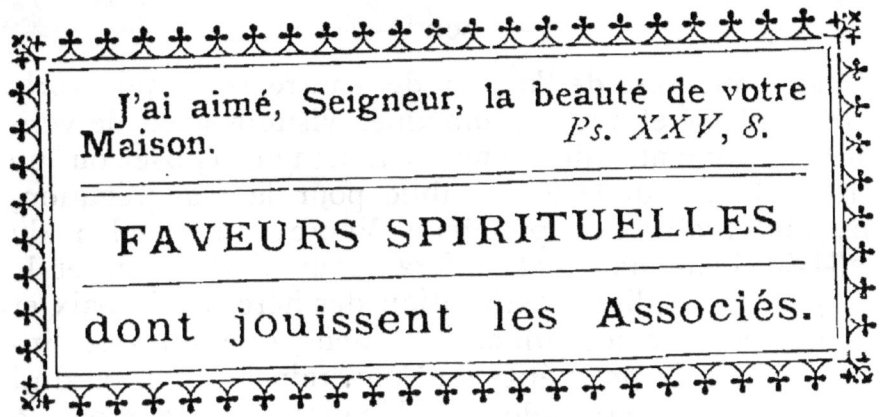

J'ai aimé, Seigneur, la beauté de votre Maison. *Ps. XXV, 8.*

FAVEURS SPIRITUELLES

dont jouissent les Associés.

1. — Indulgence plénière le jour de l'admission après s'être confessé et avoir reçu la sainte Communion.

2. — Indulgence plénière à l'article de la mort en participant aux susdits sacrements, et, à défaut de pouvoir le faire, en invoquant avec un cœur contrit le saint nom de JÉSUS, ou en donnant quelque autre signe de pénitence.

3. — Indulgence plénière en s'approchant des sacrements et en visitant son église paroissiale le 25 mars, fête de l'Annonciation, et le 10 décembre, anniversaire de la Translation de la Sainte Maison en Italie.

4. — Autre Indulgence de 50 jours une fois le jour, en baisant la médaille de la Sainte Vierge de Lorette et disant : Vierge de Lorette, priez pour nous.

5. — Participation à toutes les grâces, privilèges et Indulgences dont on jouit dans la Prima Primaria de Rome.

6. — Les agrégés enfin ont part à toutes les bonnes œuvres et aux suffrages qui se pratiquent dans l'Ordre des Capucins.

N. B. 1. — Toutes les susdites Indulgences sont applicables aux âmes du Purgatoire.

2. — Les agrégés participent aussi à toutes les grâces attachées à la Sainte Maison.

3. — Il sera célébré une Messe tous les mois dans la Sainte Maison pour les associés.

4. — Il est indispensable de donner ses nom, prénoms et le lieu de sa naissance pour être inscrit.

Chaque membre de l'un ou de l'autre sexe qui, après s'être confessé et avoir communié, visitera avec de véritables sentiments de componction une église ou un oratoire, le jour de la fête établie pour la Congrégation, dans l'intervalle des premières Vêpres au coucher du soleil du lendemain, et priera pour l'extension et le triomphe de l'Eglise, l'extirpation des hérésies, la paix et la concorde entre les princes chrétiens, et enfin pour l'indépendance et la prospérité du Souverain-Pontife, ou dira quelque autre prière selon sa dévotion, gagnera par là l'Indulgence plénière.

Si la Congrégation avait un autre titulaire ou protecteur outre la Bienheureuse Vierge Marie, au jour de la fête de ce même saint titulaire est concédée une Indulgence plénière aux conditions requises plus haut.

Pareillement, si, avec l'approbation de l'Ordinaire, la fête de la Bienheureuse Vierge ou du Saint titulaire venait à être transférée à un autre jour de l'année, l'Indulgence plénière pourra être gagnée ce jour-là ; et si elle coïncidait avec une fête de rite double, il suffira de célébrer une seule Messe votive de la fête transférée.

INDULGENCES PLÉNIÈRES.

Gagnera l'Indulgence plénière avec rémission de tous ses péchés le jour même de la réception, quiconque s'inscrira à la susdite Congrégation après avoir communié dans l'église où elle est instituée, ou dans toute autre mieux à sa portée.

Tous les associés pourront, aux jours de la Nativité et de l'Ascension de Notre-Seigneur, ainsi que de l'Annonciation, de l'Assomption, de la Conception et de la Maternité de la Sainte Vierge Marie, gagner l'Indulgence plénière après s'être confessés et avoir communié.

Les zélateurs prêtres, après en avoir obtenu une fois pour toutes l'autorisation de leurs Ordinaires respectifs, pourront appliquer l'Indulgence plénière à tous les membres ou zélateurs de la Congrégation qu'ils visiteront dans leurs maladies, les exhortant à souffrir avec patience, et même à accepter avec une sainte résignation la mort qui leur vient des mains du Seigneur ; pour cela cependant ils devront réciter au moins trois *Pater* et trois *Ave* devant une image de JÉSUS crucifié, selon les intentions du Souverain-Pontife, et le malade devra avoir communié ce jour-là même.

Les associés choisiront dans l'année deux semaines pendant chacune desquelles ils pourront gagner une Indulgence plénière, en visitant une église où se conserve le Très-Saint Sacrement, et après y avoir communié à la suite d'une confession générale de toute la vie, ou qui remonte au moins à la dernière confession générale bien faite.

INDULGENCES de SEPT ANS,
qu'on peut gagner « toties quoties ».

Gagneront cette Indulgence les membres qui accompagneront à la sépulture ecclésiastique le corps d'un associé ou de tout autre fidèle mort dans la communion de la Sainte Église.

Ceux qui, en entendant sonner le glas pour l'agonie ou la mort de quelqu'un, prieront DIEU de lui accorder une bonne mort ou le repos éternel.

Ceux qui entendront la sainte Messe les jours non prescrits.

Ceux qui feront l'examen de conscience avant de se coucher.

Ceux qui visiteront les malades dans les hôpitaux ou dans leurs propres habitations.

Ceux qui visiteront les prisonniers.

Ceux qui procureront la réconciliation entre ennemis.

AUTRES INDULGENCES.

Les associés participeront à toutes les Indulgences des Stations des églises de Rome *intra muros* ou *extra muros*, pourvu qu'aux jours de carême et autres fixés pour ces mêmes Stations, ils visitent l'église de leur résidence en y récitant sept *Pater* et sept *Ave*.

Toutes les Indulgences décrites jusqu'ici pourront être gagnées par les associés en quelque lieu qu'ils accomplissent fidèlement les œuvres prescrites dans l'église de leur résidence, ou dans toute autre qui leur conviendra.

INDULGENCES pour les DÉFUNTS.

Quoique toutes les Indulgences dont il a été parlé jusqu'ici soient applicables aux défunts, il en est cependant de plus spéciales pour eux.

L'autel de la confraternité est privilégié pour tout prêtre qui célèbre la Messe pour un membre défunt.

De même aussi, tout autel où la Messe est dite par un prêtre quelconque pour un membre défunt de la Congrégation, devient par là même autel privilégié.

AUTRES PRIVILÈGES.

Les agrégés pourront encore gagner l'Indulgence plénière, et obtenir la rémission de tous leurs péchés, en visitant une église de la Congrégation où sera exposé le Très-Saint Sacrement pendant ce qu'on appelle les Quarante Heures.

Les membres qui pratiqueront la pieuse et louable coutume de faire les exercices spirituels, quand ils ne pourraient, à cause de circonstances de temps et de lieux, accomplir les huit jours de retraite prescrits, et n'en feraient que cinq ou six, gagneront la même Indulgence que s'ils avaient accompli le cours entier des saints exercices.

HONORAIRES des MESSES.

Elles sont dites à 2 francs dans la Sainte Maison, et à 1 franc 50 dans la Basilique.

PRATIQUES de PIÉTÉ.

STATUTS.

1° Les membres de la Congrégation Universelle réciteront, suivant la pratique de l'Eglise, l'*Angelus* le matin, le midi et le soir, en l'honneur du principal mystère de notre salut, c'est-à-dire l'Incarnation du Verbe, qui s'est accompli dans la Sainte Maison.

Benoît XIV ordonna que l'*Angelus* fût récité debout depuis les Vêpres de chaque samedi et durant tout le dimanche suivant.

Voici les Indulgences de l'*Angelus* et du *Regina cœli* : Indulgence plénière une fois le mois. Indulgence de 100 jours tous les jours de l'année, chaque fois qu'ils les réciteront avec dévotion. Ceux qui ne savent pas par cœur le *Regina cœli* (qui doit se réciter depuis l'*Alleluia* de la Messe du Samedi-Saint jusqu'à la Messe du samedi avant le dimanche de la Très-Sainte Trinité), gagneront les mêmes Indulgences en récitant l'*Angelus*.

Enfin Sa Sainteté le pape Léon XIII, par rescrit du 3 avril 1884, a daigné accorder les susdites Indulgences aux fidèles qu'un motif raisonnable empêche de se mettre à genoux ou de faire attention au son de la cloche, pourvu qu'ils récitent dignement, avec attention et avec dévotion, le matin, ou vers midi, ou le soir, les versets *Angelus Domini* avec les trois *Ave Maria*, le verset *Ora pro nobis*, etc., et l'oraison *Gratiam tuam*, etc.; et, pendant le temps pascal, l'antienne *Regina cœli* avec le verset et l'oraison propres ; comme aussi, s'ils ne savent point réciter par cœur ni lire ces versets, l'antienne et les oraisons, pourvu qu'ils récitent, de la manière dont on a parlé, cinq fois l'*Ave Maria*.

2° Ils s'approcheront du sacrement de Pénitence et recevront la sainte Communion le 25 mars, jour de l'Annonciation, et le 10 décembre, anniversaire de la Translation de la Sainte Maison dans le champ de Recanati aujourd'hui appelé Lorette. En cas d'empêchement, ils pourront communier pendant la neuvaine qui précède ses fêtes ou pendant l'Octave.

3° Ils donneront, suivant leurs moyens, une aumône destinée à l'embellissement de la Basilique de Lorette sous la direction de l'évêque.

4° Ils s'imposeront dans leurs prières la pieuse intention d'intercéder auprès de la Bienheureuse Vierge de Lorette pour la gloire de Notre Sainte Mère l'Eglise catholique, et pour la prospérité de la nouvelle Congrégation ainsi que de ses membres.

La Sainte Maison est aussi le patrimoine des catholiques, et ils doivent prendre à cœur de faire connaître et de propager sa Congrégation Universelle.

Le Père directeur-général de la Congrégation Universelle de la Sainte Maison de Lorette enverra aux prêtres, qui en feront la demande, tous les imprimés nécessaires et les médailles destinées aux congréganistes qui se seront fait inscrire.

Les prêtres qui auront procuré un certain nombre de membres à la Congrégation, peuvent devenir *chapelains honoraires* de la Sainte Maison.

Les médailles sont réservées aux congréganistes. Les zélateurs et zélatrices reçoivent un diplôme et une image voilée de Notre-Dame de Lorette.

Toute dame qui fournit une liste entière de nouveaux membres de la Congrégation, a droit à un diplôme de *dame d'honneur* de la Sainte Maison.

Les listes à remplir sont adressées aux personnes qui en font la demande ; une fois remplies, elles sont renvoyées à Lorette, et les noms qu'elles contiennent sont relevés et inscrits sur un *registre général*. Les zélateurs et les zélatrices sont priés de faire connaître au Directeur de la Congrégation les grâces et les faveurs extraordinaires qui auront été obtenues par l'intercession de l'Immaculée Vierge de Lorette.

Toutes les communications concernant l'œuvre doivent être adressées :

Au Révérend Père *Pietro Maria de Malaga*, Directeur général de la Congrégation Universelle de la Santa Casa di Loreto (Marca), Italie.

Pie IX, par une Bulle datée du 26 août 1852 (1), conféra à la Sainte Maison le pouvoir de s'affilier, dans le monde entier, des églises et des chapelles auxquelles elle communique ses privilèges. Nous espérons que la lecture de cette histoire inspirera à quelques âmes la pensée d'ériger des chapelles destinées à être affiliées à la Sainte Maison, et de doter ainsi leur pays d'un sanctuaire où viendront prier les membres de la Confrérie à qui il n'est pas possible d'aller visiter la Vierge de Lorette dans son grand Sanctuaire en Italie. Cette filiation adoptive n'est point

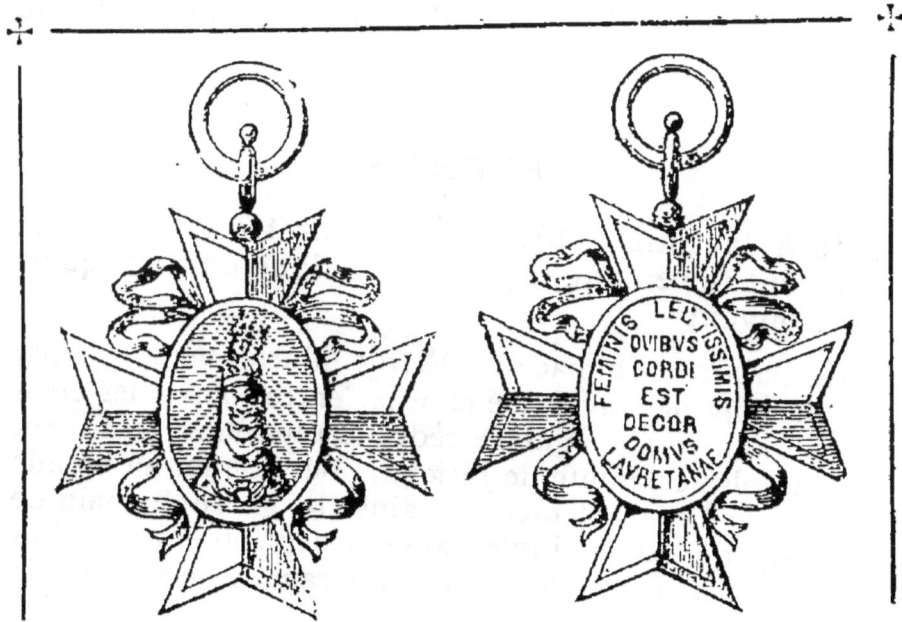

N° XXXV. — Décoration des Dames d'honneur de la Sainte Maison.

un simple titre d'honneur. Toutes églises affiliées à la Basilique de Lorette participent de ses trésors spirituels : l'acte même d'affiliation leur donne des droits sur l'héritage de leur Mère.

Pie IX a accordé cette faculté, dit-il, *afin de faire fleurir d'un bout du monde à l'autre la sainteté de la Maison de la Vierge sans tache et le culte de Notre-Dame de Lorette.*

1. Nous avons cité cette Bulle vers la fin du chapitre VI de la première partie.

CONDITIONS d'AFFILIATION à NOTRE-DAME de LORETTE.

Il faut que l'évêque du diocèse autorise la demande adressée à la Congrégation de Lorette à Rome ; celle-ci accorde gratuitement le diplôme d'affiliation. Hors des cas exceptionnels, il ne peut exister plus d'une seule église, oratoire ou autel de Notre-Dame de Lorette dans chaque ville ; ni les églises déjà agrégées à une Basilique ou Archiconfrérie qui lui communique ses Indulgences, ni les églises des Réguliers ne peuvent être affiliées.

PRIÈRES.

Visite à la Sainte Maison de Lorette, que tous peuvent faire chaque jour en quelque endroit qu'ils se trouvent.

Très Sainte et Immaculée Vierge Marie, vous qui par une grâce spéciale avez été choisie, entre toutes les créatures de l'univers, comme le cèdre le plus élevé du Liban, la rose la plus éclatante de Jéricho, pour donner au monde le Verbe de Dieu, et racheter ainsi le genre humain de l'esclavage de l'ennemi infernal en faisant obtenir aux élus la récompense éternelle et en m'ouvrant à moi-même la voie pour y arriver ;

Vous qui, par un prodige des plus admirables, avez voulu placer au milieu de la Sainte Église cette Maison bénie qui eut l'incomparable honneur de posséder un Dieu fait homme ;

Vous donc, Mère très pieuse et très douce, daignez accueillir favorablement les vœux d'un de vos plus humbles serviteurs ; c'est dans cette confiance que j'ose implorer votre amoureuse et efficace intercession près de Jésus, votre divin Fils, la grâce de... (Ici l'on demande la grâce que l'on désire.)

Accordez-moi aussi le pardon de mes péchés, la persévérance dans le bien, une bonne et sainte mort.
Amen.

Je vous révère, ô Vierge Immaculée avant votre naissance ; Notre-Dame de Lorette, saluée par l'Ange, élevée au ciel, priez pour moi, intercédez pour moi, secourez-moi : *Ave Maria.*

Je vous révère, ô Vierge Immaculée au moment de votre naissance ; Notre-Dame de Lorette, saluée par l'Ange, élevée au ciel, priez pour moi, intercédez pour moi, secourez-moi : *Ave.*

Je vous révère, ô Vierge Immaculée après votre naissance ; Notre-Dame de Lorette, saluée par l'Ange, élevée au ciel, priez pour moi, intercédez pour moi, secourez-moi : *Ave Maria, Gloria Patri.*

℣. L'Ange du Seigneur annonça ici à Marie.
℟. Et elle conçut de l'Esprit-Saint.

Prions.

O Dieu, qui avez consacré miséricordieusement, par le mystère du Verbe Incarné, cette Maison de la Bienheureuse Vierge Marie et l'avez placée miraculeusement au centre de votre Eglise, daignez nous accorder la grâce, qu'après nous être éloignés des tentes des pécheurs, nous soyons rendus dignes de devenir les habitants de votre Sainte Maison, par le même Notre-Seigneur Jésus-Christ, votre Fils, qui, étant Dieu, vit et règne avec vous dans l'unité du Saint-Esprit, dans tous les siècles des siècles. Ainsi soit-il.

Sainte Marie de Lorette, priez pour nous. (40 jours d'indulgences pour chaque fois. Mgr Thomas Gallucci, évêque de Lorette et de Recanati.)

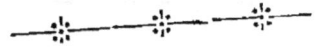

ORAISONS JACULATOIRES.

Bénie soit la Sainte et Immaculée Conception de la Bienheureuse Vierge Marie, Mère de Dieu.
(400 jours d'indulgences. Léon XIII.)

Doux Cœur de Marie, soyez mon salut.
(300 jours d'indulgences. Pie IX.)

PRIÈRE à SAINT JOSEPH

prescrite par Sa Sainteté le pape Léon XIII pour être ajoutée à la récitation du saint Rosaire pendant le mois d'octobre *(Encycl. du 15 août 1889).*

Nous recourons à vous dans notre tribulation, bienheureux Joseph, et, après avoir imploré le secours de votre très sainte Épouse, nous sollicitons aussi avec confiance votre patronage. Par l'affection qui vous a uni à la Vierge Immaculée, Mère de DIEU ; par l'amour paternel dont vous avez entouré l'Enfant JÉSUS, nous vous supplions de regarder avec bonté l'héritage que JÉSUS-CHRIST a acquis de son sang, et de nous assister de votre puissance et de votre secours dans nos besoins.

Protégez, ô très sage gardien de la divine Famille, la race élue de JÉSUS-CHRIST ; préservez-nous, ô père très aimant, de toute souillure d'erreur et de corruption ; soyez-nous propice et assistez-nous du haut du ciel, ô notre très puissant libérateur, dans le combat que nous livrons à la puissance des ténèbres ; et de même que vous avez arraché autrefois l'Enfant JÉSUS au péril de la mort, défendez aujourd'hui la sainte Église de DIEU des embûches de l'ennemi et de toute adversité, accordez-nous votre perpétuelle protection, afin que, soutenus par votre exemple et votre secours, nous puissions vivre saintement, pieusement mourir et obtenir la béatitude éternelle du ciel. Ainsi soit-il. (Ind. de 7 ans et 7 quarant.)

JÉSUS, Marie, Joseph, je vous donne mon cœur, mon esprit et ma vie.

JÉSUS, Marie, Joseph, assistez-moi dans ma dernière agonie.

JÉSUS, Marie, Joseph, faites que je meure en paix en votre sainte compagnie.

(300 jours d'indulgences chaque fois. Pie VII).

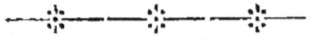

PRIÈRE adressée à la VIERGE DE LORETTE, aux ANGES et aux SAINTS qui ont été en relation particulière avec la Sainte Maison.

O Vierge Immaculée ! tabernacle sanctifié par le Très-Haut, habitation digne du Fils unique de DIEU le Père, demeure exempte de toute souillure, bénis soient les murs témoins de votre Naissance, bénie soit cette Chambre privilégiée où votre nom, ô Marie, fut entendu pour la première fois, ce nom, « mélodie pour l'oreille, joie pour le cœur et miel pour la bouche ! » Nous vous félicitons et nous glorifions le Seigneur tout-puissant, qui a fait en vous de grandes choses dans cette Sainte Maison. Nous vous supplions, par les grâces ineffables que vous avez reçues entre ces murs sacrés, par votre joie immense en apprenant que vous aviez été jugée digne d'être la Mère du Messie, daignez réjouir les cœurs qui vous honorent dans la Sainte Maison.

O Bienheureuse Vierge de Lorette ! « dispensatrice des trésors célestes, » faites que nos âmes reçoivent l'abondance des dons du ciel lorsque nous vous visitons en esprit dans votre Sainte Demeure.

O vous qui « ravissez les cœurs », faites que nous vous aimions ardemment et remplissez-nous d'une tendre dévotion envers la Sainte Maison, pour l'amour de JÉSUS et pour l'amour de vous ; ô notre « défense assurée ! » puisse la confiance que nous avons en vous s'accroître toujours ! daignez protéger à jamais tous les membres de votre famille de Lorette. Vous êtes vous-même le « miracle des miracles » (1) ; aidez-nous à admirer sans cesse les prodiges que DIEU a accomplis en faveur de votre Sainte Demeure et à devenir les ardents propagateurs de la Confrérie de Lorette. Nous nous reconnaissons indignes de *toucher cette arche sacrée* (2) et nos yeux sont trop impurs pour en regarder l'intérieur ; cependant que le Seigneur miséricordieux ne soit pas irrité contre ses serviteurs, et

---

1. Ces diverses citations sont tirées de saint Antoine de Padoue, de saint Bonaventure, de saint Germain et de saint Jean Damascène.
2. 1 Rois, VI, 19 ; II Rois, VI, 6.

puisse notre travail, en l'honneur de la Sainte Maison, être accepté par votre bienveillante intercession. O Vierge clémente ! qu'il soit offert à DIEU par vos mains immaculées dans le plateau d'or de vos mérites sans nombre, afin que nous chantions éternellement ses louanges et les vôtres dans cette Maison qui n'est point faite de main d'homme et qui durera toujours (2).

O vous, saint Joseph, le très digne Chef de la Sainte Famille, heureux témoin de la vie cachée de JÉSUS, heureux confident de ses paroles divines, nous rappelant votre pouvoir sur le Cœur de JÉSUS, nous implorons humblement votre intercession en faveur de la Congrégation de votre Demeure terrestre.

Sainte Anne, dont la maternité a été la plus sublime après la maternité divine, vous qui avez donné naissance dans cette Maison à celle que « *toutes les générations appellent Bienheureuse ;* » saint Joachim, par qui JÉSUS est « *de la race de David selon la chair* », qui avez habité ce lieu sacré ; saint Gabriel, Archange de l'Annonciation et gardien de cette Sainte Maison ; saints Anges qui l'avez portée et avez toujours veillé à sa conservation ; saint Pierre, Prince des Apôtres, qui y avez élevé l'autel ; saint Jacques, qui êtes venu d'Espagne pour la visiter avant de recevoir la palme du martyre ; saint Jean, premier fils adoptif de Marie ; vous tous, saints Apôtres ; sainte Marie-Madeleine et vous, pieuses femmes, qui aimiez la Sainte Maison ; saint Jean-Baptiste et sainte Catherine, dont les chevaliers protégèrent les pèlerins qui se rendaient vers ses murs sacrés ; sainte Hélène, dont la piété éleva un temple en son honneur ; sainte Paule, qui, sur les ailes de la foi, alliez à « Nazareth, la fleur de la Galilée, où fut élevé le Seigneur ; » saint François d'Assise, qui en arrosiez le pavé de vos larmes ; saint Louis, qui offrîtes votre vie en sacrifice pour défendre la Sainte Maison ; saint Pétrone de Bologne, saint Anastase de Perse, saint Jean de Damas, saint Macaire d'Antioche, saint Nicolas de Bari, saint Cyriaque d'Ancône, et vous tous, saints pèlerins de Nazareth ; saint Nicolas de Tolentino, qui prédîtes l'arrivée de ce trésor en Italie ;

2. II Cor. V, 1.

saint François Xavier, qui reçûtes dans la Sainte Maison votre vocation à l'apostolat des Indes ; saint Ignace de Loyola, qui êtes venu mettre votre Compagnie naissante sous la protection de la Sainte Vierge ; saint Louis de Gonzague, sainte Catherine de Sienne, et vous tous, innombrables visiteurs qui avez reçu de Notre-Dame de Lorette de si appréciables trésors : priez pour toutes les entreprises destinées à faire connaître et à propager la *Congrégation Universelle de la Sainte Maison* ; intercédez auprès de notre bonne Mère pour tous les pèlerins de Lorette et pour tous les membres de cette sainte confrérie. *Amen.*

Bienheureux l'homme qui veille tous les jours à l'entrée de ma Maison et qui attend près des colonnes de ma porte. (Prov., VIII, 34)

N° XXXVI. — L'Autel, la Vierge de Lorette et les bustes de sainte Anne et de saint Joseph

LISTE DES GRAVURES

accompagnée d'explications historiques, topographiques, archéologiques, etc. (Les lecteurs trouveront ici des éclaircissements sur bien des choses qui n'entrent pas dans le corps de l'ouvrage.)

Carte des Translations de la Sainte Maison . . 12

I. — Basilique contenant la Sainte Maison. Palais apostolique. *Porta Marina*, à droite de laquelle se voit la station du chemin de fer Adriatique. Promontoire du Monte Conero, ou le mont d'Ancône, qui s'étend à la même longueur que le Mont-Carmel. Entre Lorette et le promontoire on aperçoit le monument rappelant la bataille de Castelfidardo. La ville de Lorette possède 8.500 habitants. Les Sœurs françaises de *Notre-Dame de Charité de Lorette* y ont établi un *Refuge Saint-Joseph* et les Salésiens, un collège. 14

II. — Nef de la basilique montrant l'extrémité ouest de la Sainte Maison, son unique fenêtre, et l'autel dit de l'Annonciation. A droite et à gauche se voient les tribunes où chante un chœur de chanteurs qui rivalise avec celui de St-Pierre de Rome 17

III. — Sainte Maison revêtue de marbre. Les pèlerins du sixième centenaire verront la décoration magnifique du dôme, qui est en train de se faire par le célèbre professeur *Maccari* de Rome. 20

IV. — Intérieur de la Sainte Maison tel qu'on le voit actuellement à Lorette. A gauche, dans le mur du nord, on distingue le dessin de l'ancienne porte qui servait à la Sainte Famille ; on employa, pour la murer, les pierres provenant des nouvelles ouvertures. La sainte Armoire se voit à gauche de l'autel. Derrière le retable de l'autel se trouve une petite chambre contenant le *santo Camino* (le saint

Foyer). La toiture actuelle ne repose pas sur les murs sacrés, mais sur les murs extérieurs, qui sont isolés de ceux de la Santa Casa. L'ancien toit fut enlevé au XVIe siècle et placé sous l'autel ; les étoiles dorées qui ornaient autrefois le plafond sont conservées dans la sainte Armoire. A l'arrivée de la Sainte Maison, le sommet des murs était orné de demi-cercles de bois doré, au milieu desquels il y avait des tasses, des assiettes, des écuelles, scellées avec le plus grand soin. Lorsque, par ordre de Paul III, on abaissa la muraille, on en découvrit quelques autres dans une sorte de cachette ménagée dans l'épaisseur du mur. A droite du *santo Camino* se trouve, au-dessus de la porte, la partie supérieure de la niche ancienne de la statue.

Le soin d'entretenir les lampes et de nettoyer à genoux les dalles de la Santa Casa est confié aux Révérends Pères Capucins, dont deux sont représentés dans la gravure.

De même que la pénitencerie de la basilique se trouve entre les mains des Conventuels, de même l'économat de la basilique et d'autres emplois se trouvent entre les mains des Capucins, ainsi que l'œuvre de la *Congrégation Universelle de la Sainte Maison* ; mais cette dernière est toute récente, elle est née avec le Révérend Père de Malaga. Le couvent actuel des Capucins leur fut donné par le cardinal Barberini (Capucin) dans l'année 1630, mais il y avait déjà, d'après le Révérend Père de Malaga, un demi siècle qu'ils desservaient la Sainte Maison. . . . 25

V. — Sanctuaire actuel de Nazareth : *Chapelle de l'Ange*, bâtie sur l'ancien emplacement de la Sainte Maison ; les fondations laissées sur place autour de la chapelle. Les Grottes sacrées : celle du bas, de six mètres de long sur six de large, est divisée en deux chapelles, dédiées à l'Annonciation et à saint Joseph (1); celle du haut, de quatre mètres de long sur quatre de large, est irrégulière et possède une ancienne porte murée. Les marches sont percées dans le roc et plus obliques que le dessin de coupe ne

---

1. Au plan fait par *Quaresmius*, commissaire des Saints Lieux, et imprimé à Anvers 1639, il n'y avait pas de mur divisant la grande grotte. Si l'on en cherche la raison d'être, il sert d'appui aux deux autels placés dos à dos. Quaresmius a trouvé l'autel de saint Joseph adossé au fond de la grotte du côté du nord, et l'autel dit de l'Annonciation, au centre de la paroi du côté de l'est.

peut le faire voir. Le passage en haut de l'escalier conduit au chœur de l'église en passant par la sacristie. Quinze marches en marbre conduisent de la nef de l'église à la Chapelle de l'Ange. Quand la Sainte Maison était encore à Nazareth et formait la crypte de l'ancienne cathédrale, elle n'avait point d'entrée du côté du sud ; or, y pénétrait toujours par la grotte, ce qui a contribué à l'abriter davantage. L'église actuelle de Nazareth est construite sur l'emplacement du chœur et du transept de l'ancienne cathédrale; d'où il résulte qu'au lieu d'être placée de l'est à l'ouest, elle l'est du nord au sud. (Voir les gravures n°s VIII, IX.) 37

VI. — Intérieur de la Sainte Maison de Nazareth adossée aux Grottes sacrées.
La petite grotte est appelée vulgairement la *Cuisine de la Sainte Vierge*. On n'en connaît pas la véritable destination (1). Les grottes de Nazareth servent de grenier et de cellier. Le cardinal Bartolini dit : « Les habitants
» y déposent les plus grands coffres et ustensiles de la
» maison, et si la famille possède un cheval, une vache
» ou un âne, ceux-ci sont enfermés dans une seconde grotte
» qui communique avec la voie publique par moyen d'une
» porte secondaire 39

VII. — Extérieur de la Sainte Maison tel qu'il a dû être au temps de la Sainte Famille. L'ancien emplacement de la Maison de Marie se trouvant, non pas dans une rue mais aux confins de la ville, au bas de la montagne sur laquelle Nazareth est bâtie, la Sainte Demeure est représentée dans la gravure sans entourage d'habitations, sans terrasse sur le toit. Elle est adossée contre la Grotte sacrée et la porte est placée dans l'espace laissé entre le mur et la partie basse du rocher (2). La véranda, telle qu'on

1. Il y en a qui prétendent que c'était seulement une citerne d'eau de pluie à l'usage de la Sainte Famille.
2. Voyez *Guide de Terre Sainte*, par Liévin de Hamme. M. Capelle de Morslède (Belgique), dans son modèle, grandeur naturelle, de la Maison de la Sainte Famille, a mis une porte à cet endroit même. L'espace qui existe entre les fondations laissées à Nazareth et le rocher au coin sud-ouest de la grotte, a amené cette découverte si importante mentionnée ici pour la première fois dans une histoire de la Sainte Maison.
Ce que dit l'abbé Le Camus de la Grotte de Bethléem pouvait s'appliquer en quelque sorte à la Grotte de Nazareth avant la dite découverte. « Les

l'ajoute souvent aux maisons en Palestine, est faite en joncs légers ; les murs en pierres taillées et le toit en lattes sont enduits de chaux pour les préserver de la pluie. Le bâtiment figuré à gauche sert d'illustration à l'hypothèse que la Sainte Maison comprenait primitivement encore une autre partie, ainsi que le supposent Papebrocke et d'autres critiques 41

VIII. — La Sainte Maison formant la crypte de l'ancienne basilique érigée à Nazareth. Du côté *nord*, on voit la porte qui y conduit par les marches représentées dans les gravures précédentes. « Entré par cette ouverture dans la Grotte, » dit Phocas, « tu descends quelques degrés et » alors tu parcours des yeux cette antique Maison de » saint Joseph dans laquelle l'Ange fit son heureux mes- » sage à la Vierge qui revenait de la fontaine. » Un autre pèlerin du même siècle (1) nous dit qu'il y avait aussi une porte *occidentale*. Un escalier parallèle à celui des grottes aurait été construit pour y conduire, et une entrée a dû être ménagée derrière la petite grotte et dans la nef transversale de la basilique. Vu que Phocas ne mentionne que l'entrée du haut de l'escalier, il est probable que celle d'en bas au coin sud-ouest de la grotte fut murée à l'approche de l'armée de Saladin en 1187.

On peut reconnaître encore la forme de l'ancienne basilique, et les bases de quelques colonnes restent dans leur position primitive. L'église actuelle de Nazareth, placée du nord au sud, est construite sur l'emplacement du chœur et du transept de l'ancienne cathédrale (2) ; sa largeur est de 17 mètres. Le transept de l'ancienne basilique, comme celui de Bethléem, n'avait pas plus de 10 mètres 40 cent. ; et la Sainte Maison se trouvait placée sous le chœur exactement comme la Grotte de la Nativité, qui n'est ni sous le maître-autel ni sous le transept, mais entre l'un et l'autre. Pour la position de l'autel de l'Annonciation dont parle Phocas, voir l'explication de la gravure n° XV.   43

» pèlerins se contentent de prier devant le creux du rocher qui contenait
» la Crèche, sans se demander par où les animaux y venaient manger. Vo-
» lontiers notre foi pour se satisfaire, briserait ces marbres pour voir et
» montrer à tous cette attestation indispensable d'authenticité, *La porte.* »
Notre voyage aux pays bibliques, par l'abbé Le Camus.

1. Voir chapitre I, partie V.
2. Nous avons répété ici ce qui est dit dans le texte.

IX. — Eglise actuelle de Nazareth de style arabe, construite en 1730. Cette gravure représente la même église que le n° V 45

X. — *Chapelle de l'Ange* à Nazareth, bâtie sur l'emplacement primitif de la Sainte Maison. Elle contient deux autels, dont l'un est dédié à l'Archange Gabriel et l'autre à sainte Anne et à son époux saint Joachim. Cette chapelle occupe le devant de la grotte, où se trouve placé l'autel dit de l'Annonciation.

La Chapelle de l'Ange a 8 mètres 50 cent. de long sur 3 mètres 9 centimètres de large. Les fondements de la Sainte Maison laissés sur place restent autour de cette Chapelle. Ils possèdent, paraît-il, une vertu miraculeuse qui se communique aux malades lorsqu'ils touchent à la colonne brisée se trouvant au même lieu (1). Le fût en est solidement fixé dans la voûte, où il est suspendu. Une autre colonne est incrustée dans le mur derrière l'autel de saint Gabriel.

En 1638, Nazareth fut saccagé et livré aux flammes par des Bédouins nomades venus de la rive opposée du Jourdain. Le bris de la colonne provient de ces Bédouins, qui espéraient y trouver un trésor. C'est une croyance répandue dans le pays que les derniers croisés ont enfoui d'immenses trésors dans toute la Palestine.

Plusieurs Franciscains échappèrent à la mort et restaurèrent la Chapelle de l'Ange. Dans le plan fait par *Quaresmius*, l'autel de l'Archange Gabriel se trouvait adossé au mur de l'est de la chapelle, celui de sainte Anne au mur du sud, et celui dit de l'Annonciation, à la paroi du côté de l'est de la grotte (2). Pour la position de l'*Autel de l'Annonciation* qu'a vu *Phocas*, lorsque la Sainte Maison était encore à Nazareth, voir l'explication de la gravure XV, où nous aurons occasion de parler encore des colonnes 47

XI. — Ancien emplacement de la Sainte Maison à Nazareth. Extérieur du couvent des Franciscains, qui recouvre les Grottes sacrées et la Chapelle de l'Ange.   80

---

1. Les fondements eux-mêmes ne se touchent pas, ayant été recouverts par les nouvelles constructions.

2. Le regardant est tourné vers le nord.

Saint Antonin de Plaisance, au VIme siècle, fait un tableau enchanteur de la fertilité de la Galilée. A cette époque, elle était encore couverte d'ombrages qui ont tous disparu. Il a visité la Terre-Sainte pendant qu'elle était sous les empereurs chrétiens, et il a vu l'ancienne basilique de Nazareth dans toute sa splendeur.

« A visiter, dit M. de Lamartine, les lieux consacrés
» par un de ces mystérieux événements qui ont changé la
» face du monde, on éprouve quelque chose de semblable
» à ce qu'éprouve le voyageur qui remonte laborieuse-
» ment le cours d'un vaste fleuve, comme le Nil ou le
» Gange, pour aller le découvrir et le contempler à sa
» source cachée et inconnue ; il me semblait, à moi aussi,
» gravissant les dernières collines qui me séparaient de
» *Nazareth*, que j'allais contempler à sa source mysté-
» rieuse cette religion vaste et féconde qui depuis deux
» mille ans s'est fait son lit dans l'univers du haut des
» montagnes de Galilée, et a abreuvé tant de générations
» humaines de ses eaux pures et vivifiantes ! C'était là la
» source,............ de là avait coulé le christianisme ;
» source obscure, goutte d'eau inaperçue dans le creux
» du rocher de Nazareth, où deux passereaux n'auraient
» pu s'abreuver, qu'un rayon du soleil aurait pu tarir,
» et qui aujourd'hui, comme le grand océan des esprits,
» a comblé tous les abîmes de la sagesse humaine, et bai-
» gné de ses flots intarissables le présent, le passé et l'a-
» venir.......... Comme je faisais ces réflexions, j'aperçus
» à mes pieds, au fond d'une vallée creusée en forme de
» bassin, les maisons blanches et gracieusement groupées
» de Nazareth........ DIEU seul sait ce qui se passa alors
» dans mon cœur ; mais, d'un mouvement spontané et,
» pour ainsi dire, involontaire, je me trouvai à genoux
» dans la poussière (1) ! »

XII. — Visite de saint Louis, roi de France. Le maître-autel se trouve derrière une clôture, appelée cancel ou chancel, et en Orient *iconostase*, à cause des images de saints dont elle est ornée. Saint Louis passe devant l'iconostase pour se rendre à l'entrée de la grotte servant de vestibule à la Maison-Sainte. (Voir grav. n° VIII.) 87

---

1. *Voyage en Orient.*

Les restes de la basilique qui existent de nos jours portent le cachet de l'époque constantinienne. Elle était dévastée pendant les guerres de la première croisade, mais elle échappa à la ruine et Tancrède la restaura. Après la prise de Jérusalem par Saladin elle excitait encore l'admiration de Saewulf.

Quaresmius dit qu'en 1620 on voyait les bases de deux rangs de colonnes. « On voit encore, » dit le cardinal Bartolini, « à la place qu'elles occupaient autrefois,
» deux bases ayant servi à supporter des colonnes. Les
» colonnes, à en juger par leurs débris, étaient d'une pierre
» rouge qui se trouve dans les environs de Jérusalem.
» Quelques-unes étaient en granit d'Egypte. On voit par
» endroits, ajoute-t-il, de grands restes des murs d'en-
» ceinte, formés de gros blocs de pierre régulièrement
» taillés et liés par une couche de chaux assez mince.
» C'est précisément le même mode de construction que
» l'on observe dans l'autre basilique de sainte Hélène,
» conservée tout entière à Bethléem. Cette ressemblance
» parfaite entre les deux églises confirme le témoignage
» des auteurs graves, et nous fournit un argument de plus
» pour attribuer celle-ci à l'époque de Constantin. »

XIII. — Le Mont-Carmel, derrière lequel s'abrite Nazareth. La Sainte Famille allait prier souvent sur le Mont-Carmel, et Marie est appelée *Decor Carmeli*. Suivant Papebrocke, la Sainte Demeure fut confiée aux Carmes de la Galilée pendant plus de mille ans. Saint Louis gravit la montagne pour y payer un tribut de piété à Notre-Dame du Mont-Carmel.

Saint Louis, s'étant arrêté quelques jours sur cette sainte montagne, demanda à son départ, au prieur du monastère, six moines français, les obtint et, accompagné de ces moines, rentra sain et sauf dans son royaume, aux grands applaudissements de ses peuples ; il leur donna de nombreux et très riches monastères.

Hippolyte Marraccio nous raconte l'occasion de cette visite au Mont-Carmel de la manière suivante : « Au commencement de la nuit, une si violente tempête s'éleva sur la mer où le saint roi naviguait, que, les voiles déchirées, les mâts brisés, ils se trouvèrent tous en grand danger de faire naufrage. Mais alors la Mère de DIEU apparut à saint Louis et lui dit : « Ne crains rien ; je serai ton secours et je te délivrerai de ce grand danger de la mer ; aucun des tiens ne verra sa vie en danger ; mais, en reconnaissance de cette faveur que je t'accorde, emmène dans ton royaume des Frères de mon culte se trouvant au Mont-Carmel ; car je désire ardemment qu'ils se répandent dans toute l'Europe. » Elle dit, et la Vierge Mère de DIEU se déroba à la vue de Louis et le laissa plein de la douceur d'une consolation céleste. Pendant ce temps, une douce brise se leva et poussa les navires au pied du Mont-Carmel. Cela arriva à l'heure où les dévôts religieux dont on a parlé plus haut, habitant sur la sainte montagne, donnaient par leurs chants le signal du matin. Le saint roi fit part de sa vision à ses compagnons ; puis il gravit la montagne avec eux pour rendre au DIEU Sauveur et à sa Bienheureuse Mère d'immortelles actions de grâces en reconnaissance du bienfait qu'il avait reçu. »

Le prophète Elie demeura sur le Carmel; on y visite sa grotte, placée sous le maître-autel du monastère des Carmes, qui le vénèrent comme fondateur de l'Ordre. C'est là qu'il dirigea une école célèbre de prophètes, dont les religieux Carmes sont les dignes successeurs.

Des hauteurs du promontoire on aperçoit *Saint-Jean d'Acre* (l'ancienne *Ptolémaïs*), ses tours, ses minarets et son port.

Les Carmes ont été chargés pendant dix ans de la garde de la Sainte Maison à Lorette, de 1489 à 1499 . . 89

XIV. — Vue de Fiume et du magnifique golfe de Quarnero, prise de la colline de Tersatto. La ville de Fiume s'appelait autrefois *Vitopolis*, en l'honneur de saint Vite son patron. Charlemagne a détruit une ancienne ville liburnienne en Croatie appelée *Tersatica* et située sur ce même golfe, *Sinus flanaticus* ; on croit que la ville actuelle occupe son emplacement.

Quelques-uns ont essayé de jeter du discrédit sur la translation de la Sainte Maison à Tersatto à cause de la vision de Don Alexandre. Mais cette apparition n'est pas citée comme preuve de la translation : elle eut pour effet l'envoi à Nazareth de délégués, qui en reconnurent la réalité, puisqu'ils trouvèrent les mesures et les pierres des fondations laissées en Terre-Sainte exactement les mêmes que celles de la Maison arrivée dans leur pays. Du reste les apparitions de l'Immaculée Vierge sont trop nombreuses pour être révoquées en doute. La Très-Sainte Vierge est apparue à *Ste Catherine d'Alexandrie*, à *Ste Catherine de Sienne*, à *Ste Catherine de Bologne*, à *Ste Martine de Rome*, à *S. Martin de Tours*, à *S. Nicolas de Myre*, à *S. Nicolas de Tolentino*, à *S. Dunstan*, à *S. Ildefonse*, à *S. Albéric*, à *S. Julien de Cuença* au lit de mort, à *S. André Corsini*, et lui prédit le jour de sa mort, à *Ste Claire de Rimini*, et l'invita à quitter le monde, à *S. Thomas d'Aquin*, et le rassura sur la pureté de son âme, à *S. Thomas de Cantorbéry*, à *S. Ignace de Loyola*, à *S. Philippe de Néri*, à *Ste Elizabeth de Hongrie*, à *Thomas à Kempis*, aux *Sept Fondateurs de l'Ordre des Servites*, à *S. Simon Stock*, et lui traça sa mission, à *Ste Thérèse* avec un manteau enveloppant ses religieuses, à *S. Norbert*, et lui désigna le lieu du monastère et l'habit de l'*Ordre des Prémontrés*, à *S. Germain de Montfort*, à *S. Alphonse Rodriguez*, et le consola, à *S. Stanislas de Kostka* tenant l'Enfant Jésus entre ses bras. Elle apparut publiquement à *S. Alphonse de Liguori* et à une multitude d'autres qu'il serait trop long d'énumérer. Et qui pourrait contester l'apparition de l'Immaculée Vierge dans la Grotte de Lourdes en 1858 ?

Cependant les visions et les apparitions ne sont pas présentées comme les fondements de notre foi à la translation de la Sainte Maison de Nazareth. Les preuves intrinsèques et extrinsèques que nous en avons sont nombreuses, évidentes et tout à fait indépendantes des visions 92

XV. — L'Annonciation. 125
Cherchons à reconstituer l'intérieur de la Sainte Maison de Nazareth. Elle était adossée contre la grotte. Regardant à travers la porte donnant sur la grotte d'en bas, on voit l'escalier qui conduit à la grotte d'en haut. A travers la porte du côté droit on aperçoit une espèce d'armoire creusée dans le mur. Les murailles en pierres taillées sont enduites de plâtre (1).

1. On en voit encore quelques morceaux à *Lorette*, mais la plus grande partie a été détachée, surtout par la dévotion indiscrète des pèlerins.

Les coffres sont destinés à recevoir les vêtements, des rouleaux de papyrus, etc. Les lits des maisons de Nazareth ne consistent que dans une natte couverte d'un tapis et des matelas : on les plie et on les met de côté jusqu'à la nuit.

D'après une tradition orientale, la Vierge était assise au moment de l'arrivée de l'Archange Gabriel. Saint Antonin de Plaisance (vers 570), le dernier pèlerin qui a vu la Terre-Sainte sous la domination des empereurs chrétiens, dit qu'il a vénéré le siège sur lequel Marie était assise lorsque l'Archange vint la saluer. Il vit aussi à Sephoris, dit-il, son fuseau et sa corbeille. Daniel, pèlerin de Nazareth du XIIme siècle, dit que l'Archange est entré saluer la Vierge pendant qu'elle se tenait occupée à tisser une étoffe de pourpre. Phocas, pèlerin du même siècle, dit : « La porte est ornée d'un bas-relief en marbre
» blanc dont la délicatesse défierait le pinceau d'un
» peintre. Un Ange se soutenant de ses ailes descend
» vers cette Mère, qui est restée Vierge, et lui offre son
» salut joyeux, pendant qu'elle travaille avec modestie et
» gravité à un ouvrage de laine. La Vierge, effrayée de
» cette apparition inattendue, se détourne, et peu s'en
» faut que son ouvrage ne lui tombe des mains. »

La fenêtre se trouvait placée dans le mur occidental. Elle a porté depuis, paraît-il, le nom de l'Archange Gabriel. On pourrait dire, il est vrai, que cet esprit céleste entra dans la Maison de la même manière que le Sauveur ressuscité dans le Cénacle. Quoi qu'il en soit, l'Archange se serait présenté dans cette partie de la Sainte Demeure. La *Chapelle de l'Ange* à Nazareth, dont les murs étaient, en 1620, tout en ruines, possédait du côté du couchant une fenêtre dite *de l'Ange* (1). Cette Chapelle élevée par l'ordre des Franciscains, qui vinrent s'établir à Nazareth en l'année 1300, pourrait bien être la même qu'a vue Sanutus Torsellus en 1306. Etant bâtie sur l'emplacement primitif de la Sainte Maison et dans le but de la remplacer, la mention d'une *fenêtre de l'Ange* du côté de l'ouest est une confirmation de l'existence dans la Sainte Maison même d'une fenêtre dans cette position, et de l'antiquité de la tradition à l'égard de la place occupée par l'Archange Gabriel.

1. Voir Quaresmius. *Elucidat. Terrae Sanctae.*, lib. VII, cap. 4.

A Nazareth on divise habituellement la maison en deux ou trois chambres selon les besoins de la famille. Le récit de Phocas et l'inspection de la Santa Casa répondent à ces usages. L'architecte Nerucci en effet fit remarquer, en 1531, à Lorette, les vestiges d'une cloison primitive du côté *est*. Ce qui attira l'attention de l'architecte, ce furent probablement les restes d'une poutre sciée qui se remarque encore aujourd'hui aux murs sacrés.

C'est cette cloison, apparemment, que mentionne le pèlerin Phocas, lorsqu'il parle d'un appartement spécial habité par Notre-Seigneur.

En outre, Phocas dit que la Chambre de la Vierge était *petite* et *à droite*.

On voit en effet à Nazareth que le pavement de la partie *ouest* était un rocher calcaire; et l'on croit que la cloison qui séparait la Chambre de la Mère de Dieu, cloison dont l'existence se déduit du témoignage de ce pèlerin grec, se trouvait juste au point où ce rocher finit et fait place au sol. M. Capelle de Morslède, dans son modèle, grandeur naturelle, de la Maison de la Sainte Famille, a mis des grilles en bois, ornées de rideaux à cet endroit même, pour représenter la cloison de la Chambre de la Très Sainte Vierge. — Rien d'étonnant qu'il ne subsiste dans la Santa Casa aucun vestige de cette seconde cloison. En effet, les cloisons qui servent à séparer les appartements d'une même maison sont quelquefois mobiles : elles sont faites tantôt en nattes de roseaux, tantôt en petits barreaux de bois sur lesquels on tire un rideau.

Après l'Ascension de Notre-Seigneur, la Demeure Sacrée fut convertie en chapelle. L'autel était adossé au mur du *sud*, vis-à-vis de l'entrée donnant accès de la grotte à la maison. Phocas nous dit avoir vu la Chambre de la Très-Sainte Vierge *à droite de l'autel de l'Annonciation* et la Chambre de Notre-Seigneur *à gauche du lieu de l'Annonciation*. Daniel, pèlerin russe, nous dit aussi : *On voit à main droite la Cellule de la Sainte Vierge*. Cet igoumène (abbé) nous raconte que, selon la tradition qu'on lui rapporta à Nazareth, la Vierge et l'Archange étaient séparés l'un de l'autre par une distance de deux saggènes, c'est-à-dire de six mètres; or, si saint Gabriel s'est présenté près de la fenêtre qui porte son nom, et si la Bienheureuse

Vierge se tint au centre de la Sainte Maison près du mur du sud, *vis-à-vis de la porte* donnant sur la grotte, on obtient les six mètres dont parle ce pèlerin russe.

Il faut ici se rappeler les changements faits à Lorette au XVIme siècle dans la disposition de la Sainte Maison : à savoir, la porte, l'autel et la fenêtre dite de l'Ange.

(a) Clément VII fit ouvrir de nouvelles portes et fit murer, par respect, celle qui servait à la Sainte Famille pour passer de la maison dans la grotte.

(b) L'autel dressé auparavant directement en face de l'unique porte primitive qui donnait sur la grotte à Nazareth, fut transporté, sous le pontificat de Paul III, du côté *sud* au côté *est*, à l'endroit où on le voit aujourd'hui.

(c) Jusqu'à l'époque de l'ornementation extérieure de la Santa Casa, la fenêtre dite de l'Ange était telle qu'on la voit dans la gravure.

Ainsi à la Sainte Maison de Lorette, où les mesures sont les mêmes que celles des fondations laissées à Nazareth, l'espace entre la fenêtre de l'Ange et l'extrémité gauche de l'autel apostolique était, jusqu'en 1534, de six mètres, juste l'espace mentionné par le pèlerin russe de Nazareth.

Ce que nous venons de dire à l'égard des positions occupées par la Sainte Vierge et l'Archange est confirmé par l'histoire citée dans le texte, d'après laquelle une dame française, possédée de sept démons, indiqua la gauche de l'autel de la Santa Casa de Lorette (dressé alors en face de la porte) comme l'endroit où se trouvait Marie, et la droite de l'autel, près de la fenêtre dite de l'Ange comme le côté où s'était tenu saint Gabriel. Ce sont les positions représentées dans notre gravure de l'Annonciation, qui d'ailleurs est faite d'après les mesures de Lorette et de Nazareth.

Une partie de la grotte, divisée par une cloison mobile, aurait dû servir de chambre particulière à saint Joseph. Phocas appelle et la grotte et la maison, toutes les deux, *antique Maison de Joseph*, parce que, après son mariage, la demeure paternelle de Marie devint la sienne. « Le mariage de Joseph, » dit saint Thomas d'Aquin, « est un » voile sacré qui couvre le mystère de l'Incarnation. Dans » l'ancienne loi il fallut qu'une nuée enveloppât le taber-

» naclé avant que le Seigneur le remplît de sa gloire :
» ainsi la gloire du Seigneur ne serait pas descendue
» dans le sein immaculé de Marie, si le mariage de Joseph
» ne l'eût couvert de son ombre. C'est là cette nuée mys-
» térieuse qui cache aux yeux des hommes les miracles
» renfermés dans le mystère de l'Incarnation. »

Le pèlerin grec nous raconte que la chambre habitée par Notre-Seigneur était privée de lumière (1). Il n'est nullement nécessaire de chercher dans la grotte cette chambre obscure occupée par le Fils de DIEU, parce qu'une cloison séparant la partie *est* de la maison l'aurait dû priver en effet de lumière (2).

Quelques-uns pensent que l'autel dont parlent Daniel et Phocas devait se trouver dans la grotte, à l'emplacement même occupé aujourd'hui par l'autel dit de l'Annonciation ; mais alors comment obtenir les six mètres ? En outre, Phocas ne dit pas que la Chambre de Marie se trouvait en face de l'autel ; il dit au contraire *à droite*. Aussi, à l'égard de la Chambre de JÉSUS, Phocas dit qu'elle se trouvait *à gauche* du lieu de l'Annonciation : or à gauche de l'autel actuel, dit de l'Annonciation, il n'existe pas même un mètre d'espace, l'autel touche presque au rocher (voir gravure X, p. 46).

La crypte visitée par Phocas était formée de la maison bâtie et de la grotte principale. Les mesures des fondations de la maison font voir qu'elle était plus grande que la grotte à laquelle Phocas ne donne pas l'épithète de petite. La *petite chambre* à droite de l'autel ne serait donc pas toute la maison bâtie, mais n'en serait seulement qu'une partie.

Pour les raisons données et à cause des bulles des papes,

---

1. Phocas ne cite aucun témoignage pour appuyer son assertion, mais rien ne s'oppose à ce qu'on accepte cette pieuse tradition.

2. Toutefois, si l'on veut, on peut supposer que Phocas se tenait sur le seuil de l'entrée de la grotte à la maison lorsqu'il fit sa description, et que la chambre privée de lumière était à gauche, non pas de l'autel seul, mais du lieu de l'Incarnation tout entier, c'est-à-dire à gauche de la maison bâtie et ainsi dans la grotte. Dans ce cas, la salle aurait été plus grande, et la raison d'être du *Santo Camino* dans le mur de l'*est* paraîtrait plus évidente. D'autre part, il ne paraît pas probable que Notre-Seigneur habitât la grotte. Du reste la porte extérieure éclairait toute la caverne, car le mur divisant la grotte en deux parties n'existait pas dans le plan de Quaresmius, ni selon la description de Gabriel Bremond publiée en 1697 : ce n'est que depuis qu'il fut construit.

nous ne croyons pas que l'autel mentionné par Phocas et Daniel se trouvât dans la grotte. Si cependant il en était ainsi, toute la partie de la maison adossée à la grotte et transportée depuis à Lorette aurait été appelée par ces pèlerins la Chambre de Marie ; et de même qu'à Lorette l'autel de l'Annonciation est dans la basilique, en dehors de la Santa Casa, de même à Nazareth l'autel dit de l'Annonciation se serait trouvé dans la grotte, et l'autel érigé par saint Pierre aurait été placé dans la Chambre de la Vierge. Toutefois ces suppositions, et d'autres encore (1) qu'on se plaît à faire, laissent intacte la vérité de la translation, comme aussi l'éminente sainteté de la Demeure arrachée par les Anges aux mains des mahométans.

XVI. — Sanctuaire de Tersatto. Eglise paroissiale de Saint-Georges. Ruines du château des Frangipani. 134

Tersatto se trouve en *Croatie* autrichienne, l'ancienne Liburnie, qui faisait autrefois partie de la grande région illyrique. A partir de l'empereur Tibère, l'*Illyricum* était divisé en trois districts judiciaires *(conventus)* et, dans le langage officiel de l'empire romain, on commença à désigner toute l'étendue de l'Illyrie romaine sous le nom de Dalmatie. A cette époque, la Liburnie est devenue le district du nord de la Dalmatie politique. Toutefois il ne faut pas confondre les Liburniens avec les Dalmates. Les

---

1. Beaucoup de gens croient que les deux colonnes en granit marquent les endroits occupés par la Sainte Vierge et par l'Archange pendant que celui-ci s'acquittait de sa mission ; mais la hauteur des colonnes semble indiquer qu'elles n'étaient pas faites pour ce lieu. *Luigi Vulcana della Padula,* dans sa description de la Terre Sainte (A. D. 1563), dit : « Ces colonnes s'élèvent au-dessus de la Cameretta (c'est-à-dire la Chapelle de l'Ange) et au-dessus des ruines de l'église, environ de la hauteur d'un homme (V. Martorelli). » Stephano Mondegazza, dont le voyage en Palestine fut imprimé à Milan en 1616, dit exactement la même chose. Depuis cette époque on a enlevé toute la partie visible au-dessus de la grotte et de la chapelle. On voit encore le trou du crampon de fer qui unissait le bloc supérieur au bloc inférieur de la colonne. Du reste, au témoignage des pèlerins de Nazareth avant la translation, la place de Marie se trouvait indiquée par un *autel* et non pas par une colonne. Un de ces pèlerins ajoute, comme nous savons déjà, que la Vierge et l'Archange étaient séparés l'un de l'autre par une distance de six mètres, tandis que si on prend les deux colonnes comme position exacte de Marie et de saint Gabriel, il n'y a pas plus d'un mètre. Quelqu'opinion qu'on ait sur la destination de ces colonnes, nous devons faire remarquer que celle du sud se trouve *à l'intérieur des fondations laissées par la Sainte Maison,* de sorte que, quand même cette colonne marquerait l'endroit occupé par saint Gabriel, l'Archange ne s'en tenait pas moins dans la partie de la Sainte Maison de Nazareth transportée depuis à Lorette et qui est nommée à juste titre la Chambre de la Salutation Angélique.

premiers habitaient le territoire depuis l'Arsia jusqu'au Titius (Kerka), et les derniers depuis le Titius jusqu'au Drilo (Drino). Il ne faut non plus confondre les Croates avec les Dalmates. Au VIme siècle des colonies slaves s'établirent en l'ancienne Liburnie, et l'on vit s'élever le royaume de Croatie. Depuis cette époque, Tersatto, ou bien l'emplacement du Sanctuaire dont il s'agit, a fait partie de la Croatie (1). En 1052, un chef croate, Pierre Crescimir, réunit la Dalmatie à la Croatie en s'intitulant roi de ces deux pays. Cet état de choses finit en 1088.

Les Dalmates aussi bien que les Croates ont montré beaucoup de zèle envers la Sainte Maison, et la fête de la translation à Tersatto est célébrée par les deux peuples. Les Slaves d'Illyrie étaient convertis par saint Cyrille et saint Méthode, et ils ont conservé pour la plupart la foi catholique. On pense à rétablir à Tersatto l'ancienne Confrérie pour la conversion des Slaves schismatiques de la Russie, Roumanie, Serbie, Bulgarie, Bosnie, etc.

XVII. — La *Madone des Grâces*, envoyée à Tersatto par Urbain V. 140

XVIII. — *Fontaine de Marie* à Nazareth (d'après une photographie de Bonfils). Dès que le soir commence à tomber, le voyageur descend dans la vallée pour aller contempler, à la Fontaine de la Vierge, le défilé des femmes de Nazareth qui s'y rassemblent au déclin du jour. Les pèlerins s'y baignent les mains et la tête par dévotion. 152

XIX. — Eglise de l'Archange Gabriel dans laquelle on vénère la *Source* à laquelle la Vierge est venue puiser de l'eau et d'où elle est retournée à son humble demeure portant l'urne sur sa tête. C'est à son retour de la fontaine que Phocas fait saluer la Vierge par l'Archange. L'église fut bâtie pour recouvrir cette source. L'eau qui alimente la fontaine est amenée par un antique conduit couvert. On voit dans la gravure, du côté gauche de l'église, la fontaine représentée dans l'illustration précédente. Il n'y eut jamais qu'une source à Nazareth : elle est à 600 mètres

---

1. Tersatto est à 45°,40, et la terre ferme de la Dalmatie ne s'étend plus au nord qu'à 44,25'.

de distance de l'ancien emplacement de la Sainte Maison. « Dès que vous avez franchi la porte de la ville, » dit Phocas, « vous trouvez l'église de l'Archange Gabriel, et » *dans une petite grotte, sur la gauche de l'autel,* qui est » dans l'église, une source très limpide épanche ses eaux, » que venait puiser chaque jour la Très-Immaculée Mère » de DIEU. »

Les murailles dont Nazareth fut entouré par Tancrède n'existent plus, et les grecs schismatiques tiennent l'église de l'Archange Gabriel. L'auteur de ce livre peut constater que le reste de cette description du lieu faite par Phocas est très exacte encore aujourd'hui. C'est avec l'ancienne église de Saint-Gabriel, paraît-il, que quelques auteurs anciens, qui n'avaient pas visité Nazareth, ont confondu l'église avec l'atelier de saint Joseph. De nos jours, il ne reste de l'atelier qu'un débris de muraille. . . 157

XX. — Translation de la Sainte Maison en Italie (d'après une antique gravure donnée à l'auteur à *Lorette* par le R. P. Pierre-Marie de Malaga, Directeur-Général de la Confrérie). 166

XXI. — Façade de la basilique. Palais apostolique. 169

XXII. — Notre-Dame de Bon-Conseil, dont la translation miraculeuse rend Genazzano le *Loreto du Latium.* 172

XXIII. — Vue des ruines de l'ancienne église d'où eut lieu la translation de l'Image de Notre-Dame de Bon-Conseil. *(a)* Niche dans laquelle la Sainte Image était placée auparavant 174

XXIV. — Place de la Madone 184

XXV. — Entrée de la Basilique. Ancien Collège Illyrien. 186

XXVI. — Fac-similé des restes d'anciennes fresques peintes sur le mur du nord de la Santa Casa. (Voir Martorelli). 189

XXVII. — Fresques du mur de l'ouest . . . 191

XXVIII. — Fresques du mur du sud . . . 193

XXIX. — Salle des Trésors 200

XXX. — Porte marine. Bastion du côté *est* de la ville. Derrière de la basilique en forme d'une citadelle, flanquée de ses chapelles comme d'autant de tours et couronnée de créneaux 205

 Ce fut après la chute de Constantinople que les Papes ont entouré Lorette de murailles. Il ne faut donc pas confondre cette ville fortifiée avec le *Castel de Loreto* mentionné dans le texte de la donation de Gaulfier, fils de Hugues, en 1062. Ce dernier se trouvait situé dans la paroisse de *Saint-Elpidio sur Mer*, à 26 kilomètres au sud de notre pèlerinage. Le Lorette nommé dans la donation de la comtesse Gaëte, en 1089, était également près de Saint-Elpidio, car on nomme Umbremano dans le texte de toutes les deux donations (1). La ville *(oppidum)* de Lorette dans laquelle l'évêque Ulrich acheta des biens, en 1088, pour les donner à son église, a dû être dans son diocèse de Fermo, — ville à 35 kilomètres au sud du Lorette construit plus de 200 ans après en l'honneur de la Sainte Maison. Enfin, à douze lieues au nord-ouest de l'emplacement actuel de la Santa Casa et antérieurs à son arrivée, il existait, auprès du fleuve Esino, deux villages de Lorette dans le comté de Sinigaglia, Lorette le Majeur, Lorette le Mineur et le Mont de Lorette (2). Ce *Castrum Laureti* était situé près de Rocca-Contrata (3).

 Dans le Dictionnaire géographique d'Amati on compte aujourd'hui 23 endroits appelés Loreto, Loretto, Loreta. Au moyen-âge c'était un nom commun. Ces Lorette tiraient leurs noms des bois de lauriers où se seraient trouvés autrefois des temples païens.

 1. Les propriétés de la comtesse étaient situées entre la mer et les fleuves Aso et Potenza : *Fines erant mare, flumina Aso et Potentia.* Le premier est à 40 kilomètres au sud de l'Aspido, avec lequel on a voulu à tort le confondre. Ils sont marqués tous les deux sur la carte de la Marche d'Ancône par J. Janssonius, et sur toutes les bonnes cartes d'Italie.

 2. Voir l'inventaire des biens du monastère des Camaldules de Saint-Sévère près de Ravenne, rédigé en 1128.

 3. *Castrum Laureti nunc appellatum Loretellum, in agro Roccæ Contrata diœcesis Senogallensis,* voir *Annales Camaldulenses,* t. IX, p. 35.

Tous les historiens du Sanctuaire de Lorette parlent d'un bois de lauriers où la Sainte Maison s'est reposée à sa première arrivée. Non pas ce bois seul, mais tout un district d'une étendue assez vaste s'appelait, paraît-il, Loreto, et cela longtemps avant la construction de la ville actuelle de Lorette. Par exemple, en l'année 1177, Gislain fait mention d'une église de Saint-Jean de Lorette ou de Monte-Ciotto (1).

L'évêque d'Humana donna, le 4 janvier 1194, aux Camaldules de Fonte Avellana (2), une église de *Sainte-Marie sur le fonds de Lorette*. Cette église n'était pas appelée Notre-Dame de Lorette, et ne doit pas être confondue avec la Santa Casa pour les raisons données dans la note.

Les habitants du district de Lauretum au moyen-âge étaient toujours dévots envers la Très-Sainte Vierge. L'église de Sainte-Marie sur le fonds de Lorette ayant disparu, semble-t-il, avant l'année 1249, nous trouvons, en 1285, une autre église, appelée cette fois l'*église de Sainte-Marie de Lorette*. Celle-ci non plus ne doit pas

---

1. *Ecclesia S. Joannis de Laureto, sive de Monte-Ciotto.* Gislain ne désigne pas une *ville*, mais un *district* appelé Loreto. La colline actuelle de Lorette est tout autre que le Monte-Ciotto. Ce dernier est situé actuellement sur a route de Recanati, et la ville ne s'est jamais étendu jusque là.

2. 1° Les Camaldules ne disent nulle part dans leurs annales qu'ils aient eu autrefois la garde de la Santa Casa. Il n'y a aucun mémoire de leur séjour, ni des motifs qui les obligèrent de partir. 2° L'église donnée aux Camaldules aurait cessé d'exister plus de quarante-cinq ans avant l'époque de la translation de la Sainte Maison en Italie, car la liste des églises qu'on voit dans la bulle d'Innocent IV, en 1249, n'en fait pas mention. 3° Le territoire sur lequel était assise la Santa Casa appartenait à la commune de Recanati, et celui sur lequel était située l'église dont il s'agit était la propriété de l'évêque d'Humana. L'acte de la donation n'était pas signé des autorités de Recanati, mais seulement de Monseigneur Jourdain, du Chapitre et du curé de Gardetto. 4° Parmi les biens de l'église cédés par l'évêque d'Humana sont énumérés des moulins à eau. La propriété aurait été aux bords d'une rivière et l'église, non pas au sommet d'une colline, mais au contraire dans la plaine du Musone. 5° Un procès contre des voleurs gibelins qui avaient pillé la Santa Casa en 1315, existe encore dans les Archives de Macerata. Nous y apprenons que le Sanctuaire était desservi par un chapelain. C'était par conséquent tout à fait distinct de l'église paroissiale donnée aux Camaldules. 6° La comparaison des richesses de l'une et de l'autre ; celles de la Santa Casa en 1315 étaient les offrandes des fidèles : » Les voleurs enlèvent l'argent dans le tronc, des torches, des cierges, des » images de cire et d'argent. Ils prennent à la statue de la Sainte Vierge » et de l'Enfant Jésus des guirlandes avec des perles, des écharpes, des » voiles de soie et d'autres étoffes. » Les richesses de l'église cédée aux Camaldules étaient des « terres, des vignes, des oliviers, des saules, des » moulins, l'eau qui les fait marcher, des prairies, des pâturages, des her- » bages, des ornements, des créances et des actions. »

être confondue avec la Santa Casa arrivée plus tard ; car l'évêque avait ses possessions auprès de cette église (1), tandis que la colline où est assise la Sainte Maison était la propriété de la ville de Recanati. L'évêque possédait encore au quinzième siècle des terres dans la plaine du Musone, joignant les forêts de la ville, dites les forêts de Lorette (acte de 1447). Si l'on place l'église dans cette direction, elle satisferait à toutes les indications de l'acte de 1285 (2).

XXXI. — Notre-Dame des Sept-Douleurs de Campo-Cavallo aux environs de Lorette. De même que près de Nazareth se trouve une chapelle dite Notre-Dame de l'Effroi, de même près de ce nouveau Nazareth la Mère des Douleurs a voulu établir un pèlerinage en souvenir de son tremblement.

Non loin de la Montagne du Précipice à Nazareth, il existe encore quelques vestiges de la Capella del Tremore (3). L'âme sympathique de sainte Hélène compatissait à l'angoisse qui devait déchirer le cœur de la Mère de Jésus lorsque les Nazaréens le traînaient pour le précipiter. Marie quitte la maison afin d'empêcher la consommation de l'horrible forfait ! Son amour, ne connaissant pas d'obstacles, sera plus fort, pense-t-elle, que la cruauté des Juifs ! Elle s'efforce d'arriver à l'endroit à temps ! Bientôt ses forces veinnent à lui manquer ! Elle ne peut plus avancer ! Comment exprimer sa douloureuse émotion ? Grande sainte Hélène, qui avez eu l'heureuse inspiration d'élever une chapelle commémorative des tristes terreurs de la Mère éplorée, soyez trois fois bénie ! Puissent les cœurs se multiplier qui sachent ainsi partager les douleurs de Marie !

Revenons au nouveau Nazareth, que voit-on par là ? Dans « la petite chapelle de Campo-Cavallo, située à sept kilo- » mètres de Lorette, » vient-on de m'écrire, « l'Image bénie » de Notre-Dame des Sept-Douleurs a pleuré au mois de » juin l'année dernière. Maintenant encore, cette Image

---

1. *Item habet in fundo Laureti, juxta ecclesiam sanctæ Mariæ de Laureto et viam, modiola III et staria VII.*

2. Si l'on veut entrer dans le détail, on peut consulter le traité du : *Authenticité de la Sainte Maison de Lorette* par M. l'abbé A. Milochau.

3. L'emplacement appartient aux Pères de Terre-Sainte.

» ouvre les yeux comme une personne vivante, à la vue
» de milliers de fidèles, et accorde les grâces les plus
» signalées : conversions, guérisons, etc. Naturellement
» il y a des contradictions, il en faut toujours pour
» les œuvres du bon DIEU, mais les faits sont là. Le
» procès canonique sur cette merveille est déjà avancé.
» La foi se réveille, les blasphèmes diminuent parmi le
» peuple depuis que la Sainte Image se manifeste
» ainsi (1). » 207

XXXII. — Chapelle commémorative du séjour de la Sainte Maison à Tersatto 219
Derrière l'autel se trouve un âtre fait à l'imitation du saint Foyer de la Santa Casa de Lorette. Les pèlerins et les habitants font le tour de l'autel baisant le mur et le Foyer. Une porte à claire-voie sépare le Sanctuaire de la nef de l'église.

Autrefois, d'après le Père *Bart. Kassich* (Dalmate) et les *Fastes de Fiume*, une pierre portait l'inscription suivante : « Ici est le lieu où fut la très-sainte *Demeure de la Bienheureuse Vierge Marie de Lorette, qui est maintenant honorée sur le territoire de Recanati.* » Kassich composa son histoire du miracle en l'année 1617. Torsellini dit, en 1597 : *Quin etiam marmorea inibi tabula exstat perantiqua tanti miraculi ad posteros testis. In quâ incisum :* « *Hic est locus in quo olim fuit sanctissima Domus B. Virginis de Laureto, quæ nunc in Recineti partibus colitur.* » *Harum ego rerum authores habeo haud dubiæ fidei viros complures, qui mihi se vidisse narrarunt.*

XXXIII. — Le saint Joseph de la basilique. . 229

XXXIV. — Monseigneur Gallucci, évêque de Lorette et de Recanati, accompagné de son secrétaire, le chanoine Andrenellé, et du Directeur Général de la Congrégation Universelle de la Sainte Maison, le R. P. Pierre-Marie de Malaga. 263

XXXV. — Décoration des Dames d'honneur de la Sainte Maison. Les couleurs du ruban sont celles de la Sainte Vierge, de l'Eglise et du Pape. 271

---

1. L'auteur de ce livre ne prétend en rien prévenir le jugement de l'Eglise.

XXXVI. — L'Autel, la Niche et les Bustes de sainte Anne et de saint Joseph. 278

Finissons par dire un mot du petit emblème placé à la tête de l'œuvre. (Voir page 4.)

Elle représente la *Médaille du Christ-Roi* que portait sainte Geneviève : elle lui fut donnée par saint Germain et saint Loup. On y remarque le *Labarum* de Constantin, auquel est attachée la promesse de victoire. « Vive le Christ ! »

PIÈCES DIVERSES.

Lettre d'un ermite relatant la translation à un roi contemporain.

Il ne sera pas hors de propos de citer ici la lettre d'un ermite racontant la translation à un roi contemporain qui lui avait demandé des renseignements sur le miracle. On croit que le prince était Charles II, roi de Sicile ; la missive est attribuée à Paul della Selva.

La lettre est ainsi conçue : « Au nom de Dieu, ainsi soit-il.

» Sire, je viens satisfaire la pieuse et légitime curiosité de Votre Majesté m'exprimant le désir d'avoir une relation du célèbre miracle arrivé récemment : je veux dire la translation faite par les Anges de la Sainte Maison de la Vierge Marie dans la province de Picenum en Italie, sur le territoire de la ville de Recanati, entre les fleuves de l'Aspide ou Musone et le Potenza. Je raconterai la chose comme me l'ont apprise des personnes mêmes de Recanati, dignes de la plus grande foi, c'est-à-dire François Petri, chanoine de Recanati, Neguccion, clerc d'une vie exemplaire, et les illustres docteurs en droit Cisco de Cischis et François Percivallino. Ces diverses personnes, ainsi que plusieurs autres gens du peuple, que j'interrogeai sur ce sujet, ont vu le miracle s'accomplir sous leurs yeux, et j'en ai d'ailleurs la relation dans les documents publics.

» L'an de l'Incarnation 1294, le samedi, 10 décembre, lorsque tout reposait dans le silence et que la nuit était au milieu de sa course (1), une douce lumière, partie de l'Orient, vint éclairer la voûte du ciel et frapper d'admiration les yeux de plusieurs habitants du rivage de l'Adriatique. En même temps une harmonie céleste se fit entendre et semblait inviter ceux qui étaient endormis à venir voir s'accomplir une merveille surnaturelle. Ils virent donc transporter dans les airs une maison qu'entourait une vive lumière et que des Anges soutenaient de leurs mains. Ces humbles paysans et bergers, admirant un

1. Sap, XVIII, 14.

tel prodige, tombèrent la face contre terre, adorant Dieu et attendant la fin de ce miracle. Cependant la Sainte Maison, toujours portée par les Anges, s'arrêta au milieu d'un grand bois, et à son passage les arbres eux-mêmes s'inclinaient comme pour vénérer la Reine des cieux ; depuis lors, ils sont restés ainsi penchés et recourbés, tels qu'on les voit encore aujourd'hui. A l'endroit où s'arrêta la Sainte Maison, existait jadis, disent les habitants, un temple dédié à une divinité du paganisme, et entouré d'un bois de lauriers, d'où lui est venu le nom de Lorette, que ce lieu conserve encore maintenant.

» Dès que le matin fut venu, ces bons paysans se rendirent en toute hâte à Recanati et racontèrent ce dont ils avaient été témoins. Les habitants coururent aussitôt au bois des lauriers et reconnurent la vérité de ce qui leur avait été dit. Les uns restaient muets de stupéfaction et d'étonnement, d'autres niaient tout simplement le miracle, mais les bons, c'est-à-dire le plus grand nombre, pleuraient de joie et d'admiration, s'écriant avec le Prophète : « Nous l'avons trouvée dans notre terre, au milieu des bois : Dieu n'a fait ainsi pour aucun autre peuple. » (Psaume CXXXI, 6.) Et entrant avec respect dans la Sainte Maison, ils virent l'image en bois de la Bienheureuse Vierge Marie tenant son divin Fils entre les bras, et se mirent à lui rendre leurs hommages. Après leur retour dans la ville, tous les habitants de Recanati furent remplis d'une grande joie, apprenant de leur bouche les merveilles qui venaient de s'accomplir. Dès lors, ce ne fut plus que pèlerinages continuels à la Sainte Maison ; la Bienheureuse Vierge Marie ne cessait d'y opérer de nouveaux miracles en faveur de ceux qui allaient l'implorer. La renommée de tous ces prodiges se répandit bientôt dans les pays voisins, et peu à peu, jusqu'aux contrées les plus éloignées, tous accouraient à la forêt des lauriers, qui, en peu de temps, fut peuplée de nombreuses habitations en bois pour y recevoir les pèlerins.

» Mais, hélas ! le dragon infernal, qui *va toujours cherchant une proie à dévorer*, ne restait pas inactif. Il suscita des hommes impies et voleurs qui s'établirent, eux aussi, dans cette forêt sacrée, et l'eurent bientôt souillée par leurs meurtres et leurs brigandages. La crainte s'emparait de tous les cœurs et y ralentissait la dévotion. C'est alors qu'un nouveau miracle, à huit mois de distance du premier, vint réveiller la foi et la piété des habitants. La Sainte Maison, portée par les Anges, abandonna cette forêt profanée, et alla se placer sur une colline appartenant à deux nobles frères de Recanati, les comtes Etienne et Simon Rainaldi de Antici.

» Cependant la dévotion des fidèles s'accroissait de plus en plus, et de riches présents venaient orner la Sainte Maison, que gardaient les deux nobles et pieux frères. Mais bientôt l'avarice les tenta : ils s'approprièrent les offrandes, ce qui devint une cause de discorde, et ils cherchèrent dès lors à se dominer l'un l'autre. Après quatre mois de séjour, la Sainte Maison abandonna de nouveau la colline des deux frères, et par un troisième miracle les Anges la transportèrent dans un autre lieu, distant à peu près d'un jet de pierre, au milieu de la voie publique qui va de Recanati au rivage de la mer. C'est là qu'elle est encore aujourd'hui, là que je l'ai vue de mes propres yeux, là que des miracles continuels la rendent de plus en plus célèbre.

» Tous ces prodiges prouvaient assez que cette Maison était bien celle de la Mère de DIEU, celle où le Verbe s'est fait Chair. Cependant, pour mieux s'assurer de la vérité du fait, les anciens de la province de Recanati, assemblés en conseil, résolurent d'envoyer seize des plus illustres d'entre eux comparer les mesures de la Sainte Maison avec celles des vestiges laissés à Tersatto, puis avec les fondements demeurés à Nazareth après son départ. Au nombre de ces envoyés furent élus, pour Recanati, les personnages suivants : pour le quartier de Sainte-Marie, Politus, fils du comte Martii de Politis ; pour le quartier de Saint-Flavien, le jeune marquis et comte Mathieu, fils du comte Simon Rainaldi de Antici ; pour le quartier Saint-Ange, l'illustre docteur en droit Cicottus Monaldutii de Monaldutiis. Ils se rendirent donc avec leurs collègues aux lieux désignés, reconnurent l'état des choses, et revinrent certifier à leurs concitoyens que toutes les mesures concordaient parfaitement, et que les dires des habitants des divers endroits confirmaient pleinement la chose.

» Recevez, Sire, cette courte narration, en témoignage de la vérité de cette translation miraculeuse, ainsi que de ma dévotion envers Votre Majesté. J'ai reçu intacte l'aumône que vous avez daigné m'envoyer pour la Sainte Maison, et j'espère que vous en recevrez la récompense dans le ciel. Au nom du Père, et du Fils, et du Saint-Esprit. Ainsi soit-il. En la Sainte Maison, l'an du Seigneur 1297, le huitième jour de juin (1). »

Le parchemin, officiellement légalisé, fut gardé dans la noble famille de Antici ; il fut copié le 26 juin 1674 par le notaire impérial Dominique Biscia, qui l'a signé comme copie authentique avec Antoine Masi et Joseph Percivalle dans le quartier Saint-Flavien, rue Monte-Volpino. Pour plus de sûreté, cette copie fut déposée dans les archives de Recanati et l'original resta entre les mains de l'évêque d'Amelia, Jean-Baptiste Antici. Jean Cinelli, patricien de Florence, inséra une copie de ce document dans son ouvrage sur *les Beautés de Lorette*, et Martorelli, patricien d'Osimo, près de Lorette, évêque de Monte-Feltro, trouva les manuscrits de Cinelli dans la bibliothèque d'un chanoine à Rome. Il collationna cette copie avec deux autres que possédaient les familles de Luciani et de Antici, et il la livra à la publicité ainsi que les preuves de leur authenticité dans son grand ouvrage intitulé *Teatro Istorico della Santa Casa Nazarena*.

Moroni dit que Charles II fit construire une église à Naples en l'honneur de la Vierge de Nazareth et devint un des bienfaiteurs de Sainte-Marie de Nazareth à Marseille, qui était alors sous sa domination (2).

---

1. Ici suit l'attestation des magistrats : « Nous faisons savoir à tous, et attestons que les faits relatés plus haut sont vrais et conformes à nos annales et à nos archives publiques. En foi de quoi, nous avons fait sceller les présentes de notre propre sceau, et signer de la main de notre notaire public, délégué impérial et maître de nos actes, ce douzième de juin, l'an de la Circoncision de Notre-Seigneur JÉSUS-CHRIST 1297.

» François Jacobi, maître des actes. »

2. *Vivere desiit anno 1309, sepultus in templo divæ Virginis Nazarethæ a se fundato. Vide Summa aurea, t. XI, p. 28.*

La critique catholique n'a pas beaucoup de confiance dans l'authenticité de cette lettre ; Angelita, Riera et Torsellini ne la citent pas si toutefois ils l'ont connue.

Lettre des Magistrats de Recanati, racontant la translation de la Santa Casa du bois à la colline.

Pendant que la Sainte Maison se trouvait sur le terrain des comtes Etienne et Simon Rainaldi de Antici, les magistrats de Recanati envoyèrent à Rome, par un notable, la lettre suivante relatant le merveilleux déplacement de la Santa Casa : « Au nom de DIEU, ainsi soit-il. *Les anciens de la commune de Recanati.*

» Salut à toi, illustre Alexandre-Antoine de Servandis,
» notre bien-aimé et très honoré concitoyen. Quand tu
» arriveras à Rome, tu parleras à notre illustre et digne
» agent et, aussitôt que possible, tu te rendras avec lui, au
» nom de cette cité, en la présence du Saint-Père. Tu
» nous remplaceras dans le baisement des pieds et autres
» respects dus en pareille circonstance. Remettant alors à
» Sa Sainteté tes lettres de créance, tu l'informeras que
» dans ces derniers jours la Santa Casa a été transportée
» du bois miraculeux à la colline des illustres Simon et
» Etienne Rainaldi de Antici, nos honorés concitoyens.
» Tu lui demanderas la grâce que ladite colline appar-
» tienne et revienne de droit à notre cité, afin qu'il nous
» soit possible de bâtir dessus pour la commodité des
» pèlerins et que les offrandes puissent être employées au
» profit de la fabrique. De plus, tu diras à Sa Béatitude
» que, selon les attestations qui te sont données, la con-
» corde n'existe pas entre les deux frères. Pour obtenir
» plus sûrement cette faveur, tu exposeras enfin tout ce
» qui, sans être mentionné ici, t'a été dit verbalement.
» Tu agiras en tout de concert avec notre bienveillant
» cardinal, en vertu des lettres de créance qui te sont
» données, et tu négocieras toute cette affaire de manière
» à ce que les frères susnommés n'en aient pas connais-
» sance.

» Que DIEU t'ait en sa sainte et digne garde.

» Donné à Recanati, le 9 septembre 1295.

» François Panta, chancelier (1). »

1. Cinelli, dont nous avons parlé plus haut, relate qu'il trouva l'original, portant le cachet en cire de la cité de Recanati, entre les mains des mar-

Relation de l'évêque de Macérata.

A quatre lieues sud-ouest de Lorette, est située sur une éminence la ville de Macérata entourée de murs ; elle possède une église cathédrale et une université. L'emplacement des trois dernières translations faisait alors partie du diocèse de Macérata, dont l'évêque, le Bienheureux Pierre Compagnoni, publia, en 1330, un compte-rendu de l'arrivée miraculeuse de la Sainte Maison. Ce pieux évêque parle de la vérité des translations comme étant confirmée par une multitude de miracles et de prodiges. Il donne la date à laquelle la Sainte Maison arriva à Tersatto, ainsi que celle de son arrivée en Italie. Il raconte son séjour dans le bois de Lorette et sur la terre des frères de Antici ; il ajoute comment elle descendit enfin sur la route publique. Ce récit était appris dans les écoles, et Bernardin Cyrille le mit dans son traité sur la Sainte Maison, écrit vers 1550 et imprimé à Macérata en 1576.

Riera dit de cette relation : *De vieilles copies se trouvent de nos jours à Recanati* (1). Torsellini affirme que le Téréman ne fit guère que la reproduire (2). Calcagni en parle aussi dans ses mémoires sur Recanati.

Les objections contre le texte se réduisent à dire que le style n'est pas du quatorzième siècle. Il est en italien, et peut être une traduction du latin faite par Bernardin Cyrille ; ou bien, si l'évêque l'avait écrit en italien, Cyrille a pu en changer plusieurs mots hors d'usage pour le rendre plus à la portée de ses contemporains du XVIme siècle.

quis Jérôme, Philippe et Thomas-Antoine de Antici. Ceux-ci permirent à Cinelli d'en prendre une copie, qu'il inséra dans son ouvrage manuscrit de Lorette écrit vers 1705. Une copie authentique, conservée dans les Archives de Recanati, lui fut aussi montrée par Fébo Fébi, chancelier de la cité. (V. Martorelli, *Teatro Istorico*.)

Quoi qu'il en soit, la Santa Casa peut se passer de cette lettre, parce qu'elle a tant d'autres témoignages.

1. *Unum illud scio multis modis mirificasse Dominum sanctuarium suum excussumque fuisse libellum Recinetensis antistitis jussu, qui miraculosum adventum sanctissimæ domus, aliaque insigniora facta simplici stylo continebat ; cujus opera non solum Picentes historiæ veritatem comprehenderent, et posteris veluti per manus traderent, sed etiam exteri tantæ rei miraculum ediscerent, et quo altius hominum cordibus imprimerentur, sapientissimo concilio fuit statutum, ut præceptores in edocendis primis elementis eo libello uterentur ; sicque factum est, ut infantes e cunis prodeuntes Lauretanam matrem agnoscerent, et pro modulo ingenii venerarentur. Ejus autem pervetusta exemplaria usque ad nostram ætatem Recineti sunt inventa.*

2. *Lauretanæ historiæ summam, (depromptam scilicet ex ea, quæ olim, ut suprà ostendimus, Recineti edita fuerat,) in Lauretana Æde proposuit in gratiam peregrinorum : ut ejus cognoscendæ potestas omnibus foret.* (Torsell. I, I, ch. XXVIII).

Dante et saint Pierre Célestin.

D'après quelques écrivains, *Dante* fait allusion à la *Santa Casa* en disant que *Pierre le Pêcheur était dans la Maison de Notre-Dame sur le bord de l'Adriatique* :

> In quel loco fu'io Pier Damiano
> E Pietro Pescator fù nella Casa
> Di nostra Donna in sul lito Adriano (1).

Le mot « Pescator » pourrait bien en effet signifier successeur du « Pêcheur du lac de la Galilée, » puisque le Souverain Pontife ajoute à la fin de ses brefs ou d'autres écrits : Donné à Rome sous l'anneau du Pêcheur. Or Célestin V est regardé par quelques auteurs comme ayant fait le pèlerinage de Lorette.

Le bruit courut que ce saint Pape, après son abdication, était parti de Rome avec le dessein d'aller en Esclavonie. Ce fut le troisième jour après la seconde Translation, mais il n'avait pas eu le temps d'apprendre que la Sainte Maison de Nazareth fût passée d'Illyrie en Italie. Son intention de se rendre en Esclavonie a fait opiner qu'au lieu de s'embarquer à Ancône, pour aller visiter la Sainte Maison à Tersatto, il était allé à Lorette.

Plusieurs manuscrits disent *peccator* et non pas *pescator* (2) (pécheur et non pas pêcheur). François Dini, originaire de Toscane, dans ses poèmes sur les *Fastes* (A. D. 1701), dit du pèlerinage de Lorette : « Pierre, qui » prenait le nom de *pécheur*, vint se prosterner dans cette » auguste Maison de la Mère de DIEU. » Le commentaire ajoute : « Saint Pierre Célestin, qui s'appelait *pé-* » *cheur*; on croit que c'est de lui que parlait le Dante, » quand il décrivit le pêcheur Pierre vénérant la Vierge » sur le rivage adriatique (3). »

---

1. Dante, *Paradiso*, canto XXI.
2. Divers autres disent aussi *fù* et non pas *fu*, (fus et non pas fut) : dans ce cas saint Pierre Damien aurait dit de lui-même qu'avant d'être ermite, il était moine dans un monastère de Notre-Dame sur le bord de l'Adriatique. Par humilité, les moines s'appellent pécheurs.
3 Le cardinal Bartolini dit : « Dès le temps de Salomon, les temples sa- » crés portent le nom de *Maison de Dieu*, parce qu'à DIEU seul est due » l'adoration suprême ; et alors même qu'on y vénère d'une manière toute » spéciale la mémoire de la Très-Sainte Vierge et des Saints, il n'en est » pas moins vrai que le culte principal se rapporte à DIEU, que l'on glo-

Il est possible que saint Pierre Célestin ait été empêché de visiter la Sainte Maison en Italie par son désir de rester caché parce qu'on n'était pas content de son abdication. Beaucoup de commentateurs croient que Dante parle de *San Pietro degli Onesti*, et du monastère que ce saint avait fondé près de Ravenne pour accomplir un vœu fait pendant une tempête en retournant de Terre-Sainte. Ce monastère prit le nom de *Santa Maria a Porto* en conséquence du prodige suivant :

Le saint vit une statue de la Très-Sainte Vierge venir vers lui et ses moines à travers l'Adriatique, accompagnée de deux anges portant des torches à la main.

Il la reçut avec la plus grande joie et la plaça dans la chapelle. Le prodige eut lieu le premier dimanche après Pâques en l'année 1100. Une statue d'argent de la Madone, avec deux anges portant les torches, donnée à l'archevêque Anselme par l'empereur Frédéric Barberousse, en 1155, et une mosaïque remontant à l'année 1112, qui représente le trajet miraculeux sur les vagues, sont autant de preuves monumentales de ce fait. Le successeur de saint Pierre degli Onesti, le Rev. Père Decabono, *témoin oculaire* de ce miracle, a laissé une declaration qui est conservée dans les archives du Couvent.

» rifie dans ses élus. Si donc Dante, si profondément versé dans les choses
» saintes, et qui connaît si bien la propriété des termes, lors même qu'il
» s'agit des vérités les plus abstraites de la théologie, si Dante appelle ce
» temple sacré la *Maison de Notre-Dame*, on doit croire qu'il ne désigne
» pas par ces mots une église quelconque dédiée à la Sainte Vierge, mais
» sa propre Maison de Nazareth, arrivée depuis peu sur le rivage de
» l'Adriatique. »

PIÈCES JUSTIFICATIVES

citées dans cet ouvrage.

PREMIÈRE PARTIE.

Appendice au Chapitre Premier, p. 18.

Inscription de Clément VIII.

Christiane hospes, qui pietatis votivæ causâ hùc advenisti, sacram Lauretanam Domum vides divinis mysteriis et miraculorum gloriâ toto orbe terrarum venerabilem. Hìc sanctissima Dei Genitrix Maria in lucem edita, hìc ab Angelo salutata; hìc æternum Dei Verbum caro factum est; hanc angeli primum è Palestinâ in Illyricum advexêre ad Tersactum oppidum an. Salutis M. CC. LXXXXI, Nicolao IV summo Pontifice; triennio post, initio pontificatûs Bonifacii VIII (1), in Picenum translata, propè Recinetum urbem, in hujus collis nemore eâdem angelorum operâ collocata est, ubi, loco intra anni spatium ter commutato, hìc postremo sedem divinitùs fixit anno abhinc CCC. Ex eo tempore tàm stupendæ rei novitate vicinis populis in admiratione commotis, tùm deinceps miraculorum famâ longè latèque propagatâ, sancta hæc Domus magnam apud omnes gentes venerationem habuit, cujus parietes nullis fundamentis subnixi, post tot sæculorum ætates integri stabilesque permanent. Clemens Papa VII illam marmoreo ornatu circumquaque convestivit, anno M. D. XXV (2). Clemens VIII Pont. Max. brevem admirandæ Translationis historiam in hoc lapide inscribi jussit, anno

---

1. Célestin V a abdiqué trois jours après la Translation en Italie.

2. Paulus III. Pont. celeberrimum illud Pontificalis magnificenciæ monumentum ab Iulio destinatum, inchoatum a Leone, effectum à Clemente, ipse non quidem omni ex parte perfectum (deerant quippe statuarum pleræque et æneæ valuæ omnes) sed tamen eo perductum, ut absolutum videre posset, aperuit anno huius sæculi XXXVIII opus enimvero egregium ac mirabile, cui nova hæc operum magnificencia quicquam adhuc in pari mole adæquare non potuit. *Vide Lauret. Histor. Tursell. lib. III, cap. 6.*

M. D. XCV. Antonius Maria Gallus, S. R. E. presb. card. et episcopus Auximi, sanctæ Domûs protector, faciendum curavit. Tu hic, hospes, Reginam Angelorum et Matrem gratiarum religiosè venerare, ut hujus meritis et precibus dulcissimo Filio, vitæ auctori, et peccatorum veniam, et corporis salutem, et æterna gaudia consequaris.

Appendice au Chapitre Deuxième, p. 29

RAPPORT OFFICIEL DES ARCHITECTES.

Nel processo autentico che se ne fece, quegli architetti deposero con giuramento così : « Noi sottoscritti architetti e capomastri, secondo la nostra arte e perizia e coscienza, mediante il nostro giudizio, riferiamo, che le sacre mura di questa santa Casa, da noi bene riconosciute dal piano del primo scalino dell'altare a tutta la parte verso l'altare esteriore della Santissima Annunziata, non hanno veruna sorta di fondamento, trovandosi sotto di esse sacre mura terra smossa, ed in alcune parti polvere con brecette, e tufo naturale, come suol essere nei luoghi montuosi ; e in fede di ciò sottoscriviamo la presente di nostra propria mano. » Questa deposizione si trova nell' archivio Lauretano, e si lege stampata nella Lettera Pastorale del vescovo di Recanati monsignor Felice Paoli dell'anno 1802.

Voir *Storia dei Santuari più celebri*. Antonio Riccardi.

Appendice au Chapitre Troisième, p. 32.

ANALYSE DES PIERRES ET DU CIMENT DE LA SAINTE MAISON.

Consegnava al chiarissimo dottore Francesco Ratti, professore di Chimica di molta celebrità nel nostro archiginnasio della Sapienza e membro del collegio medico, quattro campioni, due della pietra Jabes, e Nahari da me portati da Nazareth, e due delle pietre tolte dalle mura della santa casa lauretana, e che trovavansi riposte nella lipsonoteca dell'Emo Card. Vicario, e di altre, che potei togliere da per me dalle mura della s. casa, con permesso pontificio ed assenso dell'altro ottimo Commissario Monsignor Crispino Gasparoli. Che anzi per togliere ogni prevenzione, affinchè il lodato professore non conoscesse cosa fossero quei campioni, che a lui presentava, non posi alcuna indicazione sulle pietre nazaretane, e solamente segnai le lettere B. M. V. Beatissima Virgo Maria sull'involtino di carta, che chiudeva quelle della santa casa. Il professor Ratti adunque, senza conoscere di che trattavasi, instituì le sue chimiche disamine analizzando le proprietà di quei minerali, che avevagli consegnato, ed in foglio che mi transmetteva sotto il dì 11. Decembre dello scorso 1857, mi dava l'esatto risultato della sua analisi. Ecco la sua relazione.

« Ricorderà la Signora Vostra Illma e Rma di avermi
» inviato qualche tempo in addietro quattro piccoli saggi
» di minerali, perchè fossero sottoposti ad analisi chimica.
» Due di questi saggi sebbene involti in carte separate,
» erano distinti colle lettere B. M. V., mentre gli altri
» due, sebbene separatamente incartati, non avevano alcun
» segno che li distinguesse.
» Esaminati da prima i caratteri fisici di ciascuno dei
» quattro saggi, mi sembra che vi sia una rassomiglianza,
» non già fra i due distinti con le medesime lettere B. M.
» V., ma invece fra uno di questi, ed altro senza indica-
» zione, e che ora ho contrasegnato con la lettera X, come
» l'altro distinto con le medesime lettere iniziali B. M. V.
» più la lettera T, che ora vi ho aggiunto per riconoscerlo,
» somiglia il quarto saggio, l'altro cioè senza indicazione,
» e che troverà distinto con la lettrra Y. I due primi
» difatti sono assai più duri, e di color palombino, mentre
» gli altri due sono invece non solo assai poco duri, ma
» hanno di più un color biancastro.
» Egli è vero che ove si considerino attentamente i
» caratteri fisici di ciascuno de'quattro saggi, si trova in
» ciascuno alcunchè di proprio, e che perciò lo fa diffe-

» renziare da tutti gli altri. Quello per esempio, de'due di
» color palombino e più duri, contrasegnato colle lettere
» B. M. V. ha un colore un poco più cupo, una compat-
» tezza un poco maggiore dell'altro, contrasegnato ora
» con la lettera X. al quale, come ho detto, d'altronde so-
» miglia: e relativamente agli altri due, il color bianco,
» in quello distinto colle lettere B. M. V. tende un poco
» al rosso, le molecole sono piccolissime, e molto ravvi-
» cinate, la durezza è pressochè nulla, quasi fosse un pre-
» cipitato chimico, polverulento raccolto in filtro e sec-
» cato: mentre in quello distinto colla lettera Y, non solo
» il colore tende un poco al giallo, ma le malecole sono
» più grosse, è più poroso e un poco più duro. Siccome
» pur queste differenze nella durezza, nella compatezza,
» nel colorito sono fra i saggi, che si somigliano, picco-
» lissime ed a mio credere accidentali, ecco perchè ho
» detto che i quattro saggi inviatimi, fisicamente conside-
» rati potevano dirsi due a due simili.

» Saggiata quindi chimicamente porzione di ciascuno
» de'quattro saggi, è risultato esser tutti della medesima
» natura, essendo tutti costituiti da carbonato di calce, da
» carbonato di magnesia, e da argilla ferruginosa. Che se
» v'è in alcuno dei saggi qualche differenza nelle quantità
» decomponenti, come per esempio, in quello più com-
» patto e di color palombino, contrasegnato colle lettere
» B. M. V. si trova un poco più di argilla e di ferro,
» questa differenza non ne cambia la natura, e dipende
» da condizioni assolutamente secondarie, dall'aggrega-
» zione in ispecie fortuita di diverse dosi dei materiali
» medesimi.

» Soddisfatto così per quanto era in me, l'incarico rice-
» vuto da Vostra Signoria Illma e Rma, e ritornandole la
» porzione dei minerali, sopravanzata all'analisi chimica,
» ho l'onore di rassegnarmi con profonda stima e ris-
» petto.

» Di V. S. Illma e Rma

» Umo e Dmo Servitore

» Francesco Dr Ratti. »

Dall'armadiolo, colle opportune superiori facoltà, ho estratto una bricciola di cemento delle commissure, che ho sottoposto all'analisi chimico, ed eccone il risultato, che me ne dava il lodato professor Ratti in un suo foglio con data del 10 del caduto Gennaio.

« La sostanza trovata da V. S. Illma, e Rma aderente
» a pezzo di pietra calcarea, tolta da antico monumento,
» e consegnatami perchè ne fosse determinata la natura,
» è soltanto di calce, ossia gesso, come dicesi comune-
» mente, impastato con piccoli pezzi di carbone vegetale.
» Non dee recar meraviglia l'averla trovata aderente ad
» un pezzo di pietra calcarea, inquantochè appartenendo
» il gesso in qualche modo (come dice Bendaret nel suo
» trattato di mineralogia) a tutte le specie di depositi, che
» si trovano sulla superficie terrestre, e trovandosi per ciò
» sovente anche nei paesi, dove esiste la pietra calcarea,
» può benissimo essere stata adoperata in un monumento
» insieme a questa pietra come cemento, o come materia
» di decorazione.
» Mi creda qual mi pregio di essere con tutta la stima e rispetto.
》 Di V. S. Illma et Rma

》 Umo e Dmo Servitore

》 Francesco Dr Ratti. 》

Voir *Sopra la Santa Casa di Loreto* di Mgr Dom. Bartolini, Roma. De Propaganda Fide, 1861.

Appendice au Chapitre Quatrième, p. 36.

CONFRONTATION DES SANCTUAIRES DE LORETTE ET DE NAZARETH FAITE PAR LE PÈRE JACQUES DE VENDOME. TÉMOIGNAGE DE THOMAS DE NOVARE, GARDIEN DES SAINTS-LIEUX.

PATER Frater Jacobus à Vandosma, vir in rebus agendis apprime expertus qui ab anno Dom. 1620, usque ad præsentem 1626, sacræ hujus Nazarethæ domus regimen tenet, post multam indaginem et considerationem ad difficultatem respondit, Lauretanam domum fuisse e sancto Nazareth loco, ubi nunc est capella Angeli superaedificata, translatam.

Nec obstat, quod ista non recentior Lauretana appareat; quia id accedit, quod non ut illa custodita sit, ut antea dictum fuit : nec quod ista illâ augustior sit ; quoniam non adaequate supra vetera fundamenta fuit superaedificata, sed infra super ipsum pavimentum praeexistentis domus : et ex eo probat, quod inferius in meridionali et occidentali parte juxta portam recenter factam, e muro ablatis et lapidibus, deprehensum fuit vetus pavimentum, cui dicti lapides haerebant : quare cubiculum proximum antro quod superfuit, et nunc in Nazareth invisitur, ablatum fuit ministerio Angelorum, et in situ illius, etsi non ei adaequetur, quod nunc est sacellum Angeli superaedificatum : et illud mihi postea ostendit.

Quam responsionem oculatus inspector P. Frater Thomas à Novaria amplexus, pluribus explicuit in relatione à se edita de recuperatione sacrae domus Annuntiationis apud Nazaretham, sic enim ait : *Praedictus Frater Jacobus monasterii custos, cum eam sanctae domus partem, quae ad occidentem erat sub fenestra Angeli et ad meridiem prope domus januam ruinae proximam restaurare vellet, ad fundamenta usque soluit vetustatem : quippe quae diligenter et attente considerata sanctae lauretanae domus fundamentum duobus palmis crassum seorsum ab alio adinventum est : quod quidem ad substentandam fabricam, et exornandam interius domum, duobus item palmis latum ex positis lapidibus compactum a priscis illis Christifidelibus ex interiore parte adiectum reperimus. Hoc igitur demisso, a vetusto ac vero incipientes fundamento, lineamque mensurationis rectam ab ipso ducentes, summa omnium exultatione plantae sanctae lauretanae domus per omnia aequalis inventus est Nazareth locus, et fundamenta muris, et domus fundamentis, locusque loco, situs situi, spatiumque spatio, Nazareth inquam et Laureti, dempto quod dixi omnino convenire, ac commensurari, divina opitulante gratia, veraciter invenimus (1).*

1. Opus Fr. Francisci Quaresmii cui titulus Terrae Sanctae Elucidatio tom. II, lib. 7, cap. 4, pag. 837.

Témoignage du P. Étienne de Mondegazza, de
l'Ordre de Saint-Dominique.

In quel luogo dove abbiamo accennato esservi le due Colonne, e dove altre volte era la Casa del S. Patriarca Giosef, (avanti, che dalli Angeli fosse trasportata dove al presente si ritrova) sono i fondamenti di detta Casa, che già tant'anni sono a Loreto si trova.
Relazione tripartita del Viaggio di Gerusalemme.
Lib. 2, cap. 65.
Martorelli, vol. 1, 572.

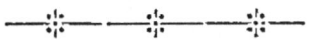

Appendice au Chapitre Sixième, p. 57.

Bulles de Paul II.

Quamvis pro magnitudine gratiarum, quas divina Maiestas, ad intercessionem gloriosæ Virginis Mariæ, fidelibus ad eam pia vota dirigentibus quotidie facit, sanctæque ecclesiæ in honorem nominis sui dedicatæ, sint summa devotione venerandæ etc. Manifestat autem rei experientia ad Ecclesiam Sanctæ Mariæ de Laureto Recanatensis Diœcesis, ubi est Domus et Imago Beatæ Mariæ Virginis ob magna, stupenda, et infinita miracula, quæ ibidem ejusdem Almæ Virginis opera apparent, et Nos in Persona Nostra experti sumus, ex diversis mundi partibus confluere etc. (*Ex Bulla data Nov. 1464.*)

Cum ad Ecclesiam Beatæ Mariæ de Laureto extra muros Recanatensis Civitatis fundatam, in qua, sicut fide dignorum habet assertio, ipsius Virginis Gloriosæ Domus, et Imago Angelico comitatu, et cœtu mira Dei Clementia collocata extitit, et ad quam propter crebra, et stupenda miracula, quæ ejusdem Gloriosæ Virginis meritis, et intercessione pro singulis ad Eam recurrentibus, et ejus auxilium implorantibus cum humilitate, Altissimus operatur in dies, et ex diversis mundi partibus etiam remotissimis, ejusdem Virginis Gloriosæ liberati præsidiis populi confluat multitudo, etc. (*Ex Bulla data Feb. 1471.*)

Bulle de Jules II.

Cum nuper Hieronymus Episcopus debitum naturæ persolverit, Nos attendentes, quod non solum est in præfata Ecclesia de Laureto Imago Ipsius Beatæ Virginis Mariæ, sed etiam, ut piè creditur et fama est, Camera, sive Thalamus, ubi Ipsa Beatissima Virgo concepta, ubi educata, ubi ab Angelo salutata Salvatorem sæculorum verbo concepit, ubi Ipsum suum Primogenitum suis castissimis uberibus, lacte de Cœlo plenis, lactavit et educavit, ubi quando de hoc sæculo nequam ad sublimia assumpta extitit, orando quiescebat, quamque Apostoli Sancti primam Ecclesiam in honorem Dei, et ejusdem Beatæ Virginis consecrarunt, ubi prima Missa celebrata extitit, ex Nazareth Angelicis manibus ad partes Sclavoniæ, et locum Flumen nuncupatum primo portata, et deinde per eosdem Angelos ad nemus Lauretæ mulieris, ipsius Beatissimæ Virginis Mariæ devotissimæ, et successive ex dicto nemore propter homicidia, et alia facinora, quæ inibi patrabantur, in collem duorum fratrum, et postremo ob rixas, et contentiones inter eos exortas, in viam publicam territorii Recanatensis translata extitit : Cupientesque Ipsam, ad quam non minorem devotionis affectum gerimus quam Paulus, et qui secundum carnem Avunculus Sixtus, in spiritualibus, et temporalibus in dies melius gubernari, de Motu proprio, ac de Apostolicæ Auctoritatis plenitudine Unionem, Annexionem, et Incorporationem dissolventes, decernimus, ipsam Ecclesiam sanctæ Mariæ de Laureto ab omni alia, preterquam Sedis Apostolicæ subjectione debere esse immunem, eamque sub Nostra, ac Beati Petri, et Sedis Apostolicæ protectione perpetuo suscipimus, Nobisque, et Successoribus Nostris Romanis Pontificibus pro tempore existentibus, Sedi prefatæ, Gubernatorique per Nos, seu Sedem prefatam inibi deputato subjicimus, et subesse volumus, ipsamque Ecclesiam Beatæ Mariæ in Nostram, ac Sedis Apostolicæ Capellam perpetuo recipimus, etc.

Bulle de Léon X.

Ex motu proprio Kal. Novemb. 1502.

Gloriosissimæ Virginis Matris DEI MARIÆ, a cujus laudibus sicut neminem cessare fas est, ita ad illas explendas neminem sufficere arbitramur. Cum siquidem nullum promptius miseris, aut efficacius peccatoribus refugium apud Deum inveniatur, merito totius animi, mentisque affectibus recolentes Illam in Cœlis primum adorandam, deinde ubique in Terris venerandam, et loca ejus Nomini dicata omni studio ornanda esse censemus, et illa maximè, quæ ipsa Beata Virgo sibi Angelicis comitata Cœtibus eligit, et assiduè in eis, in Fidelium auxilium, et sublevationem, miracula ferè innumera operatur, inter quæ omnium consensu, testimonio, ac devotione Locus ille Lauretanus fama celebris, ac devotorum frequentia cultissimus merito habetur primus.

Cum enim Beatissima Virgo, ut fide dignorum comprobatum est testimonio, E NAZARETH IMAGINEM, ET CUBICULUM SUUM DIVINO NUTU TRANSFERENS, postquam apud Flumen Dalmatiæ Oppidum primò, et deinde in agro Recanatensi in loco nemoroso, ac rursus quodam in colle ejusdem agri particularibus personis addicto posuit : demum in via publica, ubi modo consistit, ILLUC ANGELICIS MANIBUS COLLOCANDO, SIBI ELEGIT, et in eo assiduè miracula innumera illis meritis operatur Altissimus. OB QUOD COMPLURES ROMANI PONTIFICES Prædecessores Nostri, et precipuè fel. record. Paulus II., Sixtus IV., et Julius II., Sacratissimæ Virgini merito devotissimi, quò populo Christiano, Omnipotenti Deo, et Virgini Matri redderent acceptabilem Ecclesiam Lauretanam, quæ tanto miraculo creverat, et augetur in dies, variis et præcipue spiritualibus decorarunt muneribus, indulgentiis scilicet, et peccatorum remissionibus, domosque, agros, bona, ministros, et personas ipsius ecclesiæ ac vicum ubi illa consistit, variis donariis, muneribus, indultis, privilegiis, gratiis et immunitatibus etc.

— 318 —

Bulle de Sixte V.

Considerans oppidum Lauretanum in provincia Piceni situm nullius diœcesis Sedi apostolicæ immediate subjectum in toto orbe celeberrimum, et in eo unam insignem Collegiatam Ecclesiam sub invocatione Beatæ MARIÆ Virginis fundatam excellere, IN CUJUS MEDIO INEST ILLUD SACRUM CUBICULUM DIVINIS MYSTERIIS CONSECRATUM, IN QUO VIRGO MARIA NATA FUIT, ET IBIDEM IPSA AB ANGELO SALUTATA SALVATOREM MUNDI DE SPIRITU SANCTO CONCEPIT, MINISTERIO ANGELORUM ILLUC TRANSLATAM, et ad d. Ecclesiam ob miracula, quæ in dies Omnipotens Dominus intercessione, ac meritis ejusdem Beatæ MARIÆ in eodem Cubiculo operari dignatur, Christifideles ex omnibus Mundi regionibus, devotionis, et peregrinationis causa confluere, et propterea cupiens oppidum, et Ecclesiam hujusmodi dignioribus titulis et nominibus decorare : etc.

Summa aurea de B. V. Maria, tom X, cap. XC.

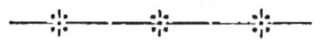

Appendice au Chapitre Septième, p. 72

Le Jubilé de l'année 1300.

Ipso anno post Christum natum M.CCC, qui primus Jubilæi celebritate insignis fuit novi Pontificalis beneficii fama in omnes orbis Christiani regiones perlata incredibilem omnium gentium, totiusque occidentis exivit sedibus suis molem... Nullus pehe dies abibat, quin Urbs ducenta peregrinorum millia hospitio exciperet, præter innumerabilem multitudinem quæ erat in via. Horum igitur plurimi præsertim quibus Recinetum minimè devium erat, miraculorum fama exciti ad Ædem Lauretanam utique diverterunt, testes ac nuncii suis quisque popularibus futuri eorum, quæ de tam inusitato, inauditoque miraculo, non tam aliorum sermonibus accepissent, quam suis ipsimet oculis hausissent. *Lauret. Histor.* Torsell. lib. I, cap. 15.

Clericus quidam, *Jubilæi tempore*, vidit per quietem

santissimam Virginem, cum Filio in ulnis, in *quodam thalamo residentem.* Eam cum clericus genuflexo adorasset, ita ipsa ad eum : « OMNIBUS MISERANS INDULSIT DEUS. » Eo autem subjiciente, *Num et mihi?* subticuit Deipara : rursumque post morulam interjectam, repetiit idem : « OMNIBUS MISERANS INDULSIT DEUS, VIVIS ET MORTUIS. » Prostratus iterum ille, *Num et mihi?* Cui nec tum dato responso, at paulo post ait : « INDULSIT OMNIBUS MORTUIS ET VIVIS MISERANS DEUS, ATQUE ETIAM TIBI. » Et de vivis sileam, certe tunc temporis dæmones per energumenos publice clamabunt omnes animas purgatorii æternam gloriam consecutas. Vide *Pontifices Maximi Mariani.* A. P. Hippolyto Marraccio, cap. LIX.

TROISIÈME PARTIE.

Appendice au Chapitre Premier, p. 114

LETTRE DE L'ÉVÊQUE DE COIMBRE.

JOANNES episcopus Conimbricensis Præsidi Lauretano S. D. Pro meâ erga Lauretanam Virginem religione, ejus ædis lapidem (quod te non fugit), summâ ope, operâque curaveram. Ac demùm interdicti Pontificii religione solutus, à Pontifice Maximo impetrâram, Cardinali Carpensi Laureti patrono non invito. Sed Deus ac Dei Parens haud obscuris argumentis mihi denunciârunt, ut ablatum lapidem Lauretum remitterem. Quippè et inusitatus morbus prosperam meam valetudinem divinitûs afflixit : et piorum Deoque acceptorum hominum monitu hanc morbi causam esse perspexi. Itaque ego nullâ interpositâ morâ, veniam pacemque precatus à Deo, ejusque sanctissimâ Parente, sacrum lapidem per eumdem Franciscum Stellam Aretinum sacerdotem meum, qui istinc eum abstulerat, referendum curavi. Quæso obtestorque ut remissum, quâ par est religionè cæremoniâque recipias ac suo reponas loco, unâ cum calce quæ pariter remittitur. Unum oro, ut arculas argenteas, quibus ea continentur, velut testes miraculi asserves ad posteritatis memoriam sempiternam. Gratissimum quoque mihi feceris, si Cardinalem Patronum ipsumque Pontificem Maximum de totâ re feceris certiores, ut post hâc Censuras Ecclesiasticas in Ædis Lauretanæ violatores ratas esse, ac sanctas velint ; ne quid omninò illinc in posterùm auferatur. Orabis etiam cum istis sanctis sacerdotibus Beatam Virginem, ut hoc, quidquid est, sive erroris, sive culpæ, clementer mihi condonet. Datæ Tridenti VI, Id. Aprilis, Ann. M.D.LXII.

Lauret. Histor. Torsell. lib. IV, cap. 4.

Appendice au Chapitre Deuxième, p. 118

TÉMOIGNAGE DE NOVIDIUS AU MIRACLE DES FLAMMES.

TENET fama anniversarium hoc spectaculum ad Pauli III. Pontif. Max. tempora durasse. Nec ferme ex Lauretanis rebus res est alia nobilior. Itaque id non tantum historici memoriæ providere, sed etiam Novidius Poëta minime obscurus in egregio carmine, quod dicavit Paulo III. Pont. Max. mandavit versibus, quos huic historiæ intexere pretium operæ duximus. Is igitur B. Virginem laudibus efferens ita canit :

> Evenêre igitur, tot stant tibi templa, quot astra,
>   Quotque sibi gentes maximus orbis habet.
> Stent licet, illa placent quibus est hæc orta, juvatque
>   Dicere : In hoc ingens est Dea nata loco.
> Scilicet illius, visu mirabile, in auras
>   Parthum exosa domus vulsa recessit humo ;
> Cumque locis diversa foret, titulosque referret,
>   Ultima Piceni nomina gentis habet.
> Neve sequens ætas mendacia credat, olympi
>   Hâc in nocte illam lambit ab axe jubar.

Lauret. Histor. Torsell., lib. I, cap. 17. Novid. Fast., lib. IX.

Indulgence accordée a l'occasion des flammes.

Urbanus VI. Pont. Max., quamvis schismate et schismaticorum principum armis, atque insidiis exercitus agitatusque, tamen in tanto curarum et negotiorum mole ad Lauretanam Virginem ornandam curæ aliquid derivavit. Nam de *cœlestibus flammis*, V Idus Septembris, supra ædem Lauretanam spectori solitis, certior factus, cœlesti Reginæ honestandæ animum adjecit, Natalemque Virginis lucem, cœlestibus a Deo prodigiis decoratam, pontificiis a Dei Vicario muneribus decorandam, existimavit. Lauretanum igitur domum, ipso Natalis Virginis die, visentibus, cumulatissimam delictorum omnium indulgentiam impertivit.

Vide *Pontifices Maximi Mariani*. A. P. Hippolyto Marraccio, cap. LXVI.
Lauret. Histor. Torsell., lib. I, cap. 21.

QUATRIÈME PARTIE.

Appendice au Chapitre Premier, p. 137.

Hymne chantée a Tersatto (1).

O Maria,
Huc cum domo advenisti,
Ut qua pia Mater Christi
Dispensares gratiam.

Nazarethum tibi ortus,
Sed Tersactum primum portus
Petenti hanc patriam.

Ædem quidem hinc tulisti,
Attamen hic permansisti,
Regina clementiæ.

Nobis inde gratulamur
Digni quod hic habeamur
Maternæ præsentiæ.

1. L'auteur de ce livre l'a lue sur le mur du nord du Sanctuaire.

— 322 —

Inscription se trouvant dans l'escalier qui mène de Fiume au village de Tersatto et au chateau des Frangipani.

Venne la Casa della Beata Vergine Maria da Nazareth a Tersatto l'anno 1291. alli 10, di Maggio e si parti alli 10 di Decembre 1294.

Une partie de cet escalier fut faite par Pierre Krusich en 1531 pour adoucir la montée qui était des plus raides. La situation de l'inscription ne la rapporte pas à une date plus récente que la Translation en Italie, et Glavanich dit : *Habbiamo per tradizione che quella Capella fosse eretta à quei tempi.*

Ceux qui s'étonnent que l'inscription est en italien n'ont pas visité *la gentile città di Fiume, di costumi italiani.* (*La Varietà*, journal de Fiume.)

CINQUIÈME PARTIE.

Appendice au Chapitre Deuxième, p. 163.

Texte de Jérôme de Radiolo, vers 1473.

Unde, et quomodo Ædes S. Mariæ de Loreto initium sumpserit.

Primum omnium Dei Genitricis Mariæ Templorum, quod hac nostra tempestate opimis spoliis, coronisque aureis, argenteis, cereisque (1) Imaginibus, et compedibus, catenis, aliisque instrumentis ferreis, quibus corpora mortalium excruciantur, ornatur ; quibus Virginis Mariæ prodigia mira, et portenta a Christianis devotè conspiciuntur, illud, quod vulgato nomine Sancta Maria de Loreto dicitur, cunctorum assertionibus celeberrimum habetur. Cujus egregii Templi priusquam initium expediam, pauca supra (2) repetam, ut omnia magis in aperto sint. Hanc esse Cameram, seu rectius dicam Thalamum, in quem in Nazareth Galileæ

---

1 Legit Martorell. : *œreisve.*
2. Martorell. : *solum.*

Angelus Gabriel ad Virginem MARIAM de supernis Sedibus missus sit, omnes uno ore autumant, qui Hierusalem Civitatem devotionis gratia adeunt : ceterum voluisse nefanda Barbarorum facinora devitare. Quæ quidem nutu divino per aerem primum in Pannoniam regionem, quam vernacula lingua Sclavoniam dicunt, mirè delata est. Inde aliquot annos post pari modo, id peccatis eorum exigentibus, in Italiam delata est, eamque Italiæ provinciam tenuit, quæ Ager Picenus dicitur, juxta Urbem, quam accolæ Recanatam dicunt. Verum cum confines cujusdam agri duorum Fratrum occupasset, ex quo inter illos discordia oborta, quia uterque ad se de jure obligari diceret, ne ex hoc ad conflictum procederent, in iter publicum, ubi nunc ostenditur, sese contulit. Cujus unde nomen, fama ubique non in Italia tantum, verum in aliis regionibus percrebruit, et si anteà ab ipsâ Virgine Maria eo in loco plurima, et egregia prodigia demonstrata sint, tamen quam paucissimis absolverimus...

Hinc itaque templum istud ante celebre, celeberrimum et excelsum prodigiis cœlestibus et regum ac principum donis et muneribus, qui non solùm ex Italia, verum ex universa plaga cœli, ubi Christi Jesu nomen glorificatur et extollitur, multis passim agminibus per omnes vias illuc cum devotione, et pompâ favorabili advolant, redditum est. Additur et miraculum aliud huic ; quod omnibus aspicientibus et stupori est, et admirationi. Nam cum camera illa, quam supra diximus, præter naturam per aerem delata, humilis sit et angusta, viri qui illi ædi devotissimè præsunt, eam miram et latam dimetientes hujus cameræ, seu capellæ parietibus hærere voluerunt. Cæterum quidquid fundamenti, seu murorum jaciebatur, primo mane sequentis diei conspiciebatur dirutum, constratum et æquatum solo. Cum enim hujus rei fama per urbem, et regiones finitimas manaret, admiratio omnes repentè incessit. Demum secum consultantes utile visum est, procul a thalamo illo gloriosæ Virginis Mariæ parietes et muros latos, et ingentes ædificare. Ad id assensere omnes, et Virgini Mariæ conspicuam, et egregiam ædem dedicaverunt.

Summa aurea de B. V. Maria, t. II, 817.

Témoignage d'Anselme de Pologne,
pèlerin de la Palestine en l'année 1509, p. 163.

Est illa gloriosa civitas Nazareth, ubi Flos florum de radice Jesse pullulavit. Hic est locus, ubi Angelus Gabriel nuntiavit B. V. Incarnationem Filii Dei : sed illa capella, ut fertur, de illo loco translata est ad Loretum per angelos.

Description de la Terre-Sainte, Cracovie, 1514.

Martorell., tom. I, p. 580.

Témoignage de Jean Zuallard, chevalier flamand,
p. 164.

Poco lontano di li è la Chiesa dell' Annunciazone, che è nel piu basso, si discende per 12 scalini etc. li sono i fondamenti della Casa di Gioseffo, nella quale, come si è detto, il Salvatore essendo Fanciullo è stato allevato, e nutrito, e della quale il restante miracolosamente per gl'Angeli è stato trasportato in Christianità, ed al presente in Italia nella città chiamata S. Maria di Loreto, luogo veramente devotissimo, illustre, e risplendente, che merita (siccome in effetto è) di essere visitato da tutte le parti del mondo.

Viaggio a Gerusalemme, Rome, 1586.

Vide Martorell., tom. I, p. 584.

Texte d'Andricomius, 1590, p. 164.

Porro quod ad sacrum angelicae salutationis domicilium attinet, id cum multo tempore hic frequentatum et in honore habitum fuisset, Palaestina Christianam religionem repudiante, ab angelis admiranda ratione Flumen quon Illyrii oppidum fuit, delatum est. Verum cum incolae nullam pretiosissimi thesauri rationem duxissent, tanquam indignis possessoribus ereptum est, ac eorumdem angelorum opera, trans mare per aera vectum, in nobilis cujusdam feminae (a qua nomen Lauretanum hodieque retinet) silva in agro Piceno, seu, ut Itali vocant, Recanatensi collocatum est. . . . .
. . . . . . Quapropter inde jam quarto in viam publicam Recanati translatum est, ac ibi sedem stabilem et

quietam recepit. Quam vero admiranda, quamque multa beneficia homines ibi consequantur, declarant locus ipse et templum, quo quatuor tantum muris sine fundamento admirabiliter consistentem aediculam cinxerunt etc. In tribu Zabulon, num. 73.

Summa aurea de B. V. Maria, tom. II, 780.

TÉMOIGNAGE DE JEAN DE CARTHAGÈNE,
jadis commissaire des Saints Lieux.

Hoc sacellum a Nazareth civitate, relictis fundamentis, avulsum et elevatum, eo jubente, qui solus facit mirabilia magna, in cujus potestate cuncta sunt posita, Angelorum ministerio ad Dalmatiam, seu ad Illyricos propè oppidum Tersactum, et propè oppidum Flumen delatum fuit, suo, ut olim, cæmento, lapideaque structura cohærens, quatuorque adhuc parietibus constans, deindè illinc abreptum miro modo super æquora eodem angelico ministerio, primum in nemore, mox in colle fratrum, et tandem in via publica collocatum est in agro Piceno, sive, ut Itali loquuntur, Recanatensi, etc.

Homil. 3. Lib. 5. Roma, 1611. Martoll., tom. I, 575.

TÉMOIGNAGE DE FRANÇOIS QUARESME,
autrefois commissaire de la Terre-Sainte.

In poenam iniquissimorum hominum desolatum hoc illustrissimum templum Annuntiationis B. Virginis, et sacra aedes indè mirabiliter sublata est, et ad oras fidelium translata.

Elucidatio Terrae Sanctae, tom. II, cap. 3. Anv., 1639 (1)

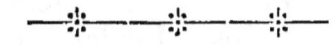

SIXIÈME PARTIE.

Appendice au Chapitre Deuxième, p. 176.

TEXTE DE L'HISTOIRE DU TÉRÉMAN.

ECCLESIA Beatæ Mariæ de Loreto fuit camera domus Beatæ Virginis Mariæ Matris Domini nostri Jesu Christi : quæ domus fuit in partibus Hierusalem Judeæ

---

1. Voir aussi l'appendice au Chapitre IV, Première partie, p. 312.

et in civitate Galilææ, cui nomen Nazareth. Et in dicta camera fuit Beata Virgo Maria nata, et ibi educata, et postea ab angelo Gabriele salutata : et postea in dictâ camera nutrivit dilectissimum Filium suum Dominum nostrum Jesum Christum usque quo pervenit ad ætatem duodecim annorum. Demùm post ascensionem Domini nostri Jesu Christi in cœlum, remansit Beata Virgo Maria in terrâ cum apostolis, et aliis discipulis Christi : qui videntes multa mysteria divina fuisse facta in dictâ camera, decreverunt de communi consensu omnium, de dictâ camera facere unam Ecclesiam in honorem et memoriam B. Virginis Mariæ : et ità factum fuit. Et deindè apostoli, et discipuli illam cameram consecraverunt in Ecclesiam, et ibi celebraverunt divina Officia. Et Beatus Lucas Evangelista suis manibus fecit ibi unam Imaginem ad similitudinem Beatæ Virginis Mariæ : quæ ibi est usque hodiè. Demùm dicta Ecclesia fuit habitata, et honorata cum magna devotione, et reverentia ab illo populo christiano, qui erat in illis partibus, in quibus stetit dicta Ecclesia, quousque ille populus fuit christianus ; sed postquam ille populus dimisit fidem Christi, et recepit fidem Mahumeti, tunc Angeli Dei abstulerunt prælibatam Ecclesiam, et portaverunt illam in partes Sclavoniæ, et posuerunt eam ad quoddam castrum, quod vocatur *Flumen*, et ibi minimè honorabatur, ut decebat B. Virginem. Iterum de eodem loco Angeli abstulerunt illam, et portaverunt eam supra mare in partibus territorii Recanati : et posuerunt eam in quamdam silvam, quæ erat cujusdam nobilis Dominæ civitatis Recanatensis, quæ vocabatur Loreta (sic) : ex illo tunc accepit ista Ecclesia nomen a Domina, quæ erat illius silvæ Domina, et patrona, Sancta Maria de Loreto. In illo tempore, quo ipsa Ecclesia permansit in dicta silva, propter gentium nimium concursum, in ea maxima latrocinia, et innumerabilia mala committebantur. Quapropter per Angelorum manus rursùs assumpta est et portata in montem duorum fratrum, et in eodem monte per Angelorum manus sita est. Qui fratres ob maximum denariorum, et aliarum rerum introitum, et lucrum, simul atque ad invicem ad maximas descordias, et lites venerunt ; propter quas pari modo Angeli abstulerunt eam de eodem montis loco, et portaverunt in viam communem, et in eandem (sic) illam posuerunt, et firmaverunt eam, ubi est nunc, cum magnis signis, et innumerabilibus gratiis, et miraculis collocata fuit in eadem via ista alma Ecclesia. Tunc igitur totus populus Racanati fuit ad videndam dictam Ecclesiam, quæ erat supra terram sine aliquo fundamento. Propter quod dictus populus considerans tam magnum miraculum, et dubitans ne dicta Ecclesia veniret ad ruinam, fecerunt dictam Ecclesiam circumdari alio muro bono grosso, et optimo fundamento, prout hodiè videtur manifestè. Tamen nullus sciebat undè ista Ecclesia originaliter venerit, nec unde recessisset.

Nota quomodo supradicta sunt scita in anno Domini MCCLXXXXVI, quia Beata Virgo apparuit in somnis cuidam Sancto viro ei devoto, cui ipsa supradicta revelavit. Et ipse statim omnia divulgavit quibusdam bonis víris istius provinciæ, et ipsi immediate deliberaverunt velle scire veritatem hujus rei, et sic communicato consilio decreverunt, quod essent sexdecim homines notabiles et boni, qui simul irent ad Sanctum Sepulchrum, et deindè ad illás partes de Hierusalem Judææ, et in civitatem Nazareth ad investigandum supradicta inventa : et ita factum est : nam ipsi secum portaverunt mensuram dictæ Ecclesiæ, et ibi vestigia fundamentorum d. Ecclesiæ invenerunt et illam mesuram ad unguem sicut est ista. Et in una pariete ibi prope est scriptum, et sculptum, quomodo ista Ecclesia fuit ibi, et postea recessit. Demum quippe dicti sexdecim viri reversi ad istam provinciam, notificaverunt supradicta inventa per eos esse vera. Et ex tunc fuit scitum, quod dicta Ecclesia fuit camera S. Mariæ Virginis. Et exinde populus Christianus habuit magnam devotionem, et habet : nam omni die ibi Beata Virgo Maria fecit, et facit innumerabilia miracula : prout experientia docet.

Hic fuit unus eremita, qui vocabatur Frater Paulus de Silva : qui habitabat in uno tugurio in silva prope istam Ecclesiam : qui omni mane erat in ista Ecclesia ad officium divinum : et fuit homo magnæ abstinentiæ, et vitæ sanctæ, qui dixit : Jam sunt anni decem, vel circa, quod in die Nativitatis gloriosæ Virginis Mariæ quæ est octava die septembris ante diem per duas horas stante aeris serenitate, et dicto Fratre Paulo exeunte de suo tugurio, et veniente versus Ecclesiam vidit unum lumen descendere de cœlo supra dictam Ecclesiam : quod in longitudine videbatur ferè duodecim pedum, et in latitudine sex pedum : et cum fuit illud lumen suprà dictam Ecclesiam, disparuit. Ipse ob eam rem dicebat, quod fuit Beata Virgo, quæ ibi apparuit in die solemnitatis suæ : et hoc vidit ille Sanctus homo.

In quorum omnium fidem, et testimonium, mihi Præposito Teremano, et Gubernatori prænominatæ Ecclesiæ, quidam duo boni viri præmemoratæ civitatis, hujus villæ inhabitatores retulerunt ac nuntiaverunt, et pluribus vicibus dixerunt, quorum unus vocabatur Paulus Renalducci, et alius Franciscus aliàs Prior. Et dictus Paulus dixit mihi, quod Avus Avi ejus vidit quandò Angeli duxerunt prædictam Ecclesiam per mare et posuerunt illam in dictam silvam, et pluribus vicibus ipse cum ceteris personis ipsam Ecclesiam in prælibata silva visitavit. Item dictus Franciscus, qui erat centum viginti annorum dixit ei (1), quod pluribus vicibus visitavit dictam Ecclesiam in eadem silva. Et pari modo ipse Franciscus retulit, atque dixit mihi per plures vices. Item hujus rei credulitatem atque certitudinem approbamus : quomodo ista alma Ecclesia fuit et stetit in dicta silva et pluribus probis personis dictus Franciscus dixit quod Avus Avi ejus habuit domum, et habitavit ibi, et in suo tempore elevata fuit per Angelos a loco silvæ, et portata in montem dictorum duorum fratrum, et ibi sita, et collocata fuit, ut suprà dictum et enarratum est. Deo gratias.

V. Martorelli, *Teatro Istorico*, tom. I, p. 506.
Summa aurea de B. V. Maria, tom. II, 795.

REDEMPTORIS MUNDI MATRIS ECCLESIÆ LAURETANÆ HISTORIA *(Bapt. Mant.)*, p. 177.

Cum nuper venissem ad sanctissimæ Virginis Mariæ sanctum domicilium, vidissemque qualia et quanta Deus ostendit in eo loco miracula, et suæ virtutis, atque clementiæ signa manifestissima, me subito horror invasit

---

1. Franciscus autem Prior, *avum suum, C. XX. annos natum*, integrisque adhuc utentem sensibus non semel audierat (ut ipse pro testimonio dixit) cum referret, ab se frequenter ad sacram Ædem in sylvam cum aliis itum : eamque sua memoria in collem duorum fratrum esse translatam. V. *Lauret. Histor.* Torsell. lib. I, cap. 2, 8.

et visus sum audire vocem Domini loquentis ad Mosen : Non appropinques huc, solve calceamentum de pedibus tuis, locus enim in quo stas terra sancta est. Sed mox quasi expergefactus, et reminiscens, Christum in hac mortali vita peccatorum non abhorruisse consortia quoniam Ipse cognovit figmentum nostrum, et scit, quod pulvis sumus, cœpi singula oculis perlustrare ; molem ingentem suscipere, et vota parietibus affixa perlegere. Et ecce sese mihi offert tabella situ et vetustate corrosa in qua, unde et quonam pacto locus ille tantam sibi vindicasset auctoritatem, conscripta erat historia. Tum fervore pietatis accensus, ne propter hominum incuriam, quæ præclara omnia solet obscurare, tam admirabilis rei memoria aboleretur, volui de tabella illa carie et pulvere jam pene consumpta, rei gestæ seriem colligere. Nec dubito quin ipsa Dei Genetrix, cui meus peculiariter dedicatus est ordo, affectum magis, quam effectum inspiciens, studeat apud Filium mihi veniam impetrare, cum annitar apud homines ejus laudem et gloriam promulgare. Historia igitur in tabella continebatur hujusmodi ; Templum B. Dei Genitricis Lauretanæ quondam ipsius Virginis cubiculum fuit, in quo nata, nutrita, ab Angelo Gabriele salutata, et Spiritu Sancto fuit obumbrata. In eo Christus conceptus et usque ad fugam in Ægyptum semper educatus. Erat autem hoc Venerabile, Sanctumque Cubiculum, cum hæc in eo gesta sunt, in Nazareth Galileæ civitate vicina Carmelo Heliæ Prophetæ. Post Ascensionem Christi, Beatissima Virgo præsentia Filii destituta, quoad potuit cum Apostolis et Christi Discipulis vitam duxit, et cum Joanne præsertim, cui ob sanguinis conjunctionem, et similitudinem virginitatis specialiter fuerat a Christo commendata. Quo tempore Apostoli Cubiculum ejus, quod in eo fuissent tot consummata mysteria solemni more consecrantes, in Domum verterunt orationis, et eam, quæ adhuc superstes est, Crucem ligneam in Passionis Dominicæ memoriam suis manibus fabrefactam intulerunt. Imago autem illa, cui tantus honor adhuc exhibetur, facta est instar Beatissimæ Virginis artificio Lucæ Evangelistæ qui fuit ipsæ Virgini familiarissimus, et ab ea magnam eorum partem, quæ scripsit in Evangelio diligenter intellecta fideliter explicavit. Fuit Sacellum hoc in summa semper apud Christianos habitum reverentia usque ad eam tempestatem, qua frigescente jam charitate multorum, et generis nostri sanctimonia declinante, Terræ Sanctæ loca in Agarenorum potestatem devenere. Sub Eraclio enim Romanorum Imperatore Cosdras Persarum rex immanissimus terram omnem Promissionis invasit, et Hierosolyma vastata Lignum S. Crucis in prædam tulit, et odio Christiani nominis longe, lateque debachatus Ecclesiam Orientalem valde debilitavit.

Tunc autem Mahomete invalescente, cœpit Dei Cultus, et fides Orthodoxa ab Oriente in Occidentem transmigrare, tunc quoque fuit ipsum Cubiculum Angelorum ministerio relictis fundamentis elevatum, et ad Illyricos prope Castellum, cui nomen est Flumen, divino judicio transportatum. Ubi cum forsan ob gentis illius incuriam, vel inscitiam religiose minus haberetur, cum aliquandiu permansisset iterum trans Adriaticum Sinum in Agrum Recanatensium, qui olim, ut opinor, Recinenses appellabantur, divina virtute translatum est et in sylva nobilis mulieris, cui nomen erat Lauretæ, (unde et Sacello cognomen inditum) est collocatum. Verum cum in ea sylva crebrefierent latrocinia, et plerique eorum qui ad locum illum Religionis gratia confluebant, sicariorum insidiis trucidarentur, ne quod venerat ad salutem fieret perditionis occasio, Cubiculum idem miro modo de sylva migravit in vicinum collem duorum fratrum, qui lucrum de Religione sectantes, cum cœpissent de quæstu Sacelli hujus inter se contendere, causa fuere, ut Cubiculum de colle prædicto in viam publicam, ubi adhuc sedet, Angelorum obsequio transferretur. Crescente in dies hujusmodi transmigrationis (quæ nulla ope humana fieri potuit) et miraculorum fama celebriore versi erant in stuporem vicini populi, et Recanatenses præcipue, quos Recinenses, vel Recinates olim appellatos antediximus. Nam in horum Agro situm est Templum, vix tribus passuum millibus distans a mari. Facto igitur Recanatenses magno hominum conventu, ut Sacellum sine fundamentis repererunt, his, quæ vulgo de ejus transmissione ferebantur, fidem adhibuere et ne unquam collabi posset, muro firmissimo jactis alte fundamentis circumdedere, qui tamen nunquam, cum id maxime conarentur ædificantes, antiquo potuit ædificio cohærere, ne divinæ virtutis opus admirabile mortali observeretur industria.

Anno Christianæ Salutis MCCLXXXXVI, cuidam vitæ innocentissimæ, et puritatis immaculatæ viro, qui in Sacellum hoc studio pietatis assidue, diu, noctuque veniebat, Beatissima Virgo in somnis apparens, prædicta omnia revelavit, et ut omnibus palam faceret, imperavit, quem ubi nova hæc, et vix auditu credibilia prædicantem audivissent, finitimæ Urbes, primo deridere, mox ut eadem sæpius affirmantem, et sententia firmum, nec ulla irrisione commoveri de proposito vident, ad altiorem inquisitionem veri constantia vehementer animati, sexdecim cordatos viros dirigunt, qui communibus circum adjacentium regionum impensis mari longa navigatione transmisso, post Dominici Sepulchri visitationem pervenerunt in Nazareth, ubi summa cum diligentia, et propter Barbarorum sævitiam non sine vitæ periculo, fundamentis Cubiculi tandem inventis, et parietum crassitudine, intercapedine, figura, et structuræ similitudine manifeste deprenderunt vera esse, quæ de loco sacratissimo per virum sanctum divulgabantur in patria. Reversi igitur, omnibus, quæ solerter invenerant explicatis, Deo verba eorum credibilia faciente, populos in ea opinione, et fide facile confirmarunt. Hinc factum est, ut non finitimas tantum, verum etiam longe positas, transmarinas etiam ac transalpinas nationes ad visendum locum fama perduxerit.

Nemo est enim tam obstinatæ nequitiæ, tam feris moribus, tam indomitis cervicibus, qui si putet fuisse Virginis Immaculatæ Cubiculum ad ipsum visendum, venerandumque summo non accedat ardore. Ipsa quoque Dei Genitrix, quæ suapte natura semper mitissima fuit, et in favorem hominum inclinatissima, facere non potest quin ob Nativitatis quoque suæ, et Incarnationis Christi jucundam, dulcemque memoriam digne supplicantibus postulata concedat, cum præsertim ad benefaciendum humano generi amplissimam a Filio potestatem acceperit.

Prope Sacellum istud, dum adhuc erat in sylva Lauretæ vir quidem Paulus nomine solitarius mirabilis abstinentiæ, orationis assiduæ, puritatis angelicæ, sub quodam tuguriolo dicitur habitasse, qui dum circa Virginis Nativitatem, sicut quotidie solebat, orationis gratia antelucano tempore veniret ad locum, quotannis decennio vidit lumen instar cometæ clarissimæ duodecim longitudinis, et sex latitudinis, ut a longe poterat æstimari, pedes habens, è cœlo versus Ecclesiam descendere, quod mox ut pervenisset ad Ecclesiam, subtractum ab oculis evanescebat. Quamobrem dicere solitus erat, se putare Beatam Virginem, vel Angelum ab ea missum ad Nativitatis suæ solemnia quotannis adventare, qui venientes ad Ecclesiam protegeret; et confluentium ea die turbarum preces, et vota Deo præsentaret.

Paulus Rinaldutius Racanatensis perfectæ fidei, et singularis prudentiæ vir propinqui vici tunc habitator Teremano Sacelli hujus Rectori, juramento astrictus constantissimè sæpius affirmavit, avum suum dicere solitum, se ab avo suo sæpius audivisse, quod oculis ipse suis vidisset Ecclesiam hanc transfretare, et super fluctus marinos in modum navis allabi, ac in terram descendere, et in sylva ipsa se collocare. Eidem rectori, Teremano Franciscus Racanatensis cognomento Prior jurejurando adactus retulit se audivisse, avum suum, qui centum et viginti annorum erat, dicentem, se pluries d. Ecclesiam in sylva vidisse, introisse, et adorasse, et suo tempore loco mutato in duorum fratrum collem ascendisse, et avum suum præterea villam habuisse vicinam Ecclesiæ dum erat in sylva.

Hæc quæ suprà diximus omnia, exceptis admodum paucis, quæ illustrant et nulla ex parte vitiant historiam ex prædictæ tabulæ exemplari authentico, cui fidem adhibere necesse est, decimo kal. octobris anno MCCCLXXIX, servata scripturæ veritate transsumpta sunt.

Bapt. Mant.
V. Martorelli, tom. I, p. 510.

De Domo Lauretana Carmen. *(Bapt. Mant.)*

Vastus ab Arcturi plaustro decurrit ad austrum
Adria : et aggeribus dextra levaque superbis
Cingitur etc.
Ora levans circumque ferens Antonius altos
Per maria, et montes oculos in colle supino
Prospicit albentes muros, turrimque minantem
Pyramide in Cœlum, missoque in Sydera Cono.
Atque ait, o Rector, quænam hæc in collibus altis

Italiæ moles aspectu læta decoro ?
Quidquid id est, præclari aliquid promittit Imago.
Tunc Rector,
Quod cernis, ait, Picentia juxtà
Littora, delubrum est illud venerabile magnæ
Matris, ab Assyriis, quod Dii super æquora quondam
Hùc manibus vexere suis : visa ire per undas
Hæc (res mira) Domus, visi ire per æquora Divi.

. . . .
. . . .

Tanta fides nunquàm Delphis : et Jupiter Hamon,
Et Claros, et Delos longe minor : omnia vincit
Quotquot erant olim veterum delubra Deorum.

F. Baptistæ Mantuani Carmelitæ, Theologi, Poetæ, etc. Operum ejus tom. primo in Poemata Agelariorum, etc., lib. sexto.

Donation de Gaulfier..... p. 295.

Concessio quam fecit Gualferius filius q. Ugoni Firman. Ecclesiæ. In nomine Domini Dei Salvatoris nostri Jesu Christi. Amen.

Anni sunt millesimo sexagesimo secundo, et infra mense martio pro indictione quintadecima. Firmo.

Quoniam profiteor me ego Gualferio filio. q. Ugoni hodierna die cogitante me, etc.... Do vendo dono trado atque concedo in ipso episcopio S. Dei Genitricis Virginis Mariæ quæ est de ipso Episcopatu Firmano et tibi Domino Ulderico Episcopo vel a posteris successoribus usque in perpetuum possidendam rem juris mei quæ mihi abvenit de jure parentum aut de meo conquisito, idest medietatem de ipso castello de Laccio cum portis et carvonarie et cum introitu et exitu suo quantum ad ipsam medietatem pertinet vel pertinere videtur et cum medietate de ipso castello... Cum omni ædificio quantum ad ipsam medietatem pertinet et pertinere debet, et in fundo *Umbremano* et in fundo *Passeriano* quæ est infra ministerio di S. Elpidio magiore ubicumque mihi pertinet, et medietatem de ipso castello de Loreto cum partis et carvonarie et cum clusimine et cum introitu et exitu suo quantum ad ipsum castellum de Laureto pertinet et quantunque mihi pertinet.

Et habet fines : da Capo via quæ venit de Asula et vadit ad Montem Causarum et pergit in flumine Clenti et in Collemardo et pergit in Eta morta et vadit in sancto Elpidio majore et per ipsam viam quæ vadit in Tenna, et quomodo pergit sub montem *Sancto Savino* et vadit in leto vivo et pergit in Eta et vadit in sancto Elpidio et pergit de *Tonquenna* et vadit in trivio de Cuti, et pergit in trivio de *Brasciano*, a pede fino pelago maris.

Ab uno latere medio rigo de Asula qui pergit in mare, ab alio lato rigo de Brasciano quomodo pergit in mare.

Catalani, ad annum 1062, p. 325.

Donation de la comtesse Gaete, p. 295.

Actius qui et Azo et Actiolinus ac semel etiam Massius dictus est, anno MLXXXIX ut diximus pontificatum auspicatus est...

E multis donationibus quæ ecclesiæ Firmanæ, Actio sedente, factæ sunt, unam et alteram commemorare satis est. « Gæta comitissa Bambonis filia, et Ugonis comitis vidua, consentiente Gozone filio in cujus mandurio erat, donavit in Ecclesia S. Mariæ, ac Azoni venerabili Pontifici medietatem de curte Paradiso et *Umbremano*, et universam suam proprietatem, excepta Curte de Loreto. Fines erant mare, flumina Aso et Potentia. Exaratæ sunt tabulæ anno MXCIV, quas vero mox asseram in sequentem annum respiciunt....

Catalani, ad annum 1089, p. 128.

Donation de l'évêque d'Humana aux Camaldules, p. 296.

In Dei nomine : Anni sunt ab incarnatione Domini N. J. C. MCLXXXIII, die intrante Januar. indict. XII, domno Celestino papa sedente in sede Beati Petri apostoli, et regnante Henrigo imperatore Fredericis imperatoris filio anno ejus imperii III.

Nos quidem Jordanus Humanensis ecclesiæ episcopus, una cum voluntate et consensu canonicorum meorum q. præordinati sunt in nostra ecclesia intuitu pietatis... et religionis et pro redemptione nostrorum peccatorum necnon et predecessorum... tradimus et cedimus et per transactum concedimus in perpetuum in eremo sanctæ crucis fontis Avellanæ, et tibi dopno Marco venerabili priori et toti vestro conventui et vestris successoribus, et per manus dopni Rainerii q. est præpositus et rector ecclesiæ S. Mariæ de Recaneto, quæ est edificata in fundo Rasenano, q. Antiniano vocatur, idemque damus et concedimus ipsam ecclesiam S. Mariæ qua exitu in fundo Laureti, totam cum omnibus suis dotibus et pertinentiis, et cum libris et calicis et campanis et paramentis et cum cellis et cum circuitu et parochianis cum terris et vineis et olivis et ficis et salicis et cum molendinis et aquis aquimolis cum pratis et pascuis et herbis et cum omnibus suis pertinentiis et cum omnibus suis actionibus et rationibus quæ ad ipsam ecclesiam pertinent vel pertinere debent de jure vel usu. Ita a die præsenti tu... una cum tuis successoribus habeatis teneatis possideatis usufruatis prædictam ecclesiam cum omnibus suis possessionibus et pertinentiis et in perpetuum possidendo tenendo et exfructuando et quidquid vobis placuerit faciatis.

Et ego Jordanus Humanensis episcopus una cum canonicis meis promittimus per nos et per nostros successores vobis dopno Marco priori et toto vestro conventui et omnibus vestris successoribus ipsam dationem et concessionem semper firmam et ratam habere et tenere et nunquam retractare et nullam quæstionem vobis facere, sed semper stare et defensare et bonam facere et auctorizare vobis promittimus per me et meos successores contra omnes personas hominum. Quod si defendere noluerimus aut non potuerimus aut hanc concessionis chartam irritare, corrumpere vel falsare voluerimus, vel si dolo malo ingenio cuncta quæ superius leguntur non observaverimus, tum obligo me Jordanus episcopus una cum canonicis meis meosque successores vobis supradicto priori vestrisque successoribus pene nomine libras lucenses c, et post pena data et soluta cartula ista donationis, cessionis et concessionis semper firma permaneat sicut superius legitur.

Dominus Jordanus, Humanensis ecclesiæ episcopus hanc cartulam fieri precepit.

Matthæus archidiaconus in hac cartula consensit.

Marcus archipresbiter in hac cartula consensit.

Sanguineus canonicus in hac cartula consensit.

Goffredus canonicus in hac cartula consensit.

Nicolaus canonicus in hac cartula consensit.

Rainaldus canonicus in hac cartula consensit.

Dopnus Angelus plebanus Gardeti in hac cartula consensit.

Petrus Stephani de hac cessione et concessione fui investitor et testis.

Acto Stefonis (sic) Becti. Acto postero ab ipso episcopo et a canonicis rogati fuerunt testes.

Ego Acto notarius precepto ipsius episcopi et rogatu et ab ipsis canonicis hanc cartulam scripsi.

Annales Camaldulenses, tom. IX.
Summa aurea de B. V. Maria, tom. II, 785.

APPENDICE AUX PIÈCES DIVERSES.

Texte de la lettre attribuée a Paul della Selva.

p. 300.

« Rex ob satisfaciendum tue pie curiositati, que mihi commisit narrationem magni miraculi de Translatione Virginee Domus facta per Angelos ad ora Italie in Piceni Provincia in Territorio Recanati inter flumina Aspidis, seu Muscionis, et Potentie, res ita successit, prout sepius ego audivi a viris fide dignis ipsius Recanati, scilicet a Francisco Petro Canonico Recanatensi, et Uguccione Clerico exemplari, et etiam ab eximiis legum Doctoribus Cisco de Cischis, et Francisco Percivallino de Recanato, qui omnes cum aliis multis popularibus, cum quibus habui discursum, vivebant tempore miraculi, quod quoque in publicis Codicibus attentè legi. Anno ab Incarnato Domino Jesu MCCLXXXXIV, die Sabbati x. decembris, *dum medium silentium tenerent omnia, et nox in suo cursu medium iter haberet, lux de Cœlo circumfulsit* oculos multorum commorantium prope littus maris Adriatici, et dulcisona canentium armonia somnolentos, et pigros traxit ad videndum prodigium, et rem supra naturam. Viderunt igitur, et conspexerunt Domum circumfusam magnis splendoribus ab Angelis sustentatam, et per aerem deportatam. Steterunt villici, et pastores, et obstupuerunt admirantes rem tam grandem, et proni ceciderunt, et adoraverunt eam, expectantes videre finem, et exitum adeo stupendum; interim sacra illa Domus ab Angelis portata in medio magni memoris posita fuit, et ipsimet arbores se inclinantes adorabant Reginam celorum, et usque nunc conspiciuntur proni, et recurvati, quasi *exultantes ligna silvarum*. In hoc loco fama extat fuisse templum dicatum cuidam false deitati lauris multis recinctum, et ideo locus hic Lauretum usque nunc vocatur. Interim vix mane facto rustici nuncii velociter perrexerunt Recanatum, et narraverunt que facta sunt, et omnis populus ad nemus Laureti iter arripuit, et vidit que audivit. Aliqui ergo de nobilibus, et alii de populo partim obstupefacti mutescebant, partim non credebant miraculum, meliores pro (1) letitia lugentes cum Profeta dixerunt: *Invenimus eam in campis silve: et non fecit taliter omni nationi*: et colentes illam sanctam Domunculam, et devotè intrantes, simulacrum ligneum dive Virginis MARIE sanctum Filium amplexantis adoraverunt. Igitur redierunt Recanatum, quod magna letitia impleverunt, unde populus sepe sepius ibat, et redibat circumfluens ad adorationem illius sancte Domuncule, et Beata MARIA continua prodigia, et miracula faciebat. Fama tam magni miraculi ad viciniores, et longinquiores partes perrexit, et omnes currebant ad silvam lauriferam, que populata fuit variis habituris ligneis, ut peregrini devoti hospitium haberent. Dum hec fierent, quia semper infernalis leo *circuit querens quem devoret*, predones et impii ab isto moti sacram illam silvam latrociniis, et homicidiis fedabant, ita ut devotio multorum tepesceret timore latronum. Post menses octo novo miraculo fuit confirmatum novum prodigium. Sacra enim Domuncula reliquit silvam profanatam, et in medio collis duorum nobilium fratrum comitis Stephani, et Simonis Rainaldi Antiqui de Recanato collocata fuit ministerio Angelorum. Interim crescebat devotio fidelium, et magnis donis, et muneribus augebatur sacra Domuncula, et nobiles, et devoti fratres

1. Crediderim *fra*.

custodiebant, sed declinaverunt post avaritiam, acceperunt munera, et perverterunt judicium, et statim facta est contentio inter eos, quis eorum videretur esse major. Discessit ergo sacra Domus post quatuor menses a colle duorum fratrum, et tertio miraculo Angeli asportaverunt eam in situ novo distante quantum est jactus lapidis in media via publica, per quam itur Recanato ad littus maris, et ibi etiam hodie video existentem, et propriis oculis cerno continuas gratias poscentibus facientem.

Quamquam vero celestia prodigia autenticabant hoc tugurium pro Domo Matris Dei, ubi *Verbum Caro factum est*, attamen ad veritatem inveniendam, facto prius generali parlamento Recanati, ubi intervenerunt proceres totius provincie, fuit decretatum trransmittere sexdecim illustriores viros ad uniformandas mensuras ipsius sancte Domus tam in vestigiis Tersacti, quam Nazareth, ubi prius fuit edificata, et per longum tempus extitit.

Que decretata fuere, facta sunt, nam ex numero sexdecim, Legati fuerunt pro Recanato scilicet Quarterii Sancte Marie, Politus comitis Martii de Politis. Quarterii Sancti Flaviani Marchio juvenis comes Matheus comitis Simonis Rainaldi de Antiquis. Quarterii Sancti Angeli preclarus Legum Doctor Cicottus Monaldutii de Monaldutiis, qui cum aliis colleghis abierunt, viserunt, redierunt, et omnia esse conformia tam ratione mensure, quam testium ab ipsis auditorum in illis partibus asseruerunt.

Hec pauca, o Rex, libenter accipe in testimonium Domus miraculose, et mee erga te observantie, et ut certus sis huc pervenisse tuam pecuniam in eleemosinam transmissam, certiorem facio illam recepisse, et tu in celis recipies mercedem. In Nomine Patris, et Filii, et Spiritus Sancti. Amen. Apud Sanctam Domum anno Domini MCCLXXXXVII, die octava Junii.

Paulus Servus Jesu Christi.

POPULI PRIORES CIVITATIS RECANATI.

Omnibus notum facimus, et attestamur omnia narrata esse vera, et concordare cum nostris annalibus, et scripturis publicis, in quorum testimonium, et fidem has nostro sigillo mandavimus sugellari, et subscribi a nostro publico Imperiali auctoritate Notario, et Magistro nostrum Acto-

— 339 —

rum hac die XII. Junii anno a Circumcisione Domini Nostri Jesu Christi MCCLXXXXVII (1).

Franciscus Jacobi Magister Actorum..

Vide *Martorelli*, tom. I, p. 500.

———✠——✠——✠———

Texte de la lettre attribuée aux magistrats de Recanati, p. 304.

In Dei nomine. Amen.

PRIORES communitatis Recanati communione (1) tibi factâ Magnifico Alexandro Q. Antonii de Servandis oratori nostro dilecto, et honorando civi nostro, postquam Romam perveneris cum salute, loqueris cum Magnifico nostro honorando agente, et simul quam primum ibis nomine istius civitatis antè suam Beatitudinem, repræsentando Ei nostras litteras testimoniales, quæ tibi datæ fuerunt à nobis, et factis debitis reverentiis, humiliter Ipsius pedes deosculando, et dando Ei notitiam quomodo diebus præteritis Sancta Domus a situ nemoris miraculosi translata fuit ad collem Magnificorum Simeonis et Stephani Rinaldis de Antiquis, nostrorum honorandorum civium, et deindè pete gratiam ab Ipsâ, quod dictus collis, et situs pertineat et debeatur nostro publico, ut possit ibi ædificare propter commoditatem populi devoti, qui quotidiè venit ad visitandam illam, et quod data bona possint

---

 1. De litteris quas ad Carolum Neapolitanorum regem a Paulo eremita missas aiunt, judicent alii quod iis libet: affine commodum ex eis eruimus: scilicet eo tempore, quo compositæ eæ litteræ sunt (fuere autem jampridem compositæ), vulgatissimam fuisse apud Picenos de Nazarenæ ædis translatione famam atque opinionem. Annon enim, si aliter iis persuasum fuisset, obstitissent narrationi rei tam inauditæ ac mirabilis, justissimasque ac severas de illarum auctore sumpsissent pœnas? Idem dic de monumento, quod apud nobiles *Anticios*, seu, si vis, *antiquos* servari indubitatum est: neque enim, etiamsi vis subsequenti ætate illud fuisse confictum, confingi illud poterat, nisi jam persuasum fuisset Recinitensibus, id verum esse, quod de sacra Nazarena æde in eo traditur: dic pariter de ea narratione seu legenda, cujus piissimus Montanus auctorem facit Petrum Minoritam Maceratensem episcopum: neque enim hæc ipsa confingi poterat (si confictam eam vis), nisi in populorum animis jampridem alte inhæsisset de ea translatione, de qua contendimus, persuasio, et ut millies dixi, vulgatissima fama.
Vide *Summa Aurea de B. V. Maria*, tom. II, 877.

1. Legit Montanus : *commissione*.

impendi in beneficium fabricæ ; tantô magis quod interdictos fratres non est concordia, secundum attestationes tibi datas, et præsentabis illud ampliùs quod tibi ore significatum est, ut talem gratiam obtineas. Operaberis tamen totum cum intercessione D. cardinalis nostri benevoli, quòd jam tibi datæ fuerunt litteræ credulitatis, et negotiaberis ità ut fratres præfati non sint informati de hoc negotio ; et Deus mittat et remittat te salvum. Recanati, 9 septembre 1295. *Franciscus Panta cancellarius*.

Vide *Summa Aurea de B. V. Maria*, tom. II, 803.

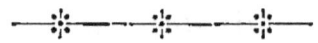

Texte de la relation attribuée au Bienheureux Pierre Compagnoni, évêque de Macerata.

p. 305

TRA gli altri luoghi della Cristianità, che sogliono essere da Pellegrini con grande religione visitati, è molto principale, e di singolare venerazione la Santa Casa di Loreto nella Marca di Ancona ne' confini del territorio della città di Recanati, la quale è la medesima camera, dove la santissima Vergine Maria Madre di Dio, e Signora nostra nacque, e fu annunziata dal Angelo Gabrielle, et dove si incarnò il Verbo Divino nel suo Virginal ventre, e dove abitò la maggior parte della sua santissima vita : e questo si sa per diverse informazioni autentiche scritte sopra ciò con molta diligenza. Il modo come questa Santa Camera fù miracolosamente trasportata in questo luogo, fù questo. Considerando li santi Apostoli dopo l'Ascensione di Cristo Redentor Nostro, quanta era la dignità, e santità di questa Beata Casa, li parve cosa giusta dedicarla al culto Divino, e così la consecrarono per un Tempio, o Cappella, dove l'Apostolo S. Pietro, e gli altri Apostoli alcuna volta celebrarono, e poi li successori loro fecero il medesimo : et il Popolo Cristiano, che in quelle parti si trovava, concorreva con gran divozione a questo santo luogo a Divini officii, che in essa si celebravano, et quanto più cresceva il Popolo Christiano, tanto più cresceva la divozione di questo santo luogo, et il desiderio, e fervore, con che da lontan paese venivano a visirtalo, e onorarlo.

Questo durò per lungo tempo infino a tanto, che succedendo da poi per li peccati nostri le perfidie della setta Maomettana, ed altri diversi errori, eresie, guerre, e dissensioni, che abbondavano nel Mondo, et specialmente nelle parti di Oriente, mancando il fervore, e devozione, che prima era, ed essendo pericolo, che questa Santa Casa venisse ad essere profanata, volse l'Onnipotente Dio riservarla, ordinando che per ministero degli Angioli fosse trasferita alle parti di Dalmazia, o Schiavonia presso una città, che si chiama *Fiume*. Questo fù ed avvenne nel tempo del imperatore Astolfo e di Papa Niccolò IV. Nel anno del Signore 1291 e non sapendo gli abitatori di quelle Terre vicine d'onde, ne come quel sacro tesoro fosse venuto nel loro Paese, ne anche che causa fosse, volse Iddio, che si fosse verificato per rivelazione fatta al Paroco Alessandro, al quale una notte apparve la SS. Vergine, e li manifestò il mistero di Santissima Casa, ottenendoli sanità d'un infermità, che pativa questo Rettore. Poi con molta allegrezza detto sacerdote notificò alli Popoli di quella Provincia, ed al Vice Rè loro, chiamato Nicolò Francesco Frangipane quello gli era avvenuto, e questo Principe ordinò, che alcuni andassero a Nazareth per meglio informarsi della verità, e tra loro andò questo medesimo Paroco Alessandro portando le misure della Santa Cappella, le quali trovarano poi, che pareggiavano col luogo, che restò vuoto in Nazareth donde fù levata, ed informati di ogni cosa tornarono al loro Paese, dove diedero piena informazione della verità conosciuta, e questa fù la causa, che tanto più crescesse la divozione, e venerazione di quella Santa Cappella, massime con li molti, e grandi miracoli, che si degnò fare Iddio Nostro Signore, in testimonio di questa verità. Ma questo li durò pochi anni; impercioche o per mancar la divozione o per divino giudizio, nel anno 1294 o 1295 fu loro tolto questo prezioso tesoro, et per il medesimo ordine, e ministero Angelico, fu trasferita in Italia, nella Marca d'Ancona prima in una selva di Loreto, dalla quale pigliò il nome, che ancora tiene, di poi ad un monticello di là discoto un miglio, che era di due Fratelli di Recànati, e finalmente per gli inconvenienti, che nell'una, e nell'altra parte successero, fu per il medesimo ordine e ministero collocata nella via publica, che và da Recanati al porto ; dove al presente si ritrova, e tutto questo si sa per tradizioni antiche di testimoni degni di fede, li quali di mano in mano tutto, ciò hanno testificato; ne accade dubitar punto di questa verità ricevuta, ed accettata dal consenso di tutti : e massime essendo confermata con tanti e si stupendi miracoli, e col continuo universale concorso da tutte le parti della Christianità, che vengano a visitarla.

O Beatissima Cappela picciola si, e povera agli occhi carnali, ma alli spirituali piu ricca, e preziosa che li Palazzi, et Tempio de Salomone.

O' degnissima Camera dove fù riposto il maggior Tesoro, che mai nel Mondo fù ne sara trovato.

O sacratissime Mura alle quali tante volte si appoggiarono le membre Santissime del Figliuolo, e della Madre. O felice camino bastante ad infiammare li cuori degl'Uomini, che contemplino come piu volte fù fatto fuoco per le mani Verginali, e dove più volte si riscaldarono le tenere membra del fauciullo Gesù.

O' Pietre, e Mattoni più preziose, che le Perle Orientali, le quali tante volte foste percosse dal suono delle parole, con le quali il Figliolo parlava alla Madre, ed essa graziosamente li rispondeva.

O' Santuario Divino, dove piamente se crede, che tante orazioni del Figliolo si mandavano al suo celestiale Padre, e dove tanti sospiri, e gemiti, e pietose lagrime cosi della Madre come del Figliolo furono sparse per la salute de'peccatori.

V. *Teatro Istorico della Santa Casa.* Martorelli, tom. I, p. 503.

QUID QUÆRIS ORDINEM FACTI, UBI TOTA RATIO FACIENDI EST VOLUNTAS ET POTENTIA FACIENTIS?
S. Augustin. QUIS ENIM COGNOVIT SENSUM DOMINI AUT QUIS CONSILIARIUS EJUS FUIT? *S. Paul. ad Rom.,* XI, 34. JUXTA VOLUNTATEM SUAM FACIT, TAM IN VIRTUTIBUS CŒLI QUAM IN HABITATORIBUS TERRÆ : ET NON EST QUI RESISTAT MANUI EJUS, ET DICAT EI : QUARE FECISTI ? *Daniel,* IV, 32.

Tu vero, o Diva Thaumaturga, hostibus tuis spontaneam cæcitatis larvam detrahe, ut veritatis radios aspiciant, et tua nobiscum admiranda suscipiant, resipiscant, teque, tuumque Filium, in hac sacra Lauretana Domo unice colant, adorent, venerentur. Amen. (Glavanich.)

UNIVERSALE SODALITIUM

ALMAE DOMUS LAURETANAE.

DECRETUM, p. 261.

Etsi altitudinem divitiarum Sapientiæ et Providentiæ Numinis Æterni, cujus judicia sunt incomprehensibilia, et viæ investigabiles, non homines infirmi et lutea vasa portantes nec cernere nec intelligere quidem possumus, attamen opera excelsa et mirabilia, quæ præ oculis nostris Deus patravit in hac terra peregrinationis, si ea devoto et humili intuitu animadvertamus, non solum admiratione, verum etiam grati animi sensu afficimur in Auctorem Supremum, ac Ipsum, quantum in nobis est, ejusque opera mirifica summis laudibus extollere nitimur. Inter hæc, si mentis aciem convertamus ad mysticam Arcam fœderis, quæ intra parietes hujus augustissimi Templi Lauretani asservatur et colitur, quisnam obsistere poterit, si nos maxima admiratione et pari devotione commoti fateamur, ac gestientes exclamemus, quod Deus non fecit taliter omni nationi, qualiter Italicæ Genti, ac præsertim Picentibus, quum in Agro Recinetensi, hodie Loreto, divinitus sex abhinc sæculis apparuerit sacra Domus Nazarethica, quæ altissimorum mysteriorum memoria commendatur, et quotidiana mortalium frequentia ac religione celebratur?

Quamobrem nos considerantes et animo volventes quæ in Ecclesia Catholica gesta fuerunt, hodieque amplius geruntur ad majorem Dei gloriam et salutem animarum procurandam per institutionem plurium piorum conventuum Christifidelium, qui enixe incumbunt devotioni erga beatissimam Virginem Mariam Genitricem Dei et Matrem nostram amantissimam sub variis titulis gloriosis Eidem rite adtributis; Nos ipsi pro viribus nostris consilium cepimus magis magisque venerationem et cultum adaugendi erga ipsam Deiparam in hac sua sacratissima Domo Lauretana.

Igitur ut consilium nostrum, Deo favente, ac eadem Virgine opitulante, perficiatur: ut idem cultus, qui jam universalis dici potest, in dies magis extendatur et cumuletur, Nos per hasce litteras instituimus atque erigimus

Pium Comitatum, seu piam unionem, aut melius Congregationem Universalem Sanctæ Domus Lauretanæ, eamque canonice erectam et institutam declaramus, cui quilibet de populo Christiano huc certatim affluentes proprium nomen dare possint tamquam devotionis tesseram ob mysteria, quæ in prælaudato habitaculo cœlesti completa fuerunt. Et revera Regina Virginum in eo fuit ab Angelo salutata Mater Salvatoris mundi, ibique *Verbum Caro factum est*. Ibi vixit cum ejus purissimo Sponso Josepho et cum vera vita Jesu, qui ex materno domicilio dictus fuit Nazarenus.

Hinc proponimus Exercitia (vulgo *Pratiche*) observanda a novis Congregatis, quo bonis spiritualibus fruantur. Ut vero indulgentiis jam adnexis uberiores fructus et favores spirituales accedant, nostrum erit humillime ab Apostolica Sede postulare, ut amplioribus facultatibus donemur ad opus.

Præterea hortamur cunctos Christifideles tam Laureti degentes quam advenas, ut alacri ac devoto animo dent propria nomina in apposito Cathalogo, qui patebit cura RR. PP. Capuccinorum huic Almæ Domui inservientium.

Denique omnibus innotescat quatenus confirmatio Moderatoris Generalis novæ Congregationis reservatur nobis et successoribus nostris. Hodie vero declaramus ac dicimus Moderatorem Generalem Reverendum Patrem Petrum Mariam à Màlacha Sacerdotem ejusdem Ordinis S. Francisci MM. Capuccinorum.

Hæc omnia decrevimus atque decernimus auctoritate nostra ordinaria, fidentes maxime in auxilio divino, et in speciali patrocinio Immaculatæ Virginis, suique sponsi Beati Josephi.

Datum Laureti die 27 Maii 1883.

✠ Thomas Episcopus Lauretanus
et Recinetensis.

TABLE DES MATIÈRES.

Lettre de Mgr Thomas Gallucci, évêque de Lorette et de Recanati, à l'auteur 5
Dédicace 9

PREMIÈRE PARTIE.

Visite à Lorette et à Nazareth ; description de la Sainte Maison ; son origine confirmée par ses dimensions, par les matériaux dont elle est construite et par le reste des fresques dont elle était ornée. Témoignage des Saints et des Souverains Pontifes. Hommages rendus par le monde catholique tout entier.

Chapitre Premier.

Colline sacrée de Lorette, Basilique, extérieur de la Sainte Maison (1) 15

Chapitre Deuxième.

Impressions produites en entrant dans la Sainte Maison. 23

Chapitre Troisième.

L'absence de fondations, les dimensions (2), les pierres, le mortier, le bois de la Santa Casa confirment son origine. 28

Chapitre Quatrième.

Visite à Nazareth. Fondations de la Sainte Maison laissées sur place. La Demeure Sacrée telle qu'elle a dû être pendant la vie de Marie. Description de la Maison d'après le récit d'un pèlerin de Nazareth du XIIe siècle (3) 36

Chapitre Cinquième.

Témoignages des Saints 48

Chapitre Sixième.

Témoignages des Souverains Pontifes. 55

Chapitre Septième.

Hommages rendus par le monde catholique tout entier. Pèlerinages des grands et des petits, des riches et des pauvres, des savants et des ignorants, des puissants monarques et des simples fidèles. 67

Chapitre Huitième.

Le Pèlerinage de Lorette de nos jours. Scènes sublimes

---

1. Les lecteurs trouveront d'autres détails dans le *Guide du Pèlerin* p. 187 et la *Liste des gravures*, p. 279.
2. Voir aussi le chapitre quatrième.
3. Se reporter aux explications critiques des gravures VIII, XII et XV. *Liste des gravures*, p. 279.

dont la Sainte Maison a été le théâtre ; souvenirs de la Sainte Famille qui remplissent de joie le cœur des pèlerins. 73

DEUXIÈME PARTIE.

Honneur rendu à la Sainte Maison lorsqu'elle était à Nazareth; récit de ses Translations.

Chapitre Premier.

Honneur rendu à la Sainte Maison par le Fils de Dieu, par les saints Apôtres, par sainte Hélène, saint François d'Assise, saint Louis de France et d'autres saints, par les croisés et des pèlerins de toutes nations. 81

Chapitre Deuxième.

Translation de la Sainte Maison en Illyrie 91

Chapitre Troisième.

Translation de la Sainte Maison en Italie 98

Chapitre Quatrième.

Envoi de délégués à Nazareth et à Tersatto . . . 104

TROISIÈME PARTIE.

Sainteté de la Maison de Lorette ; soins de la Providence pour sa conservation ; grâces accordées.

Chapitre Premier.

Séparation miraculeuse des murs d'appui ; restitution forcée des pierres enlevées aux murs sacrés ; châtiment infligé à l'architecte téméraire. 111

Chapitre Deuxième.

Descente du feu, emblème du Saint-Esprit ; bandits convertis ; pirates et mahométans repoussés ; démons forcés de quitter ce Lieu Sacré après avoir reconnu publiquement son identité. 118

Chapitre Troisième.

Grâces et faveurs accordées par Notre-Dame de Lorette 127

QUATRIÈME PARTIE.

Monuments des diverses Translations. Tradition constante.

Chapitre Premier.

Monuments se rattachant au séjour de la Sainte Maison à Tersatto. Pèlerinages des Slaves d'Illyrie au Sanctuaire de Lorette. Couronnement de la Vierge de Tersatto, Sanctuaire honoré du Ciel par d'innombrables miracles 135

Chapitre Deuxième.

Monuments qui rappellent à Lorette l'arrivée de la Sainte Maison et ses changements de sites. Tradition constante 143

CINQUIÈME PARTIE.

Témoignages des pèlerins de Nazareth avant et après la Translation.

Chapitre Premier.

Conservation de la Sainte Maison dans la ville de Nazareth jusqu'au siècle même de sa Translation en Illyrie. . . . 153

Chapitre Deuxième.

Préservation de la Sainte Maison pendant la guerre, analogue à celle de tant d'autres anciens sanctuaires. Lettre du pape Urbain IV à saint Louis de France. Témoignages rendus à la vérité de la Translation 160

SIXIÈME PARTIE.

Récits, poèmes, discours d'hommes publics. **Historiens de Lorette et de Tersatto. Sentiments des théologiens.**

Chapitre Premier.

Récit de Flavius Blondus. Poème de Luigi Lazzarelli. Citation tirée de la « *Topographie* » de Jean, évêque de Châlons. Discours d'Antoine Bonfini, Recteur du **collège de** Recanati. Tableau de Fra Angelico. Prodige semblable à la Translation de la Sainte Maison 167

Chapitre Deuxième.

Historiens de la Sainte Maison et sentiments des **théologiens** 176

SEPTIÈME PARTIE.

Guide du pèlerin.

Chapitre Premier.

Objets sacrés que contient la Sainte Maison. Ornementation extérieure 187

Chapitre Deuxième.

Salle des Trésors, Basilique, Palais apostolique, ville et environs 201

HUITIÈME PARTIE.

Sixième centenaire de la Translation en Italie.

Chapitre Premier.

Pensées sur le pèlerinage de la Sainte Maison. . . 213

Chapitre Deuxième.

Appel de Sa Grandeur Mgr Gallucci, évêque de Lorette, à la célébration du sixième centenaire de la Translation en Italie. Grand enthousiasme déjà manifesté à Tersatto . 217

Chapitre Troisième.

Les Fêtes du sixième centenaire à Lorette 222

Chapitre Quatrième.

Restauration de la Basilique. 228

Chapitre Cinquième.

Chapelle de saint Louis de France à Lorette. Lettre du R. P. Supérieur du Séminaire Français à Rome . . 234

NEUVIÈME PARTIE.

Congrégation Universelle de la Santa Casa, Maison de la Sagesse divine et École de la vie chrétienne.

Chapitre Premier.

Visite spirituelle à la Maison de la Sagesse divine . 243

Chapitre Deuxième.

École de la vie chrétienne, Jardin du divin Laboureur, Trésorière de la grâce, Porte du ciel 248

Chapitre Troisième.

Diffusion de la pieuse Union en l'honneur de la Santa Casa 255

Chapitre Quatrième.

Erection canonique de la Congrégation 261

FAVEURS SPIRITUELLES

Dont jouissent les associés. Prières indulgenciées, statuts, etc 265

LISTE DES GRAVURES

Accompagnée d'explications historiques, topographiques, archéologiques, etc. (Les lecteurs trouveront là des éclaircissements sur bien des choses qui n'entrent pas dans le corps de l'ouvrage.). 279

PIÈCES DIVERSES.

Lettre d'un ermite relatant la translation à un roi contemporain. 300

Lettre des magistrats de Recanati racontant le merveilleux déplacement de la Santa Casa du bois à la colline. 305

Relation de l'évêque de Macerata 306
Dante et saint Pierre Célestin 307

PIÈCES JUSTIFICATIVES
citées dans cet ouvrages.

Relation des Lieux-Saints par Jean Phocas, (V. Note). 40
Poème de Luizi Lazzarelli. (V. Note). 168
Discours d'Antoine Bonfini. (V. Note) 170
Inscription de Clément VIII. 309
Rapport officiel des architectes. 310
Analyse chimique des pierres 310
Confrontation des sanctuaires de Lorette et de Nazareth.
. . . . 313
Bulles des papes Paul II, Jules II, Léon X, Sixte-Quint.
. . . . 315
Jubilé de l'année 1300. 318
Lettre de l'évêque de Coïmbre 319
Le miracle des flammes 320
Hymne chantée à Tersatto 321
Inscription se trouvant à Tersatto. 322
Texte de Jérôme de Radiolo. 322
Témoignages des pèlerins en Terre-Sainte 324
Texte de l'histoire du Téréman. 325
Texte de l'histoire du Mantovan 328
Poème du B. Baptiste de Mantoue 332
Le *Castel de Loreto* mentionné dans le texte de la donation
de Gaulfier 333
Le Lorette nommé dans la donation de la comtesse Gaëte.
. . . . 334
L'église de Sainte-Marie *in fundo Loreti.* 334
Texte de la lettre attribuée à Paul della Selva . . . 336
Texte de la lettre attribuée aux magistrats de Recanati 339
Texte de la relation attribuée au B. Pierre Compagnoni,
évêque de Macerata 340
ÉRECTION CANONIQUE DE LA CONGRÉGATION UNIVERSELLE DE LA SAINTE MAISON DE LORETTE, TEXTE DU DÉCRET DE MONSEIGNEUR THOMAS GALLUCCI . . 344

===== ERRATA. =====

Page 136, ligne 14, au lieu de : Torsellini, lisez : Glavanich
nous assure, etc.
Page 186, — Collège illirien, lisez illyrien.
Page 256, ajoutez à la note : Voir saint Vincent Ferrier, *Sermon sur l'Assomption.*

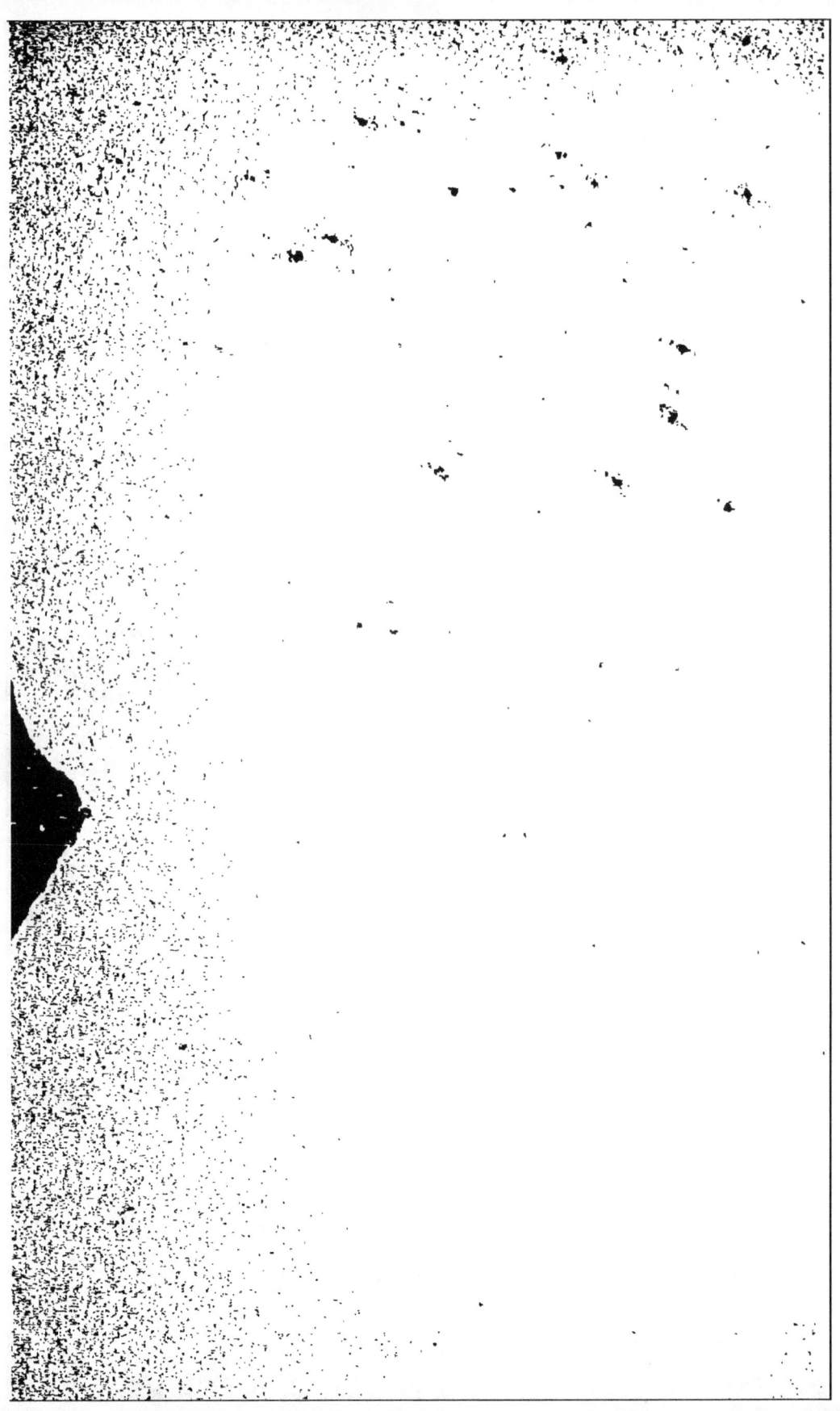

www.ingramcontent.com/pod-product-compliance
Lightning Source LLC
Chambersburg PA
CBHW070902170426
43202CB00012B/2158